논어로 중용을 풀다

이한우의
사서삼경

以
論
解
中
——

논어로
중용을
풀다

[이한우 지음]

왜 『중용(中庸)』인가?

이 책은 필자의 '사서삼경(四書三經)' 읽기의 두 번째 결과물이다. 그 첫 번째는 '이론해론(以論解論)'으로 이름 붙인 『논어로 논어를 풀다』(해냄, 2012)였고, 이번에는 '이론해론'의 성과를 바탕으로 해서 사서(四書) 중에서 가장 추상적이고 난해하다는 평가를 받아온 『중용(中庸)』을 풀어냈다. 따라서 좀 더 엄밀하게 말하면 이 작업은 '이론해론을 바탕으로 한 『중용』 풀이'라고 할 수 있다.

이번 작업을 통해 필자는 『중용』은 일반인들이 결코 이해할 수 없을 만큼 난해한 책이 아님을 확인할 수 있었다. 이 책을 읽어나가다 보면 알겠지만 어느 정도의 교양만 있으면 얼마든지 이해할 수 있는 책이 『중용』이다. 그런데 왜 그동안 『중용』이 경우에 따라서 『논어』보다 더 어려운 책으로 꼽혀온 것일까?

첫째, 그것은 번역의 문제다. 글자 한 자 한 자까지 깨치고 들어가는 번역〔覺譯 - 필자의 신조어〕을 하지 않는 한 사서(四書), 그중에서도

_____5

『중용』은 이해하기 어려운 책일 수밖에 없다. 기존의 번역서들은 대부분 각역이 아니라 두루뭉술한 토 달기식 번역을 해놓았다. 이래서는 어느 누구라도 쉽게 읽을 수 없는 것이 당연하다.

여기서 한문번역과 관련하여 근본적인 문제 한 가지를 지적하지 않을 수 없다. 필자는 어려운 여건 속에서도 한학(漢學)을 연마하여 어떤 식으로건 읽어볼 만한 번역을 해온 선배 한학자들을 비판하고 싶은 생각은 추호도 없다. 그러나 이번 작업을 하면서 참고했던 기존의 번역서나 해설서들의『중용』번역 수준은 솔직히 민망할 정도였다.

만약 'This is a book'이라는 영문을 우리말로 옮긴다고 하면, 최소한 '이것은 책입니다'로는 옮겨야 제대로 된 번역이라 할 수 있다. 'a'가 있다고 해서 '이것은 하나의 책입니다'라고 하는 것은 과잉번역으로 인한 사실상의 오역이다. 우리말 어법에 맞지 않기 때문이다. 그런데 현재 우리나라의 한문번역은 대개 이런 식이다. 심지어 '이것은 하나의 북입니다'라고 옮기는 경우도 있다. 물론 외래어라든가 적절한 우리말 번역어가 없을 경우 그럴 수 있다. 이번 작업에도 그런 것이 있었다. 예를 들자면 '文'의 경우가 그렇다.『논어』에서와 마찬가지로『중용』에서도 文은 딱 맞는 번역어를 찾기 어려웠다. 그러나 문맥과 해설을 통해 충분히 명확해질 경우 그 의미를 최대한 알기 쉽게 풀어내는 것이 번역의 기본이다. 그렇다면 文은 필자가『논어로 논어를 풀다』에서 조심스럽게 제안한 바 있듯이, 대부분의 경우 애쓰다, 애씀, 애쓰는 법 등으로 번역할 때 그 정확한 뜻도 살려낼 수 있었다.

다시『중용』의 번역 문제로 돌아가자. 기존의『중용』번역서들 중에는 도무지 무슨 말인지 알 수 없는 번역들이 허다했다. 그중 널리 읽히는 번역본의 한 가지만 예로 들어보겠다. 제31장의 첫 문장은 이렇다.

唯天下至聖 爲能聰明睿知 足以有臨也
유 천하 지성 위능 총명예지 족이 유 임 야

"오직 천하의 지극한 성인(聖人)이어야 총명예지(聰明睿知)가 족히 임할 수 있다."

이런 번역이 갖는 문제점은 제31장 강의에서 자세하게 밝혀놓았기 때문에 여기서는 필자의 번역을 보여주는 것으로 대신하겠다.

오직 천하제일의 성스러운 임금만이 능히 귀 밝고[聰] 눈 밝고[明]
총   명
사리에 밝고[睿] 사람에 밝아[知] 족히 '제대로 된 다스림[臨]'이 있을
예   지   임
수 있다.

해석이나 입장의 차이를 떠나 이 문장에서 '총명예지(聰明睿知)가 임한다'는 번역은 나올 수가 없다. 이 문장의 주어는 '지극한 성인(성스러운 임금)'이지 '총명예지'가 아니다. 직역을 하면 능히[能] 총명예지
능
(聰明睿知)하게 되어[爲] 족히[足] 통치함[臨]이 있게[有] 해준다[以=
위   족   임   유   이
使]는 말이기 때문이다.
사
자, 사정이 이러한데 '오직 천하의 지극한 성인이어야 총명예지가 족히 임할 수 있다'는 문장만을 읽고서 그 내용을 '이해'한 사람이 있다면 그 사람이 이해한 것은 무엇일까?

적어도 필자의 작업에서는 이런 점들이 대부분 제거되었다고 자부한다. 그것은 필자 개인의 견해가 아니라 『논어』로 풀어낸 『논어』에 바탕을 둔 결과물이기 때문이다.

참고로 얼마 전 우리 사회에 '중용' 붐을 일으킨 김용옥은 이 문장

을 어떻게 번역했는지 살펴보자.

"오로지 우리의 스승 중니와 같으신 천하의 지극한 성인이라야 능히 총명예지할 수 있어서 족히 임할 수 있다."

간단히 살펴보아도 '임할 수 있다'의 주어가 모호하다는 것을 알 수 있다. 비문(非文)이다. 이는 임(臨)의 의미를 정확히 파악하지 못했기 때문이다. 게다가 쓸데없이 '우리의 스승 중니와 같으신'을 추가한 것은 잘못이다. 오히려 요(堯)임금이나 순(舜)임금, 즉 현실 속의 군왕을 가리키는 것이다. 이처럼 김용옥의 『중용』풀이와 번역의 문제점들은 그 정도가 아주 심한 경우만 골라 그때그때 지적해 갈 것이다.

둘째, 『중용』이 읽기 어려운 것은 사서(四書) 읽기의 순서와도 관련이 있다. 어떤 이유에서건 『중용』에는 추상적이고 모호한 말들이 많기 때문에 맥락과 단어를 함께 잡아내는 훈련이 되어 있지 않고서는 제대로 읽어나가기 어렵다. 그런데 그 맥락과 단어의 구체적 의미를 정해주는 것은 『논어』다. 『논어』를 제대로 이해하면 『중용』 읽기는 그다지 어려운 일이 아닐 것이다. 하지만 『논어』를 읽었다 하더라도 체계적이고 치밀하게 읽지 않았다면 『중용』을 읽어내는 것은 고역에 가까운 일이 될 것이다.

그러면 이제 왜 21세기에 우리는 『중용』이라는 책을 읽어야 하는가? 결론부터 말하자면 인간의 인간다움을 살펴보는 데 있어 『중용』만큼 간결하면서도 핵심을 찌르는 책을 찾아보기 힘들기 때문이다. 물론 『논어』에도 인간의 인간다움을 위한 수많은 제언과 지침들이 들어 있다. 그러나 거기에는 수기(修己)와 치인(治人)이 한데 어우러져 있다. 반면『중용』은 수기,『대학(大學)』은 치인에 집중하여 공자(孔子)의 생각을 일목요연한 체계로 보여주는 특징이 있다.

우리는『중용』을 통해 다시 한 번 수기에 대한 문제를 집중적으로 살펴볼 수 있다. 수기는 자기수양이고 함양(涵養)이며 인간으로서 갖춰야 할 교양이다.『논어』에서 공자는 기회 있을 때마다 자신을 닦은 다음에 남을 다스릴 것을 강조했다.『논어』'憲問 45'를 잠깐 읽어보자.
헌문

자로가 군자가 되려면 어떻게 해야 하느냐고 물었다.

공자는 말했다. "공경하는 마음으로 자신을 닦는 것이다."

자로가 물었다. "그렇게만 하면 됩니까?"

공자는 말했다. "자신을 닦아 (주변) 사람들을 편안하게 해주는 것이다."

자로가 물었다. "그렇게만 하면 됩니까?"

공자는 말했다. "자신을 닦아 백성들을 편안하게 해주는 것이다. 자신을 닦아 백성들을 편안하게 해주는 일은 요임금과 순임금도 오히려 부족하다고 여겼다."

우리가『대학』보다『중용』을 먼저 풀어보려는 것도 그 같은 사상적 순서 때문이다.

『중용』은 어떤 책인가?

원래 고대 중국에는『중용』이나『대학』이라는 경서는 없었다. 송나라 때의 학자 주희(朱熹)가『예기(禮記)』49편 중 제31편을 따로 빼내 집주를 달고서『중용』이라 이름 붙이고, 제42편을 끄집어내어 집주를 달고서 『대학』이라 이름 붙여 경서의 지위를 부여한 것이다.

『중용』은 공자의 제자이자 손자인 자사(子思)의 저작으로 알려져 있는데, 그 내용만 놓고 보자면 『논어』에 등장하는 주요개념들 중에서 특히 중용(中庸)과 열렬함[誠]을 집중적으로 다룬 책이다. 즉 『중용』은 앞의 3분의 2 정도는 공자의 언급들을 통해 이 두 개념을 체계적으로 설명하고 뒤의 3분의 1은 자사가 다시 한 번 열렬함[誠]의 문제를 집중적으로 조명하고 있다.

그런데 '사서'를 직접 읽어보면 알겠지만 아무런 준비 없이 곧장 『중용』이나 『대학』만 읽어서는 그 내용이 무엇을 말하는지 알 수가 없다. 워낙 추상적인 개념들이 압축되어 있기 때문이다. 하지만 『논어』는 성격이 전혀 다르다. 『논어』에는 그 안에 등장하는 추상개념들을 보다 명확하게 이해할 수 있는 단서들이 충분히 들어 있어 자기독해가 가능하다. 그것이 '이론해론'이었다. 반면 『중용』이나 『대학』은 자기독해가 사실상 불가능하다. 즉 『중용』만으로 『중용』을 풀어내거나 『대학』만으로 『대학』을 풀어낼 수는 없다는 말이다. 그 대신 『논어』의 자기독해를 통해 풀어가면 『중용』이나 『대학』은 뜻밖에 쉽게 풀린다.

참고로 주희는 '사서'를 읽어가는 방법으로 "『대학』을 보고 또 힘을 더하여 『논어』를 보고 또 힘을 더하여 『맹자(孟子)』를 보아 이 세 책을 보고 나면 이 『중용』은 절반을 마친 셈이 된다"고 했다. 그러나 필자는 『논어』, 『중용』, 『대학』, 『맹자』 순(順)으로 읽어나갈 것이다.

주희의 '사서' 읽기 순서는 스승의 도움을 전제로 한 것이다. 곁에서 지도해 주는 스승이 있다면 주희의 말대로 『대학』을 먼저 보면서 전반적인 개요를 살피고, 이어 『논어』를 통해 그 내용을 풍부하게 한 다음, 다시 『중용』으로 요약하고, 끝으로 『맹자』를 읽어 총정리를 하는 것도 나름대로 '사서'를 읽어내는 훌륭한 방법이 될 수 있을 것이다.

그러나 필자는 혼자서 읽어나가는 것을 전제로 했다. 그럴 경우 책의 난이도만 놓고 본다면 『맹자』에서 출발해 『논어』를 읽고 이어 『대학』과 『중용』으로 마무리할 수도 있다. 그런데 이 방법이나 주희의 방법에는 근본적인 문제가 하나 있다. 그것은 공자 자체보다는 이후 공자―맹자(孟子)―주희로 이어지는 도통(道統)의 맥락에서 '사서'를 읽어가려는 경직된 태도에 물들게 할 수 있다. 사실 『논어』를 제외하면 나머지 세 책은 모두 도통을 세우려는 뚜렷한 의도를 갖고서 맹자와 주희가 편찬한 책이라는 점을 항상 주의할 필요가 있다.

'사서'를 그 내용과 수준에 초점을 맞춰 그림을 그려보면 다음과 같다. 위로 갈수록 어렵고 추상적이며 내려갈수록 쉽고 구체적이다.

난이도	사서	
상	중용(2)	대학(3)
중	논어=논어(1)	
하	맹자(4)	

『논어』로 『논어』를 풀어내는 『논어』의 자기해석과 자기이해〔以論解論〕가 첫 번째 작업(1)이었다면, 보다 함축적이고 체계적인 『중_{이론해론}용』을 『논어』로 풀어내는 해석과 이해〔以論解中〕가 두 번째 작업(2)이_{이론해중}었다. 이와 비슷한 연장선에서 『대학』을 『논어』로 풀어내는 해석과 이해〔以論解大〕가 세 번째 작업(3)이 될 것이며, 사서 중에서 비중이 약_{이론해대}할 수밖에 없는 『맹자』는 실은 추상도 면에서 가장 낮고 시기적으로나 사상적으로 『논어』『중용』『대학』에 비하면 처지기 때문에 『맹자』

를 『논어』(그리고 『중용』과 『대학』)로 읽어내는 해석과 이해〔以論讀孟〕
가 네 번째 작업(4)이 될 것이다. 『맹자』는 워낙 논리적이고 약간의 보
충설명만 가해지면 얼마든지 저절로 이해될 수 있는 것이기 때문에 풀
어야 할 것은 별로 없고, 대신 공자와 맹자, 『논어』와 『맹자』를 비교하
는 선에서 '읽어' 내려갈 것이다. 그것이 『맹자』라는 책 자체에 가장 잘
어울리는 독법(讀法)으로 보이기 때문이다.

　가능하면 기존 작업들의 문제점에 대한 지적은 자제하려고 노력했
다. 자칫 그분들의 큰 공이 작은 허물로 인해 덮일 수 있기 때문이다.
필자의 일부 지적도 그분들이 다 틀렸다는 의미가 아니라 동양고전들
이 지금보다 훨씬 우리 가까이로 오려면 이런 문제가 해결되는 것이
급선무라 생각해 어쩔 수 없이 최소한의 수준에서 행한 것임을 이해
해 주면 고맙겠다. 우리 독자들, 특히 동양고전을 멀고 어렵게만 느끼
는 젊은 세대들에게 고전의 중요성을 일깨워주는 데 이번 작업이 조
금이라도 도움이 된다면 그것만으로도 큰 보람이다.

　이 작업을 하는 데 많은 분들의 도움과 격려가 있었다. 가족들이
무엇보다 큰 힘이 됐고 회사의 선후배와 동료들도 많은 응원을 해주
었다. 이 자리를 빌려 깊이 감사드린다. 해냄 송영석 사장님과 편집부
직원들에게도 감사의 인사를 전한다.

2013년 2월
탄주(灘舟) 이한우 삼가 쓰다

〈일러두기〉

　한문에 대한 우리말 달기와 관련해 몇 가지 밝혀둘 것이 있다.

　첫째, 『논어로 논어를 풀다』에서는 한자 하나에 우리 음 하나를 붙이는 식이었다. 예를 들면 天命, 初學者 식이었다. 『논어』는 우선 한문 문장이 길지 않기 때문에 복잡한 문장이 거의 없고 또 사서(四書) 시리즈 중에서는 첫 번째 책이었기 때문에, 한문보다는 번역문에 보다 많은 비중을 두었다. 한문은 참고만 하는 정도였다.

　그러나 『중용』부터는 우리 음 표기방식을 바꾸고자 한다. 한문 문장 이해에 좀 더 도움이 될 수 있는 방식으로 바꾸는 것이다. 단어의 경우 天命, 初學者 식으로 연결된 우리 음이 붙게 된다. 아무래도 『중용』부터는 어느 정도 한자나 한문을 아는 사람들이 더 관심을 가질 것이라는 점을 고려한 것이다. 그러나 같은 誠者(성자)라 하더라도 '열렬함을 다하는 사람'의 경우에는 誠者라고 했지만 '열렬함이라는 것'은 誠者로 우리 음을 표기했다.

　둘째, '그'를 뜻하는 其나 '그것'을 뜻하는 之의 경우 분리해서 표기했다. '그 사람'의 경우 其人이라고 하지 않고 其人이라 했고 '그것을 서술하다'의 경우 述之라고 하지 않고 述之라고 했다.

　셋째, '~의'를 뜻하는 之의 경우 '갑之을'에서 갑과 을의 관계가 아주 밀접한 경우에는 物之終始처럼 표기하고 그렇지 않을 경우에는 物之終始로 표기했다. 그러나 그것은 그때 그때의 문맥에 따라 조금씩 다를 수 있다는 점을 밝혀둔다.

　넷째, '할 수 있다'는 의미의 可나 '아니다'는 의미의 非, 不 등은 문맥에 따라 뒤에 이어지는 말과 붙이거나 떼어서 표시했다.

　다섯째, 해설하는 과정에서 『논어로 논어를 풀다』를 인용해야 할 경우 왼쪽 들여쓰기를 하여 문단 모양을 달리 했다. 그리고 그 부분은 『논어로 논어를 풀다』를 그대로 따라서 싣기보다는 『중용』 풀이에 맞도록 다시 손을 보았다는 점을 밝혀둔다. 따라서 『논어로 논어를 풀다』를 읽지 않고 이 책에 바로 도전하더라도 읽어나갈 수 있도록 기본적인 체제를 갖춰놓았다는 점도 언급해두고자 한다.

왜 『논어』 다음에 『중용』인가?

1

사서(四書)를 읽을 때 조선시대 때는 전통적인 순서가 있었다. 「들어가는 말」에서 언급한 바와 같이 먼저 『대학』을 읽고 이어 『논어』와 『맹자』를 읽은 다음 『중용』으로 마무리를 했다. 이는 일반적인 사서 읽기의 순서임과 동시에 성균관의 강의순서이기도 했다. 조선 초 문과 시험을 준비하던 성균관 생도들의 공부방식을 보자.

"식년 과거(式年科擧)는 반드시 오경(五經)을 통(通)한 자라야 시험에 나아가는 것을 허락할 것이니, 마땅히 성균관으로 하여금 사서재(四書齋)와 오경재(五經齋)로 나누고 생도(生徒)를 더 많이 늘여 돈독하게 강(講)하기를 권장하게 하며, 그 시강(試講)하는 법은, 하루아침에 많이 오게 되면 비단 강문(講問)하는 것이 정밀하지 못할 뿐 아니라, 혹시 모람(冒濫 - 윗사람에게 함부로 대함)의 폐단이 있을까 하니, 금

후(今後)에는 생도가 대학재(大學齋)에 들어가서 읽기를 끝내면, 성균관에서 예조에 보고하고, 예조에서 대성(臺省)과 더불어 각각 한 사람이 성균관에 나아가서 함께 고찰(考察)을 가하여, 강설(講說)이 상명(詳明)하고 지취(旨趣)를 밝게 통(通)한 자는 부서(簿書)를 만들어 성명(姓名)을 기록하고 논어재(論語齋)로 올리고, 그 불통(不通)한 자는 그대로 본재(本齋)에 있게 하여 통할 때를 기다리게 할 것이며, 논어재 맹자재(孟子齋) 중용재(中庸齋)의 고강(考講)과 승척(升陟-승급)도 모두 이 예(例)대로 하여, 중용재에서 강(講)이 끝나서 모두 통한 자는 예기재(禮記齋)로 올리고, 예기재에서 읽기를 마치면 성균관에서 예조에 보고하고, 예조에서 대성 관원과 더불어 고찰하는 것을 모두 사서(四書)의 예(例)와 같이 하여 차례로 춘추재(春秋齋) 시경재(詩經齋) 서경재(書經齋) 역경재(易經齋)에 이르게 할 것이다."

『세종실록』 1441년(세종 23) 7월 21일)

이를 통해 우리는 일단 조선시대 정통 유학자들의 사서오경 독파 순서는 『대학』『논어』『맹자』『중용』『예기(禮記)』『춘추(春秋)』『시경(詩經)』『서경(書經)』『역경(易經)』임을 확인할 수 있다. 여기서 우리의 관심사는 일단 사서의 독파 순서다. 이런 순서는 어떻게 해서 생겨난 것일까?

원래 『대학』과 『중용』은 별도의 책이 아니라 각각 『예기』 49편 중에서 각각 42번째와 31번째로 포함돼 있던 글이었다. 그러나 한나라를 전후해 이 둘은 점점 독자성을 인정받아 별개의 경서의 지위를 얻게 되었고 송나라의 주희가 이 둘에 각각 장구를 나눠 풀이를 덧붙임으로써 오늘에 이르고 있다.

앞서 본 것처럼 바로 이 주희가 사서(四書) 읽는 법(讀法)을 제시했기 때문에 이후 사서를 공부하려는 사람들은 특별한 이유가 없으면 이 순서를 따랐다. 주희는 사서 중에서 『중용』을 가장 난해한 책으로 보았다. 그에 따라 읽는 순서도 가장 뒤에 두었다.

"독서의 순서는 모름지기 우선 힘을 붙여 『대학』을 보고 또 힘을 붙여 『논어』를 보고 또 힘을 붙여 『맹자』를 보아 이 세 책을 보고 나면 이 『중용』은 절반은 모두 마치게 된다. 남에게 물을 필요 없이 다만 대강 보고 지나가야 할 것이요, 쉬운 것을 놓아두고 먼저 어려운 것을 다스려서는 안 된다."

이 말은 곧 사서 중에서 핵심 중의 핵심을 담고 있는 책이 『중용』이라는 말이다. 주희가 볼 때 『대학』은 들어가는 입문서였던 것 같다.

"『대학』은 하나의 빈칸이니 이제 그것을 메워 꽉 차게 해야 한다."

즉 『대학』은 학문의 큰 골격을 제시하는 것으로 보고서 먼저 개요를 파악한 다음 그 내용을 『논어』와 『맹자』로 채운 다음 그 요체를 『중용』으로 요약해야 한다고 보았던 것이다. 이는 물론 가능한 독법의 하나다.

그러나 한문(漢文)에 익숙지 않은 우리로서는 갑자기 『대학』을 읽으면 무슨 뜻인지 도무지 알 길이 없다. 게다가 스승도 없이 『대학』을 혼자서 '탐구해 가며' 읽게 될 경우 십중팔구 옆길로 샌다. 단어 하나하나의 의미를 정확하게 이해하는 일이 쉽지 않기 때문이다. 이런 난해성은 『중용』에서도 똑같이 발견된다.

2

나는 주희의 권유와 달리 『논어』『중용』『대학』『맹자』의 순서를 따른다. 우선 『논어』를 첫 머리에 둔 이유부터 밝혀야겠다.

첫째, 현대의 우리는 어려서부터 사서는 말할 것도 없고 『소학(小學)』『효경(孝經)』 등과 같은 유학의 기본적인 입문서들에 전혀 익숙지 않다. 과거 조선시대 선비들은 다양한 유학의 기초서적들을 읽은 다음에 주희가 시키는 대로 『대학』과 『중용』을 읽어도 2~3년은 족히 걸렸다. 『세종실록』 1430년(세종 12년) 5월 18일자에는 흥미로운 대화가 나온다. 세종이 경연에서 자신을 위해 경전을 강의하는 임무를 맡은 검토관 권채에게 "그대는 글을 읽은 지 이미 오래인데 『대학』과 『중용』에 익숙한가 그렇지 못한가"라고 묻자 권채는 이렇게 답한다.

"『중용』과 『대학』은 변계량의 말을 좇아 읽은 지 3년에 이르렀고, 전년 봄부터 비로소 『논어』『맹자』와 『오경(五經)』을 읽었습니다. 그러나 신은 본시 성품이 민첩하지 못하와 정숙(精熟)하지 못하옵니다."

즉 당대의 인재였던 권채는 이미 어려서부터 사서오경을 수시로 접하고 이어 문과에 급제하기 전에 성균관에 들어가 앞서 본 과정을 반복하고 다시 관리생활을 하면서 틈틈이 당대의 대석학 변계량의 가르침에 따라서 『중용』과 『대학』을 읽었음에도 불구하고 3년이나 걸렸고, 물론 겸양의 표현이겠지만 아직도 제대로 정밀하게 숙달되지 못했다고 말하고 있는 것이다.

어째서 그럴까? 어쩌면 스승의 가르침에 따라 읽었지만 그것이 반드시 문리를 터득하는 수준에 이르렀다고는 할 수 없을지 모른다. 특히 『논어』가 그렇다.

『논어』는 나머지 다른 세 경서와는 성격이 다르다. 간단히 말해 나머지 세 경서는 적어도 책의 전통적인 구성법을 따르고 있기 때문에 하나하나 차례대로 따라가다보면 내용이 논리적으로 이해되도록 되어 있다. 반면에 『논어』는 피상적으로 읽으면 잠언집 내지 잡록에 불과하다. 그러면 『대학』을 먼저 읽게 될 경우 『대학』에서 제시한 틀의 범위 안에서만 『논어』를 읽어내게 된다. 하지만 『논어』의 범위와 깊이는 『대학』이 따라올 수 있는 정도가 아니다. 사실 『논어』는 이미 나머지 세 경서를 다 포괄하고 있다고 해도 과언이 아니다. 그래서 극단적으로 말하면 제대로 『논어』를 이해할 경우 나머지 세 경서는 보지 않아도 무방할 정도다. 『논어』 안에 『중용』이 다루는 수기(修己)의 문제가 충분하게 나오고 『대학』이 다루는 치인(治人)의 문제도 넘칠 만큼 나온다.

오히려 『논어』에서 널리 배운 다음 『중용』과 『대학』으로 그 핵심들을 다잡아 정리한 다음 『맹자』로 보충할 경우 사서의 풍부함과 다양성을 고스란히 우리 것으로 만들어낼 수 있다는 것이 필자의 생각이다.

둘째, 내용적으로 보더라도 수기와 치인이 복합적으로 얽혀 있는 『논어』를 다 읽고 난 경우 그 다음 주제는 자연스럽게 중용(中庸)으로 모아진다. 어쩌면 이 점 때문에라도 『논어』 다음에는 반드시 『중용』을 읽어야 하는 것인지 모른다.

3

이제 우리는 『논어』속에 중용(中庸)이 어떻게 녹아들어 있는지를 체계적으로 살펴봐야 한다. 그래야만 내용적인 면에서도 『논어』다음에는 반드시 『중용』을 읽어야 하는 이유를 밝힐 수 있기 때문이다.

중용(中庸)은 과연 무슨 뜻일까? 가운데 中(중), 떳떳할 庸(용). 가운데서 떳떳하다? 이게 무슨 말인가?

기존의 사서풀이집들을 보면 중용의 뜻에 대해 한결같이 '지나치거나 치우침이 없음'이라고 나온다. 그러면서 대충 중용은 '적절한 균형을 잡다' 정도로 풀이하고 지나간다. 필자도 한동안 그렇게 하면서 경전을 따라 읽었다. 그러다 보니 늘 알 듯 모를 듯한 것이 사서(四書)였다.

그런데 사서 읽기도 6년이 넘고 보니 혼자 힘으로 경서를 읽어가는 힘이 생겨나는 체험을 하게 됐다. 여기서는 필자가 중용(中庸)을 파악하는 문리를 어떻게 터득했는지를 보여주고자 한다.

『논어』'雍也 27'에서 공자는 이렇게 말한다.
　　　　　　용야

**공자는 말했다. "중용이 다움〔德〕을 이루어냄이 지극하다고 하겠
　　　　　　　　　　　　　　덕
다. (그런데) 사람들 가운데는 중용을 오래 지속하는 이가 드물다."**

우선 공자는 다움〔德〕을 이루어내는 것이 '중용'이라고 말한다. 덕
　　　　　　　　　덕
을 이루어낸다는 것은 임금이 임금다워지고 신하가 신하다워지고 부모가 부모다워지고 자식이 자식다워지는 것이다. 크게 말해 사람이 사람다워지는 것이 바로 그 다움〔德〕을 이루는 것이다.
　　　　　　　　　　　　　　　　　　　덕
여기서 우리는 질문을 던져야 한다. 기존의 해석을 따를 때 '지나치거나 치우침이 없음'이 어떻게 해서 다움을 이뤄낼 수 있을까? '적절

한 균형을 잡는다'고 해서 임금이 임금다워지고 신하가 신하다워질까? 이래 가지고는 무슨 말인지 알 길이 없다. 그래서 일반인들은 이 단계에 이르면 '아, 내가 한문이 약해서 이해를 못하는구나'라며 지레 포기하고 만다.

결론부터 말하면 중용(中庸)은 한 단어가 아니라 '중하고〔中〕 용하다〔庸〕'는 두 단어다. 여기서의 중(中)은 가운데 운운하는 것과는 전혀 상관이 없고 오히려 적중(的中), 관중(貫中)하다고 할 때의 그 '중'이다. 『서경』에 나오는 '문제의 핵심을 잡아 쥔다'고 할 때의 執中이 바로 '중하는 것〔中〕'이다. 아직 도달하지는 못했지만 뭔가 사안의 본질이나 핵심에 닿기 위해 갖은 애를 다 쓰는 것이 바로 '중하는 것〔中〕'이다.

용(庸)도 떳떳함과는 상관이 없고 오래 지속하는 것이다. 즉 열과 성을 다하여 어렵사리 중하게 된 것을 온 힘을 다하여 유지하는 것이 바로 '용하는 것〔庸〕'이다.

이제 '雍也 27'을 다시 읽어보자. 임금이 절로 임금이 되는 것이 아니다. 관대함, 판단력, 위엄 등을 조금씩 조금씩 갖춰나감으로써 처음에는 어설펐던 임금도 훗날 임금다운 임금이 될 수 있다. 그러면 어떻게 해야 하겠는가? 임금의 덕을 배우고 익혀 최대한 자기 몸에 남도록 해야 한다. 즉 다움의 가치〔德〕를 찾아내어〔中〕 내 몸에 익혀야〔庸〕 한다.

아마도 눈 밝은 독자라면 벌써 눈치챘으리라 본다. 그렇다. 중하고 용하는 것은 『논어』 '學而 1'에 나오는 學而時習(학이시습)과 정확히 통한다. 각자 자신이 갖춰야 할 다움〔德〕을 애써〔文〕 배워서 그것을 시간 나는 대로 열심히 몸에 익히는 것〔時習〕이 바로 중하고 용하는 것〔中庸〕이다.

여기까지 이해한 다음에 『논어』 '泰伯 17'을 읽어보자.

공자는 말했다. "(뭔가를) 배울 때는 마치 내가 (거기에) 못 미치면〔不及〕 어떡하나 하는 마음으로 해야 하고, 또 (그것에 미쳤을 때는) 혹시 그것을 잃으면〔失之〕 어떡하나 두려워하는 마음으로 해야 한다."

여기서 자연스럽게 배움과 중하고 용하는 것이 만나고 있다. 무언가를 배울 때는 '내가 거기에 못 미치면 어떡하나 하는 마음으로 하는 것'이 중하는 것〔中〕이고 '그것을 잃으면 어떡하나 두려워하는 마음으로 하는 것'이 용하는 것〔庸〕이다.

결국 중하는 것이나 용하는 것이나 전심전력을 기울여야지 조금만 방심해도 중하지 못하고 설사 중했다 하더라도 그것을 잃어서 용하지 못하는 것이다.

적어도 이 정도까지는 이해가 되어야 『논어』 '雍也 27'에서 공자가 말한 뒷부분을 쉽게 이해할 수 있다.

"(그런데) 사람들 가운데는 중용을 오래〔久〕 지속하는 이가 드물다."

이제 핵심은 '오래〔久〕'이다. 순간적으로는 누구나 중할 수 있고 용할 수도 있다. 그러나 그것을 오래 끌고 가는 것은 쉽지 않다.

여기서 주목해야 할 한자가 있다. 不及과 失之다. '泰伯 17'이 중하고 용하는 형식을 보여줬다면 '衛靈公 32'는 그 내용도 함께 보여준다. 여기서 공자는 세 가지 이야기를 하는데 그것은 모두 '~에 이르더라도〔及〕 ~하지 않으면 ~를 잃는다〔失之〕'는 구조를 갖고 있다. 즉 어렵사리 중(中)하더라도 어떠어떠하지 못하면 용(庸)할 수 없다는 말을 하고 있다는 것이다. 번역문과 원문을 비교해서 읽어주기 바란다.

공자는 말했다. "앎이 도에 미치더라도〔及〕어짊이 그것을 뒷받침
해 줄 수 없다면 설사 도를 (순간적으로는) 얻었다 하더라도 결국 자
기 것이 되지 못하고 반드시 잃게 된다〔失之〕. 앎이 거기에 미치고
〔及〕인이 그것을 지킬 수 있다 하더라도 장엄으로써 백성에게 임하
지 않으면 백성들이 공경하지 않는다〔不敬〕. 앎이 거기에 미치고〔及〕
인이 그것을 지킬 수 있고 장엄으로써 백성에게 임할 수 있더라도 백
성들을 예로써 분발시키지 않는다면 그 사람을 선하다고 할 수 없다
〔未善〕."

子曰 知及之 仁不能守之 雖得之 必失之
자왈 지급지 인불능수지 수득지 필실지
知及之 仁能守之 不莊以涖之 則民不敬
지급지 인능수지 부장이리지 즉민불경
知及之 仁能守之 莊以涖之 動之不以禮 未善也
지급지 인능수지 장이리지 동지불이례 미선야

不敬은 敬을 잃다〔失之〕, 未善은 善을 잃다〔失之〕이므로 역시 (不)
及~失之의 문장구조는 유효하다. 그리고 공자의 말은 중층적 구조를
갖고 있다. 첫째로 도를 알아야 하고, 둘째로 인이 그것을 (오래도록
=久) 지켜내야 하고, 셋째로 장엄으로 백성들에게 임해야 하고, 넷째
로 백성들을 예로써 분발시켜야 한다. 이 모든 단계에 중하고 용하는
不及과 失之의 구조가 녹아들어가 있는 것이다. 여기까지 이해한 다
음 '里仁 2'를 읽어본다면 크게 어렵지 않을 것이다.

공자는 말했다. "어질지 못한 사람은 (인이나 예를 통해 자신을) 다
잡는 데〔約〕(잠시 처해 있을 수는 있어도) 오랫동안〔久〕처해 있을 수

없고 좋은 것을 즐기는 데〔樂〕에도 (조금 지나면 극단으로 흘러) 오랫동안〔長〕 처해 있을 수 없다. 어진 자는 어짊을 편안하게 여기고〔安仁〕 지혜로운 자는 어짊을 이롭게 여긴다〔利仁〕"

이제 왜 공자의 제자이자 손자인 자사가 공자의 사상적 맥을 잇기 위해 수많은 개념 중에서도 중용(中庸)을 키워드로 선택했는지 그 이유를 어느 정도 파악했으리라 본다.

제1장

天命之謂性 率性之謂道 修道之謂敎 道也者 不可須臾離也 可離 非道
천명 지위성　솔성 지위도　수도 지위교　도 야자　불가 수유 리야　가리 비도

也 是故 君子 戒愼乎其所不睹 恐懼乎其所不聞 莫見乎隱 莫顯乎微 故
야　시고　군자　계신 호기 소부도　공구 호기 소불문　막현호은 막현호미 고

君子愼其獨也 喜怒哀樂之未發 謂之中 發而皆中節 謂之和 中也者 天下
군자 신기 독야　희노애락 지미발　위지중　발이개 중절　위지화　중 야자　천하

之大本也 和也者 天下之達道也 致中和 天地位焉 萬物育焉
지 대본 야　화˙야자　천하 지 달도 야　치 중화　천지 위언　만물 육언

하늘이 명한 것을 본성이라 하고, 본성을 따르는 것을 도(道)라 하
며, 도를 닦는 것을 가르침이라 한다. 도(道)라는 것은 잠시도 떠날 수
없는 것이니, 떠날 수 있으면 도가 아니다. 이런 까닭으로 군자는 그 보
이지 않는 것에도 경계하여 삼가며, 그 듣지 못하는 것 혹은 귀로 들리
지 않는 것에도 두려워하고 또 두려워한다. 숨어 있는 것만큼 제대로 드
러남이 없으며 미미한 것만큼 제대로 나타남이 없다. 그러므로 군자는
그 홀로를 삼가는 것이다. 기뻐하고 화내고 슬퍼하고 즐거워하는 정(情)
이 (아직) 발(發)하지 않은 것을 중(中)이라 이르고, 그것들이 발하여
모두 절도(節度)에 맞는 것을 화(和)라 이르니, 중이란 것은 천하의 큰
뿌리요, 화란 것은 천하의 달성해야 할 도이다. 중화(中和)에 이른다는
것은 (비유하자면) 천지(天地)가 제자리를 지키고, 만물(萬物)이 잘 길
러지는 것과 같다.

天命之謂性 率性之謂道 修道之謂敎
천명 지 위 성 솔 성 지 위 도 수 도 지 위 교

하늘이 명한 것을 본성이라 하고, 본성을 따르는 것을 도(道)라 하
며, 도를 닦는 것을 가르침이라 한다.

         이 구절을 읽기 위해서는 우선 정신적 긴장감부터 풀어
야 한다. 이전에『중용』을 읽었던 사람이건 이번에 처음 보는 사람이건
간에 이 첫 구절을 보는 순간 이해하기 어렵다는 인상을 받지 않을 수
없기 때문이다.

자,『중용』에서 처음 나오는 말이 천명(天命)이다. 천명이라고 했지
만 우리가 흔히 쓰는 그런 의미의 명사 천명이 아니다. 이것은 말 그
대로 '하늘〔天〕이 명하다 혹은 내려주다〔命〕'라는 동사적 의미에서
의 천명이다. 따라서 '天命之謂性'이란 말은 하늘이 내려준 것을 일러
〔謂〕 본성〔性〕이라고 한다는 뜻이다. 이런 의미의 본성을 우리는 천품
(天稟)이라고도 한다. 稟은 바로 '주다', '내려주다'라는 뜻이다.

『중용』을 시작하는 첫 단어 천명은 아주 흥미롭게도『논어』를 끝내
는 맨 마지막 편인 '堯曰 3'의 첫 번째 문장과 깊이 관련된다.『논어』의
끝이『중용』의 시작과 연결되는 것이다. 참고로 다른 두 문장을 포함
하여 '堯曰 3'을 읽는 것으로『중용』을 향한 도(道)의 여행에 나서보자.

공자는 말했다. "명(命)을 알지 못하면 군자가 될 수 없고, 예(禮)를 알지 못하면 설 수 없고, 말을 알지 못하면 사람을 알 수 없다."

이 마지막 장 '堯曰 3'은 『논어』 20편의 첫머리였던 '學而 1'만큼이나 중요하다. 공자의 세 가지 말씀이 결론이 되고 있다.

첫째, 명(命)을 알지 못하면 군자가 될 수 없다. 정약용의 풀이다. "명(命)은 하늘이 사람에게 부여한 것이니, 성(性)이 덕을 좋아하는 그것이 명(命)이며, 사생과 화복과 영욕도 또한 명이 있다. 명을 알지 못하면 선을 즐기고 그 지위에 편안할 수 없다. 그러므로 군자가 될 수 없는 것이다." 평소의 정약용과 달리 조금은 추상적이다. 오히려 정이천(程伊川)의 풀이가 현실적이다. "명(命)을 안다는 것은 명이 있음을 알고서 믿는 것이다. 명을 알지 못하면, 해(害)를 보면 반드시 피하고 이익을 보면 반드시 따를 것이니 어떻게 군자가 될 수 있겠는가?"(『논어고금주(論語古今註)』)

둘째, 예(禮)를 알지 못하면 설 수가 없다. 정약용의 풀이다. "예는 상하를 정하고 혐의(嫌疑-꺼려 해야 할 바)를 구분하는 것이니, 예를 알지 못하면 (예가 아닐 때) '보지 말고 듣지 말고 말하지 말고 움직이지 말고〔四勿〕' 하는 것을 할 수 없다. 그러므로 그 몸을 세울 수 없는 것이다."

셋째, 말을 알지 못하면 그 사람을 알 수 없다. 정약용의 풀이다. "말을 안다는 것은 남의 말을 듣고서 그 심술의 사악하고 바른 것을 알게 됨을 이른다."

말과 지인(知人)의 문제를 강조하며 『논어』는 끝난다.

그러면 여기서는 성(性)을 '하늘이 내려준 것〔天命/天稟〕'이라고 정

의하고 있다고 할 수 있다. 이때 하늘[天]이란 무슨 큰 의미를 갖는
천
것은 아니고 날 때부터 그렇게 타고났다는 것을 비유적으로 에둘러
말한 것에 불과하다. 그래서 성(性)을 일단 본성이라고 옮긴다. 사실
성(性)은 이 책의 맨 처음에 나온 핵심개념이기 때문에 어쩌면 『중용』
전체를 성(性)이란 단어 하나가 떠받치고 있는 것인지도 모른다. 이제
성(性)과 관련된 『논어』의 구절들을 살펴보자. '公冶長 12'에서 공자의
공야장
제자 자공(子貢)은 이렇게 말한다.

　"스승의 문장(文章)은 알아들을 수 있지만 성(性)과 천도(天道)
에 대해 말씀하신 것은 알아들을 수 없다."

　이는 공자의 말이나 글은 이해할 수 있지만 공자가 성(性)과 천도
(天道)에 대해 말한 것은 처음에는 알아들을 수 없었다는 말이다.
그것은 말이나 글로 되는 것이 아니라 오랜 기간의 수양을 통해 행
동으로 드러나게 되는 것이기 때문이다. 바로 그 성(性)에 대해 공자
는 '陽貨 2'에서 이렇게 말한다.
양화

　"(타고난) 본성[性]은 서로 비슷하나 익히는 것[習]에 의해 서로
성   습
멀어지게 된다."

　이에 대해서는 정약용의 풀이가 정곡을 찌른다. "덕(德)을 좋아하
고 악을 부끄러워하는 (인간의) 본성[性]은 성인이나 범인이나 모두
성
같으니 이 때문에 본래 서로 가까우며, 어진 이를 가까이하고 소인
을 업신여기는 습성[習]은 사람마다 다름이 있으니 이 때문에 마침
습

내 서로 멀어진다."

결국 아직 습성이 가미되지 않은 본래의 성(性)은 모든 사람에게 하나의 가능성으로 주어져 있다는 것이다. 그러나 그것을 따르고 안 따르고는 각자 사람의 마음에 따라 달라질 수 있다.

본성〔性〕을 매개로 해서 다음 구절이 이어진다. '率性之謂道'란 말은 방금 말한 '하늘이 내려준', 그러나 아직은 구현되지 않은 사람의 본성을 따라가는 것 혹은 그것을 따라 살아가는 것이 제대로 된 사람의 길〔道〕이라는 뜻이다. 率은 '거느리다', '이끌다', '지키다', '따르다' 등의 뜻을 갖고 있다. 여기서 강조점은 당연히 도(道)다. 이제 『논어』의 문맥에서 도를 살펴볼 차례다. 『논어』 '學而 2'에서 외모도 공자를 닮았다는 평을 들었던 제자 유자(有子)는 이렇게 말한다.

"그 사람됨이 효도하고 공경하면서 윗사람을 범하기를 좋아하는 자는 드물다. (또) 윗사람을 범하기를 좋아하지 않으면서 난을 일으키기를 좋아하는 자는 없다. 군자는 근본에 힘쓰니, 근본이 서야 도(道)가 생겨난다. 효(孝)와 제(弟=悌, 공경)라는 것은 인을 행하는 근본이라 할 만하다!"

이는 도(道)가 무엇인지를 설명한다기보다는 도가 생겨나기 위한 조건을 말하고 있다. 공자는 '顔淵 15'에서 도에 이르는 방법을 보다 구체적으로 제시한다.

"문(文)에서 널리 배우고 (이를) 예(禮)로써 다잡는다면 역시 도리〔道〕에 위배되지는 않을 것이다."

　　배움에 힘쓰고 그것을 자신의 몸에 체화하여 차곡차곡 실천하
는 것이 곧 길〔道〕을 따라가는 것이다. 여기서 道라는 글자를 분해
해 볼 필요가 있다. 그것은 머리 首와 쉬엄쉬엄 갈 辶이라는 글자가
합쳐진 것이다. 뜻 그대로다. 참고로 길을 의미하는 또다른 한자인
路는 발〔足〕로 한 걸음 한 걸음〔各〕 간다는 뜻이다. 한자만의 묘미
다. '憲問 30'에서 공자는 군자(君子)의 길〔道〕을 이렇게 이야기한다.

　　"군자의 길에는 세 가지가 있는데 나는 그 어느 것에도 능하지 못
하니 어진 사람〔仁者〕은 근심하지 않고〔不憂〕, 사람을 볼 줄 아는
사람〔知者〕은 감정에 휩쓸리지 않고〔不惑〕, 용기를 가진 자〔勇者〕
는 두려워하지 않는다〔不懼〕."

　　여기서 공자는 길〔道〕을 척도로 해서 세 가지 유형의 군자상(君
子像)을 제시하고 있다. 하나는 어진 사람〔仁者〕이고, 또 하나는 사
람을 보는 지혜를 가진 사람〔知者〕이며, 마지막 하나는 용기를 가
진 사람〔勇者〕이다. 일단 도(道)에 대한 풀이는 이 정도에서 그치고
다음으로 넘어가보자.

　　이번에는 도(道)를 매개로 다음 구절이 이어진다. '修道之謂敎'란 말
은 방금 말한 그 길을 따라서 가는 것〔修道〕을 가르침〔敎〕이라고 부
른다는 뜻이다. 길을 가는 것이 곧 길을 닦는 것이다. 그런 의미에서
수도(修道)는 덕을 닦는 것〔修德〕임과 동시에 자신의 몸을 닦는 것

〔修己〕이다. 여기서 핵심은 가르침〔敎〕이다. 『논어』에서 교(敎)와 관련된 구절을 찾아보면 그 의미는 더욱 분명해진다. '衛靈公 38'부터 보자. 여기서 공자는 이렇게 말한다.

"가르침이 있으면 종류가 없다."

여기서 공자는 간단하게 "가르침이 있으면 종류〔類〕가 없다"고 말한다. 우선 이에 대한 주희의 풀이를 보자. "사람의 본성〔性〕은 다 선하다. 그 종류에 선과 악의 다름이 있는 것은 기질과 습관에 물들기 때문이다. 그러므로 군자(君子)가 가르침이 있으면 사람이 모두 선으로 돌아올 수 있으니, 다시 그 종류의 악함을 논하는 것은 부당하다."

이를 이해하려면 '陽貨 2'를 먼저 봐야 한다.

공자는 말했다. "(타고난) 본성은 서로 비슷하나 익힘에 의해 서로 멀어지게 된다."

그만큼 가르침이 중요하다는 뜻이다. 정약용도 "가르침이 있으면 모두가 같아지니, 이것이 유(類)가 없는 것이다", "가르침이 있으면 습속이 다르지 아니하니 이것이 유가 없는 것이다"고 말한다. 여기서 가르침〔敎〕이란 곧 도를 닦는 것〔修道〕이다. 그렇다고 면벽수도(面壁修道)하라는 뜻은 아니다. '子路 9'에는 정치의 관점에서 가르침의 문제를 이렇게 말한다.

공자가 위나라에 갈 때 염유가 수레를 몰았다. 공자가 "인민이 많구나!"라고 하자 염유는 "이미 인민이 많으면 또 무엇을 더해야 합니까?"라고 물었다.

공자는 "그들을 부유하게 해주어야 한다"고 답했다.

또 염유가 "이미 부유해지면 또 무엇을 더해야 합니까?"라고 묻자 공자는 "(예의와 염치를) 가르쳐야 한다"고 답했다.

그 가르침의 의미에 대해서는 '子路' 29와 30에서 각각 이렇게 말
자로
한다.

공자는 말했다. "뛰어난 이가 백성 가르치기를 칠 년 하면 진실로 백성으로 하여금 전쟁터에 나가 싸우게 할 수 있을 것이다." ('子路 29')
자로

공자는 말했다. "가르치지 않은 백성으로 하여금 전쟁터에 나아가게 하면 이를 일러 백성을 버리는 것이라고 한다." ('子路 29')
자로

가르침의 문제는 개인의 함양〔修己〕뿐만 아니라 공동체의 유지
수기
〔治人〕를 위해서도 대단히 중요하다. 그러면 핵심은 도(道)가 된다.
치인

道也者 不可須臾離也 可離 非道也 是故 君子 戒愼乎其所不睹 恐懼乎
도 야자 불가 수유 리야 가리 비도야 시고 군자 계신 호 기 소부도 공구 호

其所不聞
기 소불문

도(道)라는 것은 잠시도 떠날 수 없는 것이니, 떠날 수 있으면 도가 아니다. 이런 까닭으로 군자는 그 보이지 않는 것에도 경계하여 삼가며, 그 듣지 못하는 것 혹은 귀로 들리지 않는 것에도 두려워하고 또 두려워한다.

앞에서 말한 도(道)에 대한 논의가 이어진다. 거기에서 '본성〔性〕을 따르는 것을 도(道)라 하며, 도를 닦는 것을 가르침〔敎〕이라 한다'고 했다. 그러나 도는 『논어』에서도 가장 난해하며 추상적인 말이었다. 『중용』이 어렵게 느껴지는 이유도 바로 그 때문이다. 시작하자마자 도의 문제가 튀어나온 것이다. 이것은 귀납적인 접근이 아니라 연역적인 접근이라 할 수 있겠다.

須臾는 잠시(暫時)라는 뜻으로 순간(瞬間)을 의미한다. 도(道)라는 것은 단 한 순간도 우리 몸에서 떠나서는 존재할 수 없다는 뜻이다. 그래서 우리 몸을 떠나 있거나 그 성질상 떠날 수 있는 것이면 아예 도라고 부를 수 없다는 것이다.

道者, 道也라고 해도 되는데 굳이 '道也者'라고 한 것은 한 템포 쉬

면서 그것을 강조하기 위함이다. 번역할 때도 道者, 道也는 둘 다 그냥 '도는~', '도란~'이라고 옮기지만 '道也者'는 '도라는 것은~'이라고 옮겨야 원문의 뉘앙스를 살릴 수 있다.

자, 그러면 공자가 말하는 도(道)라는 것은 도대체 무엇인가?『논어』에서 말하는 도란 한 마디로 정의하기가 힘들다. 예를 들어 임금이 임금다워지려면〔君君〕임금의 도를 갈고닦아야 한다. 이때의 도는 덕(德)과 통한다. 덕이란 '다움' 혹은 '빼어남'을 뜻하기 때문이다. 신하 또한 신하다워지거나 신하로서의 빼어남을 갖춰야 하는데 그것이 바로 신하가 마땅히 가야 할 길〔道〕이다. 동시에 도는 어짊〔仁〕과도 통한다.『논어』의 도움을 빌려보자.

'雍也 25'에서 공자는 말하기를 군자는 문(文-애씀)을 널리 해야 하고 이를 예(禮)로써 다잡으면 도(道)에 어긋나지 않을 것이라고 말한다. 같은 이야기가 '顏淵 15'에서 똑같이 나온다. 순서상으로 보자면 도가 있고 그에 관한 학문탐구가 이뤄지고 그것을 요약해서 예(禮)로 정립하는 것이 된다〔學而時習〕. 결국 도의 세계는 생각에 사사(私邪)로움이 없는 사무사(思無邪)이고 그것이 사람을 사랑하는 어진 마음〔仁〕이며 이를 표현한 것이 시(詩)의 세계가 된다. '爲政 2'에서 공자가 말한 바로 그것이다.

"『시경(詩經)』 삼백 수를 한 마디 말로 덮을 수 있으니, 곧 생각함에 사특(邪慝)함이 없다는 것이다."

이제 우리는『논어』에서 사람을 사랑하는 어짊〔仁〕을 이야기한

다음 구절들을 도(道)에도 그대로 적용할 수 있다. '雍也 5'에서 공자
는 제자 중에서 가장 어질었던 (仁) 안회를 칭찬하며 이렇게 말한다.

"안회(顔回)는 그 마음이 삼 개월 동안 인(仁)을 떠나지 않았고,
그 나머지 제자들은 하루나 한 달에 한 번 인에 이를 뿐이다."

여기서 3개월이란 실제로 정확히 3개월을 이야기하는 것은 아니
고 그만큼 오랫동안 어짊의 상태를 몸에 갖고 있었다는 뜻이다. 반
면 나머지 사람들은 순간적으로 인(仁)을 생각하지만 인은 곧 몸에
서 떠나버렸다. '述而 29'에서 공자는 바로 지금 우리가 살피고 있는
문맥을 설명하듯 이렇게 말한다.

"인(仁)이 먼 것이겠는가? 내가 어질고자 하면 이에 어짊이 다가
온다."

이는 곧 내가 어질고자 하지 않으면 그 순간 인(仁)은 내 몸에서
떠나버린다는 뜻이며 도(道) 또한 마찬가지다.

여기서 인과 도의 관계를 맹자의 도움을 빌려 간략하게 정리해 두
고 다음 주제로 넘어가자. 『맹자』 '盡心 章句 下 16'에서 맹자는 인과
도의 관계를 이렇게 말한다.

"인(仁)이라는 것은 사람이다. 합하여 말하면 그것은 도(道)다."

조금은 함축적인 문장이니 주희의 도움을 받아보자. "인(仁)은 사람을 사람이게 해주는 이치다. 그러나 인은 이치요 사람은 사물이다. 인의 이치로써 사람의 몸에 합하여 말하면 이것이 바로 이른바 도(道)라는 것이다."

이렇게 이해하면 도가 내 몸을 떠나서는 도가 아니라는 말을 정확히 이해할 수 있으리라 본다. 그러면 도를 조금이라도 오랫동안〔久/長〕_{구 장} 내 몸에 머물게 하기 위해서는 어떻게 해야 하는가? 다음 문장은 바로 이 질문에 대한 답이다.

"군자(君子)는 그 보이지 않는 것〔所不睹〕_{소부도}에도 경계하여 삼가며, 그 듣지 못하는 것 혹은 귀로 들리지 않는 것〔所不聞〕_{소불문}에도 두려워하고 또 두려워한다."

여기서 '군자'는 이미 완성된 인격으로서의 군자라기보다는 군자에 이르고자 하는 사람, 혹은 도(道)에 뜻을 둔 사람으로 풀이해야 의미상 모순이 되지 않는다. 즉 여기서의 군자는 이제 막 도를 향해 떠나려는 사람을 뜻한다는 말이다. 보이지 않는 것, 들리지 않는 것도 경계하여 삼가고 두려워하고 또 두려워한다는 것은 마음의 자세를 일관되게 공경(恭敬)에 둔다는 의미이다. 공(恭)은 외적인 삼감이고 경(敬)은 내적인 삼감이다. 안팎으로 누가 보건 보지 않건 삼가고 두려워하는 마음을 가질 때 인(仁)이나 도(道)는 바야흐로 내 몸에 깃들 수 있다. 『논어』에서 신(愼)은 주로 말을 삼가는 것과 관련이 된다. '學而 14'가 바로 그것이다.
_{학이}

"또 일을 할 때는 민첩하게 하고 말은 신중하게 해야 한다."

실은 언행(言行) 모두 신중하게〔愼〕해야 한다. 신(愼)의 문제는 곧
이어 다시 나오게 된다.

여기서 잠깐 돌아가서 '可離 非道也 是故君子 戒愼乎其所不睹 恐懼
乎其所不聞'의 번역 문제를 짚어보자. 기존의 번역들 중에 그나마 낫
다는 평을 듣는 김용옥의 번역이다.

"도가 만약 떠날 수 있는 것이라면 그것은 도가 아니다. 그러므로
군자(君子)는 보이지 않는 데서 계신(戒愼)하고, 들리지 않는 데서 공
구(恐懼)한다."

두 문장은 '그러므로〔是故〕'가 보여주듯 일종의 인과관계다. 즉 도
는 떠날 수 없는 것이므로 눈에 보이는 것뿐만 아니라 눈에 보이지 않
는 것들도 경계하여 삼가야〔戒愼〕하며 귀에 들리지 않는 것들도 두
려워하고 또 두려워해야〔恐懼〕한다는 말이다. 그래서 떠날 수 없다
〔不可離〕는 도의 본질적 특성이 제대로 설명되는 것이다. 그런데 김용
옥의 번역은 엉뚱하게도 눈에 보이지 않는 것〔所不睹〕과 귀에 들리지
않는 것〔所不聞〕에만 주목하고 있다. 눈에 보이는 것〔所睹〕과 귀에 들
리는 것〔所聞〕은 놓쳐버린 것이다. 즉 주위에 사람이 있건 없건 항상
삼가야 한다는 말이 마치 사람이 없을 때만 삼가야 한다로 바뀌어버
린 것이다. 이런 오독(誤讀)의 결과는 민망할 정도다. 이 구절에 대한
그의 풀이를 잠깐 참조한다.

"주체의 심화는 고독의 과정이다. 고독은 수신의 대전제이다. 하나
님은 나의 고독 속에서만 온전하게 발현된다. 남이 보지 않는 데서,
남이 듣지 않는 데서 계신(戒愼)하고 공구(恐懼)하는 것, 이것이야말
로 군자를 군자답게 만드는 일차적 조건이다."

어설픈 서양철학과 성경의 지식이 『중용』의 짤막한 구절에 대한 오

독과 뒤엉켜 무슨 말인지 도무지 알 수 없는 이야기를 하고 있다. 이런 오독들은『중용』특유의 난해함을 풀어주기는커녕 더욱 모호한 안개 속으로 우리를 밀어 넣는다.

莫見乎隱 莫顯乎微 故君子愼其獨也
막 현 호 은 막 현 호 미 고 군 자 신 기 독 야

숨어 있는 것만큼 제대로 드러남이 없으며 미미한 것만큼 제대로 나타남이 없다. 그러므로 군자는 그 홀로를 삼가는 것이다.

개략적으로 옮기자면 이렇다. 앞서 말한 도(道)는 은미(隱微)하여 남들과 어울려 시끌벅적하게 살아가는 일상생활에서는 쉽게 드러나거나 나타나지 않는다. 오히려 남들이 보이지도 않고 그들의 소리가 들리지도 않는 그런 상황, 즉 홀로 있으면서 삼가고 조심하고 두려워할 때 그 숨어 있는 것(隱)과 그 미미한 것(微)이 잘 보이고 들리게 된다. 그렇기 때문에 (도를 향해 나아가는) 군자이고자 하는 사람(君子)은 그 홀로 있음에 삼가야 한다(愼獨). 그런데 이게 무슨 말인가?

신독(愼獨)의 반대는 남을 의식해야만 하는 상황 속에 있는 것이다. 즉 눈에 보이지 않는 것〔所不睹〕과 귀에 들리지 않는 것〔所不聞〕은 혼자 있는 상황〔獨〕이고 눈에 보이는 것〔所睹〕과 귀에 들리는 것〔所聞〕은 남들을 의식해야만 하는 상황 속에 있는 것이다. 우리는 남들이 있을 때는 조심하다가도〔戒愼〕 혼자 있게 되면 몸과 마음을 풀어놓게〔放逸〕 된다. 그런데 『논어』에는 신독이란 말이 단 한 차례도 등장하지 않는다. 그러나 그런 상황을 충분히 보여주는 사례들은 여러 차례 나온다. 남을 의식하지 말고 스스로와의 정직한 대면을 통해 매사를 생각하고 행동해야 한다는 말들이 그것이다.

"남들이 알아주지 않더라도 속으로 서운해 하는 마음을 갖지 않는다면 진실로 군자가 아니겠는가?" ('學而 1')

"남을 위하여 일을 도모함에 최선의 마음을 다하지 못한 것은 없는가? ('學而 4')

"사람들이 자신을 알아주지 않는 것을 걱정하지 말고 오히려 자신이 다른 사람들을 제대로 알지 못하는 것, 혹은 남을 제대로 알아주지 못하는 것을 걱정하라." ('學而 16')

신독(愼獨)이라고 해서 아무도 없는 골방에 틀어박혀 면벽수도 하듯이 명상을 일삼으라는 뜻이 아니다. 사람들 속에 있으면서도 얼마든지 신독할 수 있다. 독(獨)은 마음가짐이지 몸의 상태는 아니기 때문이다. 『맹자』 '盡心 章句 下 33'에서 맹자가 하는 말은 이 문맥을 이해하는 데 결정적인 도움을 준다.

"요(堯)임금과 순(舜)임금은 본성을 따라서 (도를 실천)하신 것이고 탕왕(湯王)과 무왕(武王)은 (수신을 통하여) 본성으로 돌아감으로써 하신 것이다. 아주 작은 동작이나 표정 하나 하나가 빈틈이 없어 예(禮)에 딱 들어맞는다면〔中〕 그것은 융성한 덕〔盛德〕이 지극한 데 이른 것이다. 그래서 죽은 자를 위해 곡하고 슬퍼하는 것은 살아 있는 이들을 위한 것이 아니요, 떳떳한 덕을 지키고 간사함을 멀리하는 것은 관직〔祿〕을 얻기 위함이 아니며, 말에 믿음을 담으려고 하는 것은 바르게 행동하는 사람이라는 평판을 얻기 위함이 아니다. 군자(君子)는 법도대로 행함으로써 (그 나머지는) 운명〔命〕에 맡길 뿐이다."

맹자의 말에는 우리가 살펴보는 주요 개념들이 모두 등장하고 있다. 이처럼 신독(愼獨)의 반대쪽에는 나를 알아주기를 바라는 욕망〔人慾／人欲〕이 있다. 이 욕망을 끊는 것이 신독이다.

喜怒哀樂之未發　謂之中　發而皆中節　謂之和　中也者　天下之大本也　和
희노애락　지 미발　위 지중　발 이 개 중절　위 지화　중 야자　천하 지 대본 야　화

也者 天下之達道也
야자　천하 지 달도 야

기뻐하고 화내고 슬퍼하고 즐거워하는 정(情)이 (아직) 발(發)하지 않은 것을 중(中)이라 이르고, 그것들이 발하여 모두 절도(節度)에 맞는 것을 화(和)라 이르니, 중이란 것은 천하의 큰 뿌리요, 화란 것은 천

하의 달성해야 할 도이다.

🌸　　　주요개념들에 대한 정의가 이어진다. 여기서는 중(中)과 화(和)를 정의한다. 우선 『논어』에서 말한 중화(中和)에 대해 살펴보자. 『논어』에서는 중화에 대해 직접 이야기하지는 않지만 수많은 사례들을 통해 중화의 중요성을 강조한다. 중화는 곧 문질빈빈(文質彬彬), 즉 애씀〔文〕과 바탕〔質〕이 서로 조화를 이루는 것을 말한다. 여기서는 아직 발하지 않은 희노애락(喜怒哀樂)이 바로 바탕〔質〕이며, 그것을 중(中)이라 부른다. 그리고 그 각각이 발하여 절도에 맞는 것을 화(和)라고 부른다. 바탕〔質〕 위에 애씀〔文〕이 제대로 가미되었다는 뜻이다.

　　『논어』 '泰伯 2'에서 공자는 예(禮), 즉 문(文)이 제대로 절도〔節〕를 가하지 못한 바탕의 문제를 이렇게 말한다. 예는 문에 속한다.

　　"공손하되 예가 없으면 수고롭고, 삼가되 예가 없으면 두렵고, 용맹하되 예가 없으면 위아래 없이 문란해질 수 있고, 곧되 예가 없으면 강퍅해진다."

　　바탕〔質-공손/삼감/용맹/곧음〕이 좋아도 (문(文)에 속하는) 예(禮)에 의해 적절한 절도가 가해지지 않으면 화(和)에 이르지 못한다는 말이다. 이렇게 볼 때 중(中)은 천하의 큰 바탕〔大本〕이 되고 화는 천하의 달성해야 할 도[達道=大道]가 된다. 여기서는 도(道)가 곧 애씀[文]이다. 우리가 학이시습(學而時習)이라고 할 때 배워야 할[學] 대상은 다름 아닌 옛 도[古道]와 옛 문[古文]이다. 그 도(道)와 그 문(文)이다. 그것은 곧 (사람다워지려고) 애쓰는 법, 애쓰다, 애씀이다. 일단 文을 애쓰는 법, 애쓰다, 애씀 등으로 풀이하는 근거를 제시할 필요가 있다. 워낙 중요한 단어이기 때문이다. 이를 통해 우리는 중화(中和)나 중용(中庸)의 문제까지 자연스럽게 다루게 된다.

『논어』에서 말하는 문질(文質)은 '學而' 6과 7에서 명확하게 드러난다. 먼저 '學而 6'이다.

공자는 말했다. "어린 사람들은 집에 들어오면 효도하고 밖에 나가면 공순하며, 행실을 삼가고 말에는 믿음이 담겨야 하며, 널리 사람들을 사랑하되 어진 이를 가까이 (하는 것을 배우려) 해야 한다. 이런 일들을 몸소 익혀 행하면서도 남은 힘이 있거든 그때 가서 문(文)을 배우도록 하라."

대부분의 사람들은 이 구절을 무심코 읽고 지나친다. 그러나 이러저러하고 나서 힘이 남거든 문(文)을 배우라[學]고 했다. 그것은 곧 바탕[質]이 갖춰진 연후에 문(文=禮=節)을 익히라는 뜻이다. 다시 말하면 "어린 사람들은 집에 들어오면 효도하고 밖에 나가면 공순하며 행실을 삼가고 말에는 믿음이 담겨야 하며 널리 사람들을 사랑하되 어진 이를 가까이 (하는 것을 배우려) 해야 한다"는 것이 바로 사람으로서의 기본바탕, 즉 질(質)이다. 어찌 보면 너무나도 평범한 것들이다. 그리고 바로 '學而 7'에서는 문이 무엇인지를 보여준다.
학이

자하는 말했다. "어진 이를 어질게 여기기를 여색(女色)을 좋아
하는 마음과 바꿔서 하고, 부모 섬기기를 기꺼이 온 힘을 다하며,
임금 섬기기를 기꺼이 온몸을 다 바쳐 하고, 벗과 사귀기를 일단 말
을 하면 반드시 책임을 져 믿음을 주는 식으로 하는 사람이 있다
면 그 사람이 비록 배우지 않았더라도 나는 반드시 그 사람이 (이
미 문을) 배웠다고 말할 것이다."

어진 이를 어질게 여기는 것은 기본바탕〔質〕이다. 그런데 그것을
질
'여색을 좋아하는 마음과 바꿔서' 하는 것이 문(文)이다. 부모 섬기
기는 기본바탕이다. 그런데 그것을 '기꺼이 온 힘을 다하여' 하는 것
은 문이다. 임금 섬기기는 기본바탕이며 '기꺼이 온몸을 다 바쳐' 하
는 것은 문이다. 벗과 사귀는 것은 기본이며 '일단 말을 하면 반드
시 책임을 져 믿음을 주는 식으로' 하는 것은 문이다. 그래서 자하
는 따로 배우지 않고서도 지극한 열렬함〔至誠〕을 다하는 사람이 있
지성
다면 그 사람이 배웠다고 말할 것이라고 말하는 것이다. 이때 그 사
람이 배웠다는 것은 다름 아닌 문(文=禮=節)을 배웠다는 뜻이다.
이것이 바로 『논어』 식으로 문질(文質)을 풀어내는 것이다. 이런 맥
락에서 문(文)을 풀이하는 우리말은 '애쓰다'라고 할 수 있다. 참고
로 '애쓰다'의 사전적 풀이를 적어둔다. '마음과 힘을 다하여 무엇을
이루려고 힘쓰다.' 바로 이것이 문이다.
그 문과 질이 서로 조화를 이루는 것을 문질빈빈(文質彬彬)이라
고 하는데 바로 여기서 말하는 중(中)과 화(和), 즉 중화(中和)이다.

중화는 다름 아닌 중도(中道)이다. 그리고 중화나 중도에 다다르려고 열렬하게 애쓰는 것이 '중하다〔中〕'이고 어렵사리 다다른 중화나 중도를 놓치지 않으려고 열렬하게 애쓰는 것이 '용하다〔庸〕'이다.

『논어』에서는 중용과 관련된 표현이 단 한 번 등장한다. '雍也 27'이다.

공자는 말했다. "중용이 다움을 이루어냄이 지극하다 할 것이다. (그런데) 사람들 가운데는 중용을 오래 지속하는 이가 드물다."

중용을 취할 때 다움〔德〕에 이르게 된다. 임금은 매사에 중하고 용하는 것을 취할 때 임금다움에 이를 수 있고, 신하도 매사에 중하고 용하는 것을 취할 때 신하다움에 이를 수 있다. 아버지나 자식 또한 마찬가지다. 그런데 공자는 사람들이 이 중하고 용하는 것을 오래 갖고 있지 못함을 한탄하는 것이다. 이는 앞에서 말한 도(道)를 오래 갖지 못함과 통한다. '里仁 2'에서 공자는 이렇게 말한다.

"어질지 못한 사람은 (인이나 예를 통해 자신을) 다잡는〔約〕 데 (잠시 처해 있을 수는 있어도) 오랫동안〔久〕 처해 있을 수 없고, 좋은 것을 즐기는〔樂〕 데에도 (조금 지나면 극단으로 흘러) 오랫동안〔長〕 처해 있을 수 없다. 어진 자는 어짊을 편안하게 여기고 지혜로운 자는 어짊을 이롭게 여긴다."

여기서 중요한 것은 중용이나 도나 인(仁)에 오랫동안〔久/長〕 처해 있는 것이다. 그런데 일반인들은 오래 지속〔庸〕하지 못한다.

다시 본문으로 돌아가자. 이런 분석틀을 갖고서 다시 본문을 풀이해 보면 훨씬 쉽게 이해가 된다. 여기서는 중(中)이 기본바탕〔質〕, 화(和)가 애씀〔文〕이다. 그리고 주목해야 할 대목은 '雍也 27'에서 공자가 했던 말이다. "중용이 다움〔德〕을 이루어냄이 지극하다 할 것이다." 즉 덕(德)에 이르는 것이 바로 중(中)과 화(和)인 것이다. 이제 본문을 풀어보자.

"기뻐하고 화내고 슬퍼하고 즐거워하는 정(情)이 발(發)하지 않은 것을 중(中)이라 이르고, 그것들이 발하여 모두 절도(節度)에 맞는 것을 화(和)라 이르니, 중(中)이란 것은 천하의 큰 근본〔大本〕이요, 화(和)란 것은 천하의 공통된 도〔達道〕이다."

처음 읽었을 때와 문질(文質)의 틀을 통해 다시 읽었을 때 그 뜻이 확연히 달라짐을 느낄 수 있을 것이다. 끝으로 『논어』 '八佾 4'에 나오는 사례 하나를 읽어봄으로써 중화(中和)/문질(文質)에 대한 이해를 분명히 해두고자 한다.

임방이 공자에게 예의 근본을 물었다. 공자는 그 질문이 훌륭하다고 칭찬한 다음 이렇게 말했다. "예제를 행할 때 사치스럽게 하기보다는 차라리 검박하게 하는 것이 낫고, 상제를 행할 때도 형식적인 겉치레에 치우치느니 차라리 진심으로 슬퍼함이 낫다."

임방(林放)은 노(魯)나라 사람이다. 그는 사람들이 예(禮)를 행하면서 오로지 번잡하게 가식을 일삼는 것을 비판적으로 생각해 공자에게 예의 근본을 질문했다. 그래서 공자는 그 질문이 훌륭하다〔大〕고 칭찬했다. 이어 공자는 예제(禮制)를 행할 때 사치스럽게 하

기보다는〔與其〕 차라리〔寧〕 검박하게 하는 것이 낫고, 상제(喪制)를
행할 때도 형식적인 다스림〔易=治〕에 치우치느니 차라리 진심으로
슬퍼함이 낫다고 답한다. 여기서도 우리는 문질(文質)의 이분법을
적용해 볼 수 있다. 애써 꾸미고 수식하는 것이 문(文)이고 원래의
소박한 본바탕이 질(質)이다. 주희는 이와 관련해 반드시 먼저 바탕
〔質〕이 있고 나서야 애써 꾸밈〔文〕이 있다고 강조한다. 인(仁)이 없
으면 예(禮)나 상(喪)은 겉치레 행사로 전락할 수밖에 없다는 뜻이
다. 戚은 친척, 일가, 겨레, 도끼 등의 다양한 명사적 의미와 함께 가
까이 하다, 친하다, 근심하다, 마음 아파하다, 슬퍼하다, 성내다, 두
려워하다, 괴롭히다, 재촉하다, 조급하다, 긴박하다 등 다양한 동사
의 뜻도 갖고 있다. 여기서는 마음 아파하다, 슬퍼하다로 해석한다.

『논어』 '子張 1'부터 보자.

자장이 말했다. "선비가 위태로움을 보고서 목숨을 바치고, 이득
을 보고서 의로움을 생각하고, 제사를 지낼 때 공경함을 생각하고,
상을 치를 때 슬픔을 생각한다면 괜찮다."

'子張 14'도 상(喪)과 관련해 같은 뜻을 드러낸다.

자유는 말한다. "상은 슬픔을 극진히 할 뿐이다."

'八佾 4'를 해석하는 데는 두 가지 견해가 있다. 삼가(三家-노나
라에서 크게 세력을 떨치던 세 가문)의 참람한 예(禮)를 끌어들여
풀이하는 견해가 있고 그냥 독립적으로 풀이하는 견해가 있다. 어

느 쪽이건 무방하다. 가능하면 문맥 속에서 풀고자 한다.

정약용의 풀이를 인용한다. "삼가에서는 오직 예를 성대하게 하여 조상을 높일 줄만 알고 예를 제정한 본래 의도를 알지 못하였으므로 이것이 바로 임방이 예를 질문한 이유이다. 그리고 계씨(季氏)가 (천자의 춤인) 팔일무를 추고 (천자의 음악인) 옹의 악장을 연주하면서 철상한 것은 모두 사치함을 억제하지 못하는 데서 나온 것이니 이것이 공자가 답한 내용이다."

양시(楊時)의 풀이는 구체적이면서도 정곡을 찌른다. "예(禮)는 음식에서 비롯되었다. 그래서 옛날에는 웅덩이를 술동이로 삼고 손으로 움켜 마셨는데 후대에 와서 보궤(簠簋) 변두(籩豆) 뇌작(罍爵) 등 각종 술동이와 같은 꾸밈을 만든 것은 문(文)을 위한 것이었으니, 그렇다면 그 근본은 검소함일 뿐이다. 상(喪)은 감정을 그대로 나타내어 곧바로 행할 수 없기 때문에 최마(衰麻)와 곡하고 발 구르기의 수(數)를 제정한 것은 이를 절제하기 위한 것이었으니, 그렇다면 그 근본은 슬픔일 뿐이다. 주나라가 쇠약해지자 세속이 문(文)으로 질(質)을 없앴는데도 임방만은 홀로 예의 근본〔質〕을 물었다. 그러므로 공자께서 그것을 훌륭하게 여기시고 이렇게 말씀하신 것이다."

致中和 天地位焉 萬物育焉
치 중화 천지 위 언 만물 육 언

중화(中和)에 이른다는 것은 (비유하자면) 천지(天地)가 제자리를 지키고, 만물(萬物)이 잘 길러지는 것과 같다.

致는 흔히 풀이하듯 '지극히 한다'라고 해도 되지만 그
치
냥 '이른다'고 풀어도 무방하다. 즉 어떤 일을 함에 중화에 이르게 되면 하늘과 땅의 모든 것이 제자리를 지키게 되고 세상만물은 올바르게 길러지는 것과 같다는 말이다. 이 말은 앞서 살펴본 바 있듯이 『논어』의 '雍也 27'의 전반부를 풀어낸 것이라고 할 수 있다.
용야

"중용이 덕(德)을 이루어냄이 지극하다 할 것이다."

『논어』에서 말하는 덕(德)이란 다움 혹은 탁월함이다. 임금이 임금다워지는 것, 임금이 탁월한 임금이 되는 것은 바로 임금의 덕을 키움으로써 가능하다. 그런데 그 키움이 중하고 용함(中庸)을 통해 이루어
중용
질 때 진정한 덕에 이르게 된다. '顔淵 11'에서 공자가 말한 '君君臣臣
안연   군군신신
父父子子'는 바로 그 점을 지적한 것이다. 그래서 임금은 임금의 덕이
부부자자
있고, 신하는 신하의 덕이 있고, 아버지는 아버지의 덕이 있고, 자식은 자식의 덕이 있다. 그런데 임금이건 신하건 아버지건 자식이건 모

두 중하고 용함(中庸)을 통해 덕을 키워가야 제대로 임금다워지고 신하다워지고 아버지다워지고 자식다워진다. 여기까지는 '세상만물이 잘 길러진다'와 관련된다.

거슬러 올라가 다시 번역을 하자면 '(덕이 이루어질 때) 임금은 임금이고 신하는 신하이고 아버지는 아버지이고 자식은 자식이다.' 君君臣臣父父子子를 이렇게 번역할 경우 '천지(天地)가 제자리를 지_{군군신신　부부자자}킨다'와 관련된다. 바로 이 점을 표현하는 것이 『논어』 '爲政 1'이다._{위정}

　　공자가 말했다. "정치를 다움(德)으로 하는 것은 비유컨대 북극_덕성이 자기 자리에 머물러 있으면 뭇별들이 그것에게로 향하는 것과 같다."

따라서 이 다움/빼어남(德)은 타고나는 것이 아니라 끊임없이 갈_덕고닦아야 하는 것이다. 조금이라도 방심하거나 교만하거나 소홀히 하면 다움, 빼어남은 사라져버린다. 『서경(書經)』에 '덕일신(德日新)' 이란 말이 나오는데 그것은 곧 빼어나기 위해서는, 또 어렵사리 갖추게 된 그 빼어남(德)을 지속적으로 유지하기 위해서는 '나날이 새로워지려는 노력(日新又日新)'을 한시도 멈춰서는 안 된다는 것을_{일신 우 일신}강조하기 위함이다. 그런 갈고닦음이 뒷받침될 때 '임금은 임금이고 신하는 신하이고 아버지는 아버지이고 자식은 자식이다.'

이런 점들을 고려할 때 '天地位焉 萬物育焉'은 일종의 비유로 보아_{천지 위 언 만물 육 언}야 한다. 인간사에서 중화(中和)에 이른다고 해서 자연현상에 속하는 하늘과 땅이 제자리를 찾고 만물이 잘 자라는 일은 없기 때문이다.

그것은 '爲政 1'의 문장이 비유인 것과 같다. 만일 그 '爲政 1'을 비유
로 보지 않고 그냥 '정치를 다움으로 하게 되면 북극성은 자기 자리에
머물러 있게 되고 뭇별들은 그것에게로 향하게 된다'고 번역하면 어떻
게 될까? 한마디로 헛소리가 된다. 그런데도 주희의 영향 때문인지 국
내 번역서들은 대부분 '天地位焉 萬物育焉'을 이런 식으로 번역하고
있다.

제 2 장

仲尼曰 君子中庸 小人反中庸 君子之中庸也 君子而時中 小人之(反)
중니 왈 군자 중용 소인 반 중용 군자 지 중용 야 군자 이 시중 소인 지 반

中庸也 小人而無忌憚也
중용 야 소인 이 무 기탄 야

공자가 말했다. "군자는 중용하고, 소인은 중용하는 것에 반(反)한다."
군자가 중용한다는 것은 군자로서 때에 맞게 적중하기 때문이요, 소인이
중용한다는 것은 소인으로서 거리낌 없이 적중하려 하기 때문이다.

仲尼曰 君子中庸 小人反中庸
중니 왈 군자 중용 소인 반 중용

공자가 말했다. "군자는 중용하고, 소인은 중용하는 것에 반(反)한다."

앞 장 말미에서 중화(中和)를 논의한 다음 자연스럽게
중용(中庸)으로 넘어왔다. 일단 중화나 중도는 그 이상적인 상태, 중용
은 그곳으로 나아가 그곳을 지키려는 마음속의 작용으로 보면 된다.

중니(仲尼)는 공자의 이름이다. 공자가 즐겨 사용했던 군자(君子)와

소인(小人)의 대비가 등장했다. '중용(中庸)한다'는 동사적 표현이 가능한지 모르겠지만 중하고 용한다는 의미를 압축해 이렇게 옮겨보았다. 그리고 중용을 취한다고 할 경우 마치 중용이 어떤 고정된 자세를 취한 것 같은 인상을 주는 데 반해 중용한다고 하면 동적 의미가 강조되는 것도 추가적인 이유가 될 수 있겠다.

이 장에서의 中庸은 동사로 봐야 한다. 그것도 중하다, 용하다 두 개의 동사로 나눠 '중(中)하고 용(庸)한다'로 풀어야 한다. 이 점은 프롤로그에서 상세하게 살펴본 바 있다. 먼저 중(中)에 대한 우리의 고정관념을 깨트리기 위해 그것의 다양한 사전적 의미를 살펴보자. 쭉 읽어보는 것만으로도 '가운데 중(中)' 하는 식의 고정관념은 많이 깨질 것이다.

中에는 가운데, 안, 속, 진행, 마음, 심중, 중간 등급, 중국, 버금, 둘째, 다음, 부합하다, 맞히다, 적중시키다, 해당하다, 바르다 등등의 뜻이 있다. 이중에서 중용(中庸)의 중(中)과 관련되는 것은 가운데와 적중시키다 두 가지다. 상태일 때는 '가운데'이고 동사일 때는 '적중시키다'이다. 여기에서는 특히 적중시키다의 中에 주목해야 한다.

이번에는 용(庸)의 뜻을 살펴보자. 庸의 주요 의미들은 常의 뜻과 상당부분 겹친다. 떳떳하다, 범상하다, 어리석다, 크다, 일정하여 변하지 아니하다, 평소, 공적, 보통, 항상, 범상, 노고 등등. 이중에서 중용(中庸)의 용(庸)과 관련되는 것은 '항상'과 '일정하여 변하지 않다'이다. 여기서는 특히 일정하여 변하지 않다의 庸에 주목해야 한다.

앞서 '중(中)하고 용(庸)한다'고 했을 때 굳이 그 뜻을 풀자면 '(숨어 있는 본질에) 적중하여 그것을 (끄집어 올려) 일정하게 변하지 않도록 한다'가 된다. 충분하지는 않아도 어느 정도 방향이 잡혔으리라 본다.

다시 중(中)의 문제로 돌아가보자. 조선의 학자군주 정조는 경연에서 신하들과 경전에 관한 토론을 하던 중 이런 질문을 던진다. 내용을 보면 정조의 학문적 수준이 얼마나 높았는지를 단적으로 알 수 있다.

"시중(時中)과 집중(執中)은 뜻이 같은가 다른가? 요임금이 처음으로 집중을 말하였고 공자께서 이어 시중을 말했는데 두 성인이 각기 다르게 말한 것은 어째서인가? 그런데 자막(子莫)의 집중도 있고 호광(胡廣)의 시중도 있으니 이것은 어떻게 된 일인가? 자세한 분석을 듣고 싶다."

우선 이에 대한 김재찬(金載瓚, 1746~1827년)의 답변을 듣고 나서 두 사람 간의 문답을 검토함으로써 중(中)의 문제를 일단 정리해 보기로 한다. 김재찬은 정조의 총애를 받았으며 훗날 영의정까지 지내게 되는 인물이다. 김재찬의 대답이 일목요연하다.

"집중(執中)은 마음〔心〕을 위주로 말한 것이고 시중(時中)은 일〔事〕을 위주로 말한 것인데 그 '적중함〔中〕'은 둘 다 마찬가지입니다. 저 집(執) 자는 성인(聖人)의 경우에는 굳이 잡는 데〔執〕 뜻을 두지 않아도 저절로 지나침〔過〕과 못 미침〔不及〕이 없기 때문에 이름만 있는 것이지 실제로는 집(執)하는 바가 있는 것은 아닙니다. 그리고 자막의 집(執)이라는 것은 단지 한 가지 고정된 중간〔中〕을 고집스럽게 지키는 것이니 참으로 집착(執捉)의 집(執)일 뿐입니다. 그러나 자막은 그나마도 도(道)를 배우다가 좀 어긋한 것이지만 호광이 때에 따라 이랬다저랬다 한 것은 더 이상 논할 것도 없습니다."(『홍재전서(弘齋全書)』 제9권)

집중(執中)과 시중(時中)을 각각 마음과 일의 '적중하다'로 풀이한 김재찬의 의견은 탁견이다. 하나는 마음가짐이고 다른 하나는 일〔人間事〕의 핵심임을 꿰뚫어보는 통찰이다.

그러면 먼저 집중(執中)부터 살펴보자. 그것은 원래 『서경(書經)』에 나오는 말로 요임금이 순임금에게 황제의 자리를 넘겨주면서 당부한 말 가운데 나오는 '윤집궐중(允執厥中)'을 줄인 것이다. 여기서 厥은 '그'라는 뜻으로 其와 같다. 실제로 『논어』 '堯曰 1'의 첫 문장에 그것이 등장하는데 '윤집기중(允執其中)'으로 돼 있다. 그 뜻은 '진실로〔允〕 그 적중함〔中=中和〕을 잡아서 집행하라〔執〕'는 것이다. '堯曰 1'을 통해 그 뜻을 풀어나가 보자.

요임금이 말했다. "아! 너 순(舜)아. 하늘의 뜻이 마침내 너에게 있으니, (너는 왕위에 올라) 진실로 중화(中和)를 잡도록 하라. 만백성이 곤궁에 빠지면 하늘의 녹(祿) 또한 영원히 끊어질 것이다."

지금 우리는 요임금이 순임금을 불러 왕위를 넘겨주려는 순간을 보고 있다. 咨는 탄식의 의미를 담고 있다. "아〔咨〕! 너〔爾〕 순(舜)아. 하늘의 뜻〔曆數〕이 마침내〔躬〕 너에게 있으니, (너는 왕위에 올라) 진실로〔允〕 중(中)을 잡도록 하라." 천명에 따라 왕위를 자식이 아니라 덕이 있는 너를 골라 넘겨주니 부디 중화의 정신을 잃지 말고 통치에 임하라고 간절하게 당부하고 있다. 이어 정치하는 목적을 '사해곤궁(四海困窮)', 즉 백성들이 배고픔에서 벗어나는 데 두어야 한다는 점을 분명히 한다. 만백성이 곤궁에 빠지면 하늘의 녹(祿) 또한 영원히 끊어진다는 것이다.

다시 정리하면 이렇다. 첫째, 요임금은 선위(讓位)의 방식으로 자식이 아닌 현자를 골랐다. 택현(擇賢), 그것이 천명(天命-하늘의 曆數)이라는 것이다. 둘째, 통치를 함에 집중(執中), 즉 지나치거나 모자람이 없는 중(中=中和=中道)의 길을 잃어서는 안 된다는 점을 분명히 했다. 집중은 우리가 흔히 쓰는 집중(集中)과는 다른 뜻이다. 한군데로 모으는 것이 아니라 (좌우가 아니라 시작과 끝의) 양극단으로 치우치지 않도록 끊임없이 노력하는 것이다. 셋째, 결국 정치의 요체는 백성을 먹여 살리는 데 있다는 것을 잊어서는 안 된다는 점을 분명히 했다.

거꾸로 말하면 천명(天命)이 따르지 않거나 (정사를 펼침에) 시대의 핵심문제를 적중[中]하지 못하거나 백성 구제에 실패하면 언제든지 왕의 자리에서 굴러떨어질 수 있다는 것을 강조한 것이다.

공자가 말한 시중(時中)은 바로 다음에 살펴볼 것이다. 일단 김재찬의 말대로 요임금의 집중(執中)과 공자의 시중(時中)은 마음이냐 일이냐의 차이는 있지만 시대적 상황 속에서 문제의 정곡을 찌르는 것이라는 점에서는 차이가 없다.

문제는 수준이 좀 떨어지는 집중(執中)이나 시중(時中)이 있다는 데 있다. 집중과 관련해 김재찬은 자막(子莫)을 언급했다. 이 이야기는『맹자』'盡心 章句 上 26'에 나온다.

"맹자가 말했다. '양자(楊子)는 자기 몸을 위하는 것만 챙겨서 자신의 털 한 오라기만 뽑아도 세상을 이롭게 할 수 있다 한들 결코 하지 않는다. 묵자(墨子)는 모두를 똑같이 사랑한다는 겸애(兼愛)만을 고수해 (자기 몸이) 이마에서 발꿈치까지 다 닳아 없어지더라도 세상을 이롭게 할 수 있다면 반드시 한다. (노나라의 현자였던) 자막(子莫)은 가운데를 잡는다[執中]. 그런데 이처럼 가운데를 잡는 것은 그나마 그것[道]에 가깝지만 가운데[中]를 잡고 있기만 하고 권도[權, 權道]

를 발휘할 수 없다면 이는 결국 (시작과 끝 양쪽을 살펴서 가운데(中)를 잡고 있는 것이 아니라) 한쪽만을 잡고 있는 것과 마찬가지다. 한쪽만을 잡고 있는 자를 미워하는 이유는 그것이 도(道)를 해치기 때문이다. 왜냐하면 하나만을 들 경우 (나머지) 백 가지를 없애는 것이 된다."

끝으로 호광(胡廣)의 시중(時中)에 대해 김재찬은 "때에 따라 이랬다저랬다 한 것은 더 이상 논할 것도 없습니다"고 평가했다. 도대체 어떻게하기에 이런 폄하의 대상이 된 것일까? 호광은 중국 후한시대의 사람으로 30년 동안 고위직에 있으며 여섯 임금을 섬겼는데 그는 자신의 처신을 종종 시중(時中)에 빗대 정당화하곤 했다. 그래서 '호광의 시중', '호광의 중용'이라는 말은 당대의 대중들이나 후대의 평판을 의식한 기회주의적 사고의 상징처럼 여겨져 유학자들 사이에서는 줄곧 비판의 대상이 되어왔다. 여기서도 그런 맥락이다. 따라서 그의 시중에 대해서는 별도의 풀이가 필요 없다.

결론적으로 공자의 말은 이렇게 보충할 수 있다. "군자는 (진정한 의미에서) 중용하고 소인은 (진정한 의미에서의) 중용에 반한다." 중용은 중용인데 군자의 중용은 진정한 중용이고, 소인의 중용은 진정한 의미의 중용이 아니라는 말이다. 이렇게 풀이를 해야 다음 문장과 자연스럽게 연결이 된다.

君子之中庸也 君子而時中 小人之(反)中庸也 小人而無忌憚也
군자 지 중용 야 군자 이 시중 소인 지 반 중용 야 소인 이 무 기탄 야

군자가 중용한다는 것은 군자로서 때에 맞게 적중하기 때문이요, 소인
이 중용한다는 것은 소인으로서 거리낌 없이 적중하려 하기 때문이다.

'君子而時中'은 굳이 풀자면 군자의 군자다움을 갖추고
군자 이 시중
서 매사를 때에 맞게 그 사안의 핵심에 적중하여 처신한다는 말이다.
이 문장에서 보면 일단 시중(時中)은 곧 거리낌〔忌憚〕, 즉 꺼리는 바가
기탄
있다〔有〕는 것이다. 이는 군자의 경우 근본〔本〕에 힘쓰고 소인의 경우
본
곁가지〔末〕에 힘쓰는 것과도 연결된다. 그리고 괄호 안의 反은 후대에
말   반
들어간 것으로 주희도 지지하는 바이지만, 앞에서 본 대로 소인도 소
인 나름의 중용이 있을 수 있지만 때를 가리지 않는다고 말하고 있다
는 점을 감안한다면 불필요한 삽입으로 보인다. 따라서 여기서는 反
을 배제하고서 풀이를 한다.

시중(時中)을 이해할 수 있는 『논어』의 관련 구절들은 '先進' 편에
선진
집중적으로 나온다. 먼저 '先進 13'을 보자.
선진

노나라 사람들이 장부라는 창고를 고쳐 지으려 하자 민자건은
이렇게 말했다. "옛일을 그대로 따르는 것이 어떻겠는가? 어찌 반드
시 고쳐 지어야 하는가?"

이를 듣고서 공자는 다음과 같이 말했다. "저 사람이 평소에는 말이 많지 않지만 일단 말을 하면 반드시 사리에 적중[中]한다."

노(魯)나라 사람들이 장부라는 창고를 고쳐 지으려 하자 덕행이 뛰어났던 공자의 제자 민자건(閔子騫)은 다음과 같이 말한다. "옛 일을 그대로 따르는 것이 어떻겠는가? 어찌 반드시 고쳐 지어야 하는가?" 이에 공자는 다음과 같이 말한다. "저 사람[夫人]이 평소에는 말이 많지 않지만[不言] 일단 말을 하면 반드시 사리에 적중[中]한다." 민자건의 말에 신중함이 있음을 보여주는 일화다. 시중(時中)이란 바로 민자건이 보여주는 이런 행동을 말한다.

이 장의 독법은 여러 가지다. 첫째는 공자가 민자건의 신중함[時中]을 통해 그의 덕행(德行)을 평가하는 것으로 보는 것이다.

둘째는 바로 앞의 '先進 12'와 대비시켜 읽는 것이다. 자로(子路)는 직선적인 성품으로 인하여 목숨을 제대로 지키지 못하지만 민자건은 온화함과 신중함으로 목숨을 지킬 수 있었다고 볼 수 있기 때문이다.

민자건은 공자를 옆에서 모실 적에 온화하였고, 자로는 굳세었고, 염유와 자공은 강직하니 공자가 (뛰어난 자질을 갖춘 다양한 제자들과 강학을 함께하는 것을) 즐거워하였다.

(그러던 어느 날) 공자는 말했다. "자로는 제대로 죽지 못할 것이다."

그러나 보다 큰 문맥은 '先進 1'에서 시작된다. 거기에서 공자는 군자의 후진(後進)보다는 야인의 선진(先進)을 선택했다.

공자는 말했다. "옛 사람들〔先進〕은 예악에 촌스러운 사람들이
고, 요즘 사람들〔後進〕은 예악을 제대로 군자답게 하는 사람들이
라고 한다. 만일 내가 예악을 쓸 일이 있으면 옛 사람의 것을 따를
것이다."

문화적으로 볼 때 옛 사람들〔先進〕이 오히려 문(文)과 질(質)의
조화〔中〕를 이뤘고 요즘 사람들〔後進〕에 와서는 문이 좀 더 강화됐
는데도 사람들은 겉치레〔文〕를 좀 더 중시하다 보니 요즘 사람들의
그것을 멋지다〔君子〕고 하고 옛사람들의 그것을 촌스럽다〔野人〕고
한다는 것이다. 그래서 의도적으로 공자는 옛사람들의 그것을 선택
하고 강조하여 조금이라도 바로잡으려 했던 것이다. 이런 정신은 실
은 '先進'편 전체를 관통하는 핵심문맥이기도 하다. 그것은 때와
시대에 맞는 중화(中和), 중도(中道), 중(中), 화(和), 도(道)를 찾아내
는 시중(時中)의 문맥인 것이다.

예를 들면 이 같은 시중(時中)의 문맥으로 앞에서 본 '先進 12'
의 자로에 대한 언급을 풀이하자면 그가 이미 여러 가지 면에서 중
화나 중도를 잃었기 때문에, 다시 말해 꺼리는 바가 없었기 때문에
위태로운 지경에 빠질 가능성이 높아 공자는 그가 제 명대로 살기
어렵다고 말한 것이다. 그리고 실제로 자로는 어떤 정치사건에 휘말
려 비명횡사했다.

이제 시중(時中)과 권도(權道)의 문제를 다룰 차례다. 공자에게 이
둘은 아주 밀접하다. 먼저 『맹자』 '離婁 章句 下 29'에 나오는 사례를
살펴보자.

"지금 같은 집에 사는 사람들 중에 싸우는 사람이 있다고 하자. (그러면 우임금이나 후직처럼) 이를 말리기 위해 설사 머리를 풀어 헤치고 갓끈만 맨 채로 달려가서 말리더라도 아무런 문제가 안 된다. 동네에서 이웃들끼리 싸우는 사람이 있다고 하자. 그런데 당장 머리를 풀어 헤치고 갓끈만 맨 채로 달려가서 싸움을 말린다면 그것은 잘못된 것이다. (그럴 때는) 그냥 (안자처럼) 집에서 문을 닫고 가만히 머물러 있어도 아무런 문제가 안 된다."

여기서는 우(禹)임금이나 후직(后稷) 그리고 안자(顏子)는 모두 어진 사람들이다. 그런데 처신은 달랐다. 왜냐하면 전자는 같은 집에서 일어난 싸움이고 후자는 집 밖에서 일어난 싸움이기 때문이다. 이것이 공자가 말하는 권도(權道)다. 같은 어진 이라 하더라도 처한 상황에 따라 처신하는 바가 이처럼 차이가 난다. 공자가 자신을 평하면서 "가능한 것도 없고 불가능한 것도 없다"(『논어』 '微子 8')고 말한 것이 바로 권도다. 권도를 발휘함에 가장 중요한 것은 때[時], 즉 상황이다. 그래서 공자는 상황에 적중하는 것[時中]을 중요하게 여겼던 것이다. 그런 점에서는 권도를 발휘하는 것이 곧 시중(時中)하는 것이다.

공자가 권도를 얼마나 중요하게 생각했는지는 '子罕 29'를 읽어보면 쉽게 알 수 있다.

공자는 말했다. "더불어 함께 배울 수 있다고 해서 (그 사람들 모두와) 더불어 도를 행하는 데로 나아갈 수는 없으며, 또 더불어 도를 행하는 데 나아간다고 해서 (그 사람들 모두와) 더불어 함께 뜻을 세울 수는 없으며, 또 더불어 함께 뜻을 세웠다고 해서 (그 사람들 모두와) 더불어 권도(權道)를 행할 수는 없다."

권도(權道)를 행한다는 것은 그만큼 어려운 경지에서 이루어지는 것이며 그것이 바로 시중(時中)이다. 그리고 여기에서 언급은 안 됐지만 공자가 권도를 행함에 또 하나 중요한 것은 어떤 상황에서 그것이 의리에 맞는지를 살피는 것이었다.

제3장

子曰 中庸其至矣乎 民鮮能久矣
자왈 중용 기 지 의호 민 선 능 구 의

공자가 말했다. "중용은 (그에 이르기가) 아마도 지극(히 어렵다고) 하다고 해야 할 것이다! (그래서) 사람들은 (중용에) 오랫동안 능한 이가 드물게 (된 지가 오래)되었다."

앞에서 우리는 중용(中庸)의 중(中)을 시중(時中)으로 풀었다. 그런데 그처럼 때에 맞춰 핵심을 적중하는 것은 지극한[至] 일이다. 지극하다는 것은 쉽게 이르기 힘들다. 즉 매우 어렵다는 말이다. 그렇기 때문에 공자는 사람들이 (중하고 용하는 데) 제대로[能] 오랫동안 머물러 있기[久]가 드물다고 말한다. 그만큼 어렵다는 뜻이다.

문제는 '民鮮能久矣'의 번역이 두 가지 방향으로 엇갈린다는 점이다. 특히 久에 대한 번역이 올바른 번역인지를 가르는 관건이 된다. 먼저 전통적인 번역을 보자.

"사람들이 능한 이가 적은 지 오래되었다."(성백효 옮김)

"백성이 능함이 적은 지 오래이구나."(김석진 옮김)

이 두 번역은 能을 능한 이, 능함으로 옮긴 차이는 있지만 기본적인 뜻은 비슷하다. 이런 번역은 아마도 이 부분에 대한 주희의 풀이에 근거한 듯하다. 주희는 이 문장을 '그것(중용)을 능하게 하는 이(것)가 드물어진 지[鮮能之] 이제 이미 오래다[今已久矣]'라고 풀이하고 있기 때문이다. 결국 주희의 풀이대로 하자면 옛날에는 드물지 않았는데 그 후 오랫동안 중용에 능한 이가 나오지 않았다고 말하고 있는 것이다. 중하고 용하는 것에 능하기는 예나 지금이나 어려운 것은 마찬가지라는 점에서 옛날과 지금을 대비시킨 주희의 풀이는 그다지 적절치 않아 보인다. 상당한 억지가 들어간 풀이이기 때문에 久에 대해서도 어이없는 실수를 저지른 것으로 볼 수 있다.

그 점에서는 김용옥이 정약용의 풀이를 받아들여 이 문장의 핵심 동사를 能이 아니라 久로 본 것은 정확한 이해다. 그래서 김용옥의 번역은 조금 다르다.

"아~ 사람들이 거의 그 지극한 중용의 덕을 지속적으로 실천하지 못하는구나!"

다만 김용옥의 번역에는 能의 의미가 누락돼 있고 불필요한 감탄사 '아~'가 들어가 있으며 久를 '지속적 실천'으로까지 옮긴 것은 조금 지나친 느낌이다. 정약용의 풀이도 참고해야 하지만, 우리가 『중용』 풀이를 위해 채용한 방법, 즉 '논어로 중용을 풀다[以論解中]'에 따르면 어떻게 번역해야 할지는 분명하다.

이 구절은 能자 하나만 빼면 『논어』의 '雍也 27'과 겹친다. 원문과 번역문을 함께 보자.

子曰 中庸之爲德也 其至矣乎 民鮮久矣
자왈 중용 지 위덕 야 기지 의 호 민 선 구 의

공자는 말했다. "중용이 덕(德-다움)을 이루어냄이 지극하다 할
것이다. (그런데/그래서) 사람들 가운데 중용을 오래 지속하는 이
가 드물다."

엄밀하게 보면 이 둘은 문장 구조상으로 조금 차이가 있다. 그러나
어느 쪽으로 풀이를 하건 결과적으로 뜻은 비슷하다. 중용이 다움
〔德〕을 이루어내는 데 결정적인 역할을 하지만 사람들 사이에서 이를
제대로 하는 사람을 찾아보기는 어렵다는 말이기 때문이다. 그만큼
중하고 용하는 것을 제대로 하는 것이 쉽지 않다는 뜻이다.

이 장과 '雍也 27'의 마지막 구절을 비교해 보면 이 장에는 있는 能
이 '雍也 27'에는 없다. 그러면 '民鮮久矣'에서 동사는 논란의 여지없
이 久다. 사람들이 (중용의 덕을 이루어내는 데) 오랫동안 머물러 있기
〔久〕가 드물다, 즉 지극히 어렵다는 것이다. 그러면 이 장에서 추가된
能은 자연스럽게 民鮮久矣를 강조하는 보조적 의미에 그칠 수밖에
없다. 제대로〔能〕라고 번역하면 적절하다. 이런 의미의 能을 볼 수 있
는 것이 『논어』 '里仁 3'이다.

공자는 말했다. "오직 어진 사람만이 제대로〔能〕 사람을 좋아할
수 있고, 제대로 사람을 미워할 수 있다."

그렇지만 김용옥이 久를 지속적으로 실천하다로 옮긴 것은 久의 내
면적 의미를 간과한 번역이라는 지적을 면하기 어렵다. 다시 '논어로
중용을 풀다'의 도움을 받아보자. '里仁 2'를 보자.

공자는 말했다. "어질지 못한 사람은 (인이나 예를 통해 자신을) 다잡는 데 (잠시 처해 있을 수는 있어도) 오랫동안 처해 있을 수 없고, 좋은 것을 즐기는 데에도 (조금 지나면 극단으로 흘러) 오랫동안 처해 있을 수 없다. 어진 자는 어짊을 편안하게 여기고 지혜로운 자는 어짊을 이롭게 여긴다."

여기에서 핵심은 (어진 사람은) '(인이나 예를 통해 자신을) 다잡는 데 오랫동안 처해 있다〔久處約〕'이다. 중하고 용한다는 것〔中庸〕은 다름 아닌 (인이나 예를 통해 자신을) 다잡는 것〔約〕이다. 그리고 오랫동안 처해 있는 것〔久處〕이 이 장에서는 久라는 동사로 표현된 것이다. 이제 久를 옮기면서 지속적으로 혹은 오랫동안 '실천하다'로 옮겨서는 안 되는 이유를 알았을 것이다.

제4장

子曰 道之不行也 我知之矣 知者過之 愚者不及也 道之不明也 我知之
자왈 도지 불행 야 아지지의 지자 과지 우자 불급 야 도지 불명 야 아지지

矣 賢者過之 不肖者不及也 人莫不飲食也 鮮能知味也
의 현자 과지 불초자 불급 야 인 막불 음식 야 선 능 지미 야

공자가 말했다. "도가 행해지지 못하는 이유를 내가 알고 있으니, 지혜로운 자〔知者〕는 (도를) 지나치고, 어리석은 자는 (도에) 미치지 못하기 때문이다. 도가 밝아지지 못하는 이유를 내가 알고 있으니, 현명한 자〔賢者〕는 (도를) 지나치고 현명하지 못한 자는 (도에) 미치지 못하기 때문이다." "사람들이 음식을 먹고 마시지 않는 이가 없건만 제대로 맛을 아는 이는 드물다."

子曰 道之不行也 我知之矣 知者過之 愚者不及也 道之不明也 我知之
자왈 도지 불행 야 아지지의 지자 과지 우자 불급 야 도지 불명 야 아지지

矣 賢者過之 不肖者不及也
의 현자 과지 불초자 불급 야

공자가 말했다. "도가 행해지지 못하는 이유를 내가 알고 있으니, 지혜로운 자〔知者〕는 (도를) 지나치고, 어리석은 자는 (도에) 미치지 못하기 때문이다. 도가 밝아지지 못하는 이유를 내가 알고 있으니, 현명한

자〔賢者〕는 (도를) 지나치고 현명하지 못한 자는 (도에) 미치지 못하기 때문이다."

먼저 우리는 공자가 말한 두 대구(對句)를 핵심개념 중심으로 비교해 볼 필요가 있다. 앞 구는 道, 不行, 知者, 愚者, 過, 不及이고 뒷 구는 道, 不明, 賢者, 不肖者, 過, 不及이다. 그리고 지자(知者)도 행할 수 없고 현자(賢者)도 밝힐 수 없지만, 인자(仁者)는 행할 수도 있고 밝힐 수도 있다는 점을 염두에 두면서 하나씩 풀어가 보자.

먼저 공자는 도(道)가 행해지지 않는 이유를 자신은 알고 있다고 단언한다. 그 이유를 공자는 "지혜로운 자〔知者〕는 지나치고 어리석은 자〔愚者〕는 미치지 못하기 때문"이라고 말한다. 그러면 우리는 지자(知者)와 우자(愚者)가 정확히 어떤 사람을 말하는지를 풀이해야 하고 동시에 지나치다〔過〕와 못 미치다〔不及〕도 『논어』의 문맥에서 풀어내야 한다.

『논어』에서는 주로 인자(仁者)와 지자(知者)가 긍정적인 의미에서 대비되어 자주 등장한다. 예를 들어보자. 먼저 '里仁 2'에서 공자는 이렇게 말한다.

"어질지 못한 사람은 (인이나 예를 통해 자신을) 다잡는 데 (잠시 처해 있을 수는 있어도) 오랫동안 처해 있을 수 없고, 좋은 것을 즐기는 데에도 (조금 지나면 극단으로 흘러) 오랫동안 처해 있을 수

없다. 어진 자는 어짊을 편안하게 여기고〔安仁〕 지혜로운 자는 어
짊을 이롭게 여긴다〔利仁〕."

공자나 유학의 텍스트에서 지자(知者 혹은 智者)는 인자(仁者)보
다 한 수 아래다. 지자(知者)가 인을 이롭게 여긴다〔利仁〕는 것은 인
이 어떠하다는 것을 머리로는 알지만 스스로 실행에 옮기지는 못한
다는 뜻이다. 반면에 인을 편안하게 여긴다〔安仁〕는 것은 머리가 아
니라 몸으로 인을 체득하여 실행하는 경지이다.

『논어』에서 공자가 사용한 '인자(仁者)/지자(知者)'의 이분법 사례
를 좀 더 살펴보는 게 도움이 될 것이다.

그런데 지자(知者)는 두 가지 해석이 가능하다. 지혜와 지식을 갖
춘 자와 사람을 보는 눈을 가진 자가 그것이다. '雍也 18'에서 공자
는 "(도나 이치를) 아는 자〔知者〕는 좋아하는 자〔好者〕만 못하고,
좋아하는 자는 즐기는 자〔樂者〕만 못하다"고 말한다. 이때의 지
(知)는 무언가를 안다는 뜻이다. 하지만 여기서는 이 두 가지 뜻을
다 가지고 있다고 보아도 무방하다. 도를 아는 자가 곧 지혜로운 자
이기 때문이다. 호자(好者)를 현자(賢者), 낙자(樂者)를 인자(仁者)
로 볼 수 있다.

이제부터 인(仁)/지(知)에 관한 사례를 좀 더 살펴보자. '雍也 20'
에서 제자 번지(樊遲)가 지(知/智)에 관해 묻자 공자는 이렇게 답한
다. "사람이라면 마땅히 지켜야 할 바에 힘쓰고, 귀신의 존재는 공
경하는 마음으로 인정하면서도 그 실체를 알려고 애쓰지는 않는
다면 인간사를 아는 경지에 이르렀다고 할 수 있다." 연이어 인(仁)
에 관해 묻자 공자는 이렇게 답한다. "어진 사람은 어려운 일을 먼

저 하고 얻는 것을 뒤에 하니, 이렇게 한다면 어질다고 할 수 있다."

이것은 일단 지(知)에 관한 공자의 생각을 전한 다음 지보다는 한 단계 뛰어난 인(仁)을 설명하는 방식이라고 볼 수 있다. 즉, 지는 분별력이기 때문에 높이 평가할 만하지만 '얻는 것'을 우선으로 하는 반면 인은 쉽고 어려움을 가리지 않고 오히려 어려운 일도 얼마든지 감수하는 태도라는 것이다. 하지만 아직도 모호함이 조금 남는다.

다시 '顔淵 22'에서 번지가 인(仁)에 관해 묻자 공자는 "사람을 사랑하는 것〔愛人〕"이라고 답하고 지(知)에 관해 묻자 "사람을 아는 것〔知人〕"이라고 답한다. 그리고 '雍也 21'에는 유명한 구절이 나온다.

공자는 말했다. "(어진 사람을 볼 줄) 아는 사람은 물을 좋아하고, 어진 사람은 산을 좋아한다. (어진 사람을 볼 줄) 아는 사람은 움직이고, 어진 사람은 맑고 고요하다. (어진 사람을 볼 줄) 아는 사람은 즐거워할 줄 알고, 어진 사람은 오래간다."

특히 주목해야 할 점은 '(어진 사람을 볼 줄) 아는 사람은 즐거워할 줄 안다〔知者樂〕'고 한 대목이다. 지(知)와 낙(樂)은 밀접한 관계를 갖고 있는 것이다. 바로 앞에서 지자(知者), 호자(好者), 낙자(樂者)의 단계를 이야기했을 때의 지(知)와 낙(樂)의 관계는 아니다. 그렇게 볼 때 '좋은 것을 즐기는 데에도 (조금 지나면 극단으로 흘러) 오랫동안 처해 있을 수 없다〔不可以長處樂〕'는 구절은 지(知)와 서로 조응하는 것으로 해석해야 한다. 그러면 자연스럽게 '다잡는 데 (잠시 처해 있을 수는 있어도) 오랫동안 처해 있을 수는 없다〔不可以久處約〕'는 구절은 인(仁)과 조응하는 것으로 봐야 한다. 오랫동안 자신을 다잡음에 처할 수 있다면 인자(仁者)이고, 오랫동안 즐거움에 처할 수 있다면 지자(知者)이다. 불인자(不仁者)는 인자(仁者)뿐만 아니라 지자(知者)의 반대이기도 하다.

다시 인(仁)과 지(知)의 관계로 돌아가보자. '子罕 28'에서 공자는 "사람을 볼 줄 아는 사람은 (사리를 알기 때문에 불필요한) 의혹을 품지 아니하고, 어진 사람은 (세상 이치를 알아 사리사욕에 꺾이지 않으니) 근심하지 않는다"고 말한다. 같은 내용이 '憲問 30'에도 나온다.

공자는 '衛靈公 32'에서 보다 구체적으로 둘의 관계를 설명한다.

"앎이 도(道)에 미치더라도 어짊이 그것을 뒷받침해줄 수 없다면 설사 도를 얻는다 하더라도 결국 자기 것이 되지 못하고 반드시 잃게 된다."

여기서 우리는 지자(知者)가 왜 중도(中道)를 행하지 못하고 그 도를 넘어가는지를 알 수 있다. 인(仁)이 지켜주지 않기 때문이다. 앞부분을 중하다와 용하다로 풀면 이렇게 된다. "앎이 도에 중하더라도 어짊이 그것을 용해주지 않으면."

이어 안인(安仁)과 이인(利仁)의 차이와 관련해서 주희는 이렇게 말한다. "도(道)와 하나가 되어 간격이 없음이 안인(安仁)이고, 이인(利仁)은 이런 경지에 이르지 못하여 억지로 힘써야 한다." 공자의 제자 안회(顔回, 顔淵)가 바로 안인(安仁)의 경지에 이른 사람이다. 오랫동안 자신을 다잡으면서도〔約〕힘들어하지 않고 오히려 인을 마음속으로부터 편안하게 받아들인 인물이기 때문이다. 다시 한 번 약(約)과 인(仁)이 서로 통한다는 것을 확인할 수 있다. 반면에 이인(利仁)은 인(仁)이 좋다는 것을 알고 인자(仁者)를 찾아 애쓰지만 아직 인을 자기 몸에 다잡는 데 오랫동안 처하지 못하고 (자꾸 넘어서기 때문에) 편안하지도 않은 단계이다. 공자의 제자 자공(子貢)이 바로 그런 단계에 머문 인물이다. 그래서 안회와 자공의 차이는 인자(仁者)와 지자(知者)의 차이이기도 하다. 일단 인자와 지자의 대비에 대해서는 이 정도에서 그칠까 한다.

이제 지나치다[過]와 못 미치다[不及]를 살펴볼 차례다. '先進 15'에 이와 관련된 언급이 나온다.

자공이 물었다. "자장과 자하 중에서 누가 더 현명합니까?"
공자는 이렇게 답했다. "자장은 지나치고 자하는 미치지 못한다."
다시 자공이 "그렇다면 자장이 더 낫습니까?"라고 묻자 공자는 답했다. "지나친 것이나 모자란 것이나 다 문제다."

누구보다 사람 평하는 일[知人]에 관심이 많고 사람 비교하기[方人]를 좋아하는 자공(子貢)이 물었다. "자장(子張)과 자하(子夏) 중에서 누가 더 현명합니까?" 이에 공자는 이렇게 답했다. "자장은 지나치고 자하는 미치지 못한다." 사실 공자는 이런 질문을 던진 당사자인 자공이 너무 사람 비교[方人]에 빠져 있는 것에 비판적이었다.

자공이 이런저런 인물평을 하자[方人] 공자는 말했다. "자공은 참으로 나보다 나은가 보구나! 나는 그럴 틈이 없다."('憲問 31')

그래서 아마도 대답이 이처럼 짧았는지도 모른다.

먼저 『논어』에 등장한 자장이나 자하의 일화들 중에서 공자의 이 같은 발언을 뒷받침할 만한 사례 한 가지씩을 살펴보자.

자장이 벼슬자리를 구하는 법을 배우고 싶다고 하자 공자는 말했다. "많이 듣고서(듣되) 의심나는 것은 제쳐놓고 그 나머지 것들에 대해서만 신중하게 이야기한다면 허물이 적을 것이요, 많이 보고서 위태로운 것은 제쳐놓고 그 나머지를 신중하게 행한다면 후회가 적을 것이니, 말에 허물이 적으며 행실에 후회할 일이 적으면 벼슬자리는 절로 따라오게 될 것이다."('爲政 18')
위정

공자가 자하에게 말했다. "너는 군자의 유자가 되어야지 소인의 유자가 되지 말라!"('雍也 11')
옹야

주희의 풀이다. "자장은 재주가 높고 뜻이 넓었으나 굳이 어려운 일 하기를 좋아했으므로 항상 중도(中道)에 지나쳤고, 자하는 독실하게 믿고 삼가며 지켰으나 규모가 협소했으므로 항상 중도에 미치지 못하였다." 중화(中和)나 중도(中道)의 중요성을 일깨우면서 자연스럽게 이 장에 대한 풀이가 되고 있다. 자장은 용하는 데 능하지 못했고 자하는 중하는 데 능하지 못했던 것이다.

그런데 자공이 그 뜻을 깨닫지 못하고 우문을 던진다. "그렇다면 [然則] 사(師-자장)가 더 낫습니까?" 이에 공자는 현답으로 응수한다. 과유불급(過猶不及), 즉 지나친 것이나 모자란 것이나 다 문제라는 것이다.
연즉

일반적으로는 자공처럼 현자나 지자의 지나침이 어리석은 자의 미치지 못함보다 나으리라고 생각하는데 공자는 둘 다 마찬가지라고 단정했다. 교만을 경계하고 동시에 중도(中道)의 중요성을 일깨우기 위함이었다. 이 장에 대한 윤돈(尹焞)의 풀이다. "중용의 덕을 이룸[爲德]이 지극하다. 지나침과 미치지 못함이 똑같으니, 처음에는 털끝만 한 차이가 종말에는 천리나 어긋나게 된다. 그러므로 성인의 가르침은 지나침을 억제하고 미치지 못함을 이끌어서 중도(中道)에 돌아가게 할 뿐이다."

이번에는 지자(知者)와 우자(愚者)를 비교할 차례다. 지자를 상지(上知), 우자를 하우(下愚)로 볼 수도 있지만 여기서는 우자를 그냥 부지자(不知者) 정도로 보고서 대비하면 될 듯하다. 사람을 볼 줄 아는 사람은 그로 인해 지나치게 되고, 사람을 제대로 볼 줄 모르는 사람은 그로 인해 못 미치게 된다는 뜻이다. 자공이야말로 전형적인 지자인데 그로 인해 지나치다 하여 공자로부터 은근한 면박을 당했다. 결국 공자는 지나쳐도[過] 안 좋고 못 미쳐도[不及] 안 좋다는 의미에서 중하고 용하는 것[中庸]을 강조하고 있는 것이다. 이는 현자(賢者)의 경우도 마찬가지다. 현자는 '현명하다'고 해도 되고 '똑똑하다'고 해도 좋다. 그러나 바로 이 점에서 인자(仁者)와 현자는 차이가 드러난다. 현자는 똑똑함의 지나침이라는 폐단을 보이지만 인자는 그마저도 드러내지 않기 때문이다.

추가적인 해명이 필요한 부분은 不明을 왜 賢者와 不肖者/賢과 不肖와 연결 지었는가 하는 점이다. 당연히 明은 仁者에 해당할 것이고 不明은 賢者와 不肖者 양자에 다 해당한다. 道不行과 道不明은 거의 같은 뜻이다. 따라서 不行과 不明, 知者와 賢者의 미세한 차이에 대한 논의는 전문가들의 몫으로 넘기고 우리는 다음의 논의를 이어가보자.

不行이나 不明은 곧 인(仁)이 이루어지기 어렵고 도(道)가 행해지기 어렵다는 것과 같은 뜻이다. 『논어』 '顔淵 20'에서 제자 자장(子張)이 달(達)에 대해 묻자 공자는 길게 답을 해준다. 여기서의 달(達)은 도나 인이나 중도에 이르렀다〔達〕는 의미이기 때문에 직접 연결해서 읽어도 좋다.

자장이 물었다. "선비는 어떠해야 경지에 이르렀다〔達〕 할 수 있습니까?"

공자가 되물었다. "무슨 말인가? 네가 말하는 달(達)이란 것이."

자장이 답했다. "나라에 있어도 반드시 그의 명예에 관한 소문이 나며, 집 안에 있어도 반드시 소문이 나는 것입니다."

공자는 말했다. "그것은 소문이 나는 것〔聞〕이지 통달한 것〔達〕이 아니다. 무릇 통달한 사람이란 바탕이 곧고 의리를 좋아하며, 남의 말을 가만히 살피고 얼굴빛을 관찰하며, 사려 깊게 몸을 낮추는 것이니 나라에 있어도 반드시 이르게 되고, 집 안에 있어도 반드시 이르게 된다. (이에 반해) 무릇 소문만 요란한 사람이란 얼굴빛은 어진 듯하나 행실이 어질지 못하고 머물러 있으며 자신의 행실에 아무런 의문도 던지지 않으니 나라에 있어도 반드시 소문이 나고 집 안에 있어도 반드시 소문이 난다."

결국 인이나 도나 중도는 멀리 있는 것이 아니라 바로 내 안에 있다. 그럼에도 사람들은 밖에서 그것을 구하기 때문에 찾지를 못하는 것이다.

공자는 말했다. "인이 먼 것이겠는가? 내가 어질고자 하면 이에
어짊이 다가온다."('述而 29')
_{술이}

人莫不飮食也 鮮能知味也
인 막불 음식 야 선 능 지미 야

"사람들이 음식을 먹고 마시지 않는 이가 없건만 제대로 맛을 아는
이는 드물다."

이 또한 앞에 이어지는 공자의 말이다. 먹고 마시는 것
은 누구나 다 하는 것이지만 제대로(能) 맛(味)을 아는(知) 사람은 드
물다(鮮)는 것이다. 물론 '제대로 맛을 안다'는 부분은 중용(中庸)의
문맥에서 풀어내야 한다. 후반부 '鮮能知味也'는 이 장의 앞부분에서
보았던 '民鮮能久矣'에 조응한다.
먹고 마시는 것은 이미 우리 가까이에서 늘상 일어나는 일이다. 그
럼에도 불구하고 그 안에서 중하고 용하는 것(中庸)을 추구하고 중도
를 찾아내는 사람은 드물다는 뜻이다. 그런 점에서는 『논어』의 '述而
_{술이}

29'와 통한다.

공자는 말했다. "인이 먼 것이겠는가? 내가 어질고자 하면 이에
어짊이 다가온다."

그러나 정작 이런 인(仁)이나 중도(中道) 혹은 도(道)를 찾아내어
자신의 것으로 다잡으려고〔約〕하는 사람은 보기 드물다는 뜻이다.
약

제5장

子曰 道其不行矣夫
자왈 도 기 불행 의부

공자가 말했다. "도가 그예 행해지지 못하겠구나!"

🌸 其는 부사로 마침내, 결국, 마땅히 등의 뜻을 갖는데, 여
기 기에서는 그예(마지막에 가서 기어이)로 옮겼다. 공자는 결국에 가서
도(道)가 세상에 제대로 행해지지 못할 것으로 본 것이다.

그러면 공자는 왜 도가 행해지지 않고 밝아지지 않는 이유를 자신
이 알고 있다고 제4장에서 이야기를 했으면서 그예 도가 행해지지 않
을 것이라고 전망했을까? 그것은 공자의 말 그대로 '지자(知者)는 지
나치고, 어리석은 자는 미치지 못하는' 상황, '현명한 자는 지나치고
현명하지 못한 자는 미치지 못하는' 상황, 다시 말해 중도나 중화를
찾지 못하고 있는 상황을 타개하기가 지극히 어렵다고 보았기 때문이
다. 이 장은 제4장에 대한 보충이면서 동시에 도(道)를 행했던 순임금
을 소개하는 제6장을 연결하는 기능을 한다. 도가 행해지지 않는 문
제〔道不行〕와 관련해서는 『논어』의 '公冶長 6'을 참조할 필요가 있다.
  도 불행   공야장

공자는 말했다. "세상에 도가 행해지지 않는다. 뗏목을 타고 바다
를 건너갈까 하는데 나를 따를 사람은 아마도 저 자로뿐일 것이다."
자로는 이를 전해 듣고 무척 기뻐하였다. 이에 공자는 말했다. "자

로는 용맹을 좋아하는 것이 나보다 나아, 사리를 헤아려 분별하려
하지도 않고 나를 따르려 한다."

그러나 여기에 나오는 전반적인 내용은 우리의 논의와 직접적인 관
련은 없다. 왜냐하면 『논어』의 '公冶長 6'은 자로의 용맹스럽기만 한
공야장
무모함을 비판하는 내용이기 때문이다. 물론 자로의 용맹이 지나침
[過]을 지적하는 것이기는 하지만 우리의 지금 문맥에서는 조금 벗어
과
나 있다.

제6장

子曰 舜其大知也與 舜好問而好察邇言 隱惡而揚善 執其兩端 用其中
자왈 순 기 대지 야 여 순 호문 이 호찰 이언 은악 이 양선 집 기 양단 용 기 중

於民 其斯以爲舜乎
어 민 기 사 이 위 순 호

공자가 말했다. "순임금은 아마도 큰 지혜를 가졌던 분이라 할 수 있
을 것이다. (첫째) 순임금은 묻기를 좋아하셨고 가까운 말을 살피기 좋
아하셨으며, (둘째) 모자란 자는 나오지 못하게 하고 뛰어난 자는 끌
어올리셨다. (셋째) 그 양 끝을 잡으시어 그 적중하는 바를 백성들에게
쓰셨다. 이 세 가지를 행하셨으니 그것이 지금과 같은 (숭배를 받는) 순
임금이 된 까닭일 것이다."

其는 여기서 '그', '저'를 뜻하는 게 아니라 '아마도'라는
추측의 의미를 갖는다. 그래서 의심이나 추측을 뜻하는 與와 서로 조
응한다. 제5장에서는 其를 '그예'로 푼 바 있다. 참고로 다른 번역본에
서는 이 문장을 "순임금은 그 큰 지혜이시다"로 옮기고 있는데 其와
與를 도외시한 번역이다. 좀 가혹하게 말하면 오역(誤譯)이다. 이것은
단순 오역이 아니다. 공자는 먼저 조심스럽게 순임금이 아마도 큰 지
혜를 가진 분이셨을 것이라고 말한 다음 이어 자신이 그렇게 추측 혹
은 추정하는 근거들을 제시하고 있기 때문이다. 그런데 그냥 단정적
으로 번역해 버리면 추정과 근거 제시라는 문단의 문맥이 완전히 사

라져버린다. 사실 국내 번역본들에는 이런 사례들이 너무 많아서 일일이 열거하기도 힘들 정도다. '其~與' 문제는 이 정도로 해둔다.

기 여

공자는 순임금을 직접 보지 않았다. 그래서 조심스레 추정하듯이 큰 지혜를 가졌던 분인 것 같다고 말한 다음, 자신이 그렇게 추정하는 이유를 바로 아래에서 이야기한다. 공자가 순임금이 큰 지혜의 소유자였을 것이라고 판단한 근거는 세 가지다. 첫째는 묻기를 좋아했고, 둘째는 주변의 가까운 말들을 살피기를 좋아했으며, 셋째는 나쁜 사람은 숨기고 좋은 사람은 끌어올려주었기 때문이다.

이에 대한 구체적인 풀이에 앞서 우리는 먼저 제4장을 이 장과 비교해 봐야 한다.

"도(道)가 행해지지 못하는 이유를 내가 알고 있으니, 지자(知者)는 (도를) 지나치고, 어리석은 자는 (도에) 미치지 못하기 때문이다."

그런데 여기서는 순임금이 지자(知者)를 뛰어넘는 큰 지혜〔大知〕를 가진 분이라고 말한다. 큰 지혜를 가졌으면 인자(仁者)에 가깝다. 그

대지
렇다면 이런 큰 지혜를 가진 사람은 분명 도(道)를 지나치지도 않고 〔不過〕 도에 미칠〔及〕 것이기 때문에 도를 행할 것이다. 그 행한 도가

불과   급
바로 공자가 자신의 판단 근거로 제시한 위의 세 가지다. 이제 그 세 가지를 하나씩 음미해 볼 차례다.

첫째, 묻기를 좋아했다〔好問〕는 것은 말하기보다 듣기를 좋아했다

호문
는 말과 통한다. 정치는 말하기이면서 동시에 듣기이다. 그래서 옛날에는 정치(政治)라는 말보다는 청단(聽斷), 청정(聽政)이란 말을 더 많이 썼다. 주희의 풀이는 이와 통한다. "순임금이 큰 지혜를 가진 사람이 되신 까닭은 자기 지혜를 쓰지 않고 남에게서 취하셨기 때문이다."

또한 묻기를 좋아했다는 말은 특히 불치하문(不恥下問)과도 통한

다. 공적인 대의와 지혜를 얻기 위해서라면 자신의 지위를 생각지 않고 물었다는 말이다. 그렇게 하는 순간 지혜의 범위는 거의 무한할 정도로 커진다. 뻔한 소리 같지만 불치하문이 얼마나 어려운지를 되새겨본다면 호문(好問)이 왜 도행(道行)의 첫 번째로 꼽히는지를 이해할 수 있게 될 것이다.

그리고 주변의 가까운 말을 살피기 좋아했다〔好察邇言〕는 것은 거창한 데서 정치를 시작한 것이 아니라 주변의 사소한 말 한 마디 한 마디까지 챙기면서 정치의 기본을 키워갔다는 말이다. 주희는 가까운 말〔邇言〕을 입에 담기에는 민망할 정도의 비속어〔淺近之言〕 정도로 본다. 아마도 미천한 백성들이 툭툭 내던지는 말들이 바로 邇言일 것이다. 순임금은 이런 말도 허투루 듣지 않고 그 말 하나 하나에서도 올바른 정치를 행할 수 있는 단서를 얻어내려고 애썼다는 뜻이다. 그런데 이런 묻기 좋아하고 듣기 좋아하는 사람에게는 한 가지 특별한 능력이 요구된다. 바로 『논어』 '雍也 28'에 나오는 가까운 데서 (인이나 도와 같은 고원한 것들의) 비유를 취할 수 있는 능력〔能近取譬〕이 그것이다. 공자는 사람 보는 능력〔知人〕이 뛰어난 제자 자공과의 대화 중에 그를 타이르며 이렇게 말한다.

  "능히 가까운 데서 취해 비유할 수 있다면 인을 행하는 방법이라 할 수 있다."

공자가 "가까운 데서 취해 비유할 수 있다면 인(仁)을 행하는 방법이라 할 수 있다"고 한 말은 바로 이런 맥락에서 자공에게 어울리는 실현가능한 실천법을 제시한 것으로 볼 수 있다. 정약용은 능히

가까운 데서 취해 비유할 수 있다〔能近取譬〕를 이렇게 풀었다. "아랫
사람에게서 비유를 취하여 윗사람을 섬기며, 왼쪽 사람에게서 비유
를 취하여 오른쪽 사람을 사귀는 것이다. 공자는 '힘써서 (이같은) 서
(恕)를 행하면 인(仁)을 구함이 이보다 가까운 것이 없다'고 하였다."

중국학자 여대림(呂大臨)의 풀이를 보자. "자공은 인(仁)에 뜻을
두었으나 한갓 고원(高遠)한 것을 일삼아 그 방법을 알지 못하였다.
그러므로 공자께서 자신에게서 취하는 것으로 가르쳐주신 것이니,
행여 가까워서 들어갈 수 있을까 하신 것이다. 이것이 바로 인을 행
하는 방법이니, 비록 널리 베풀고 많은 사람을 구제하는 것이라도
또한 이로부터 시작되어 나아가는 것이다."

인을 가까이가 아니라 먼 데서 구하려는 폐단은 자공만의 것이
아니다. 그나마 인을 알고 좋아하는 대부분의 사람들도 사정은 비
슷하다. 그래서 공자는 '述而 29'에서 이렇게 말하는 것이다.
      술이

**"인(仁)이 먼 것이겠는가? 내가 어질고자 하면 이에 어짊이 다가
온다."**

가깝다는 것은 공간적으로 내 주위가 아니라 바로 나의 하고자
함〔意慾〕에서 인(仁)이 생겨날 수 있다는 것을 의미한다.
    의욕

그래서 순임금은 주변 신하에 묻고 아래 신하에 묻고〔好問=不恥下問〕
                                호문   불치하문
나아가 백성에게도 물으려 했던 것이다.

둘째, 악함을 숨기고 좋은 것을 끌어올렸다〔隱惡而揚善〕는 것은 인
                                  은악 이 양선
사(人事)를 말한다. 곧은 자는 발탁하여 쓰고 굽은 자는 제자리에 머

물러 있게 함으로써 적절히 견제를 했다는 뜻이다. 그런데 주희는 범위를 좁혀 앞서 나온 가까운 말[邇言]의 선악(善惡)과 연결 짓는다. "그 말의 선하지 못한 것은 숨겨주고 드러내지 않으며 그 선한 것은 퍼뜨리고 숨기지 아니하여 세상에 밝힌다." 틀렸다고 할 수는 없지만 너무나 협소하다.

큰 지혜[大知]는 결국은 사람을 잘 보는 지혜[知人]가 크다는 말이다. 『논어』 '顔淵 22'는 바로 이 두 번째에 대한 풀이로 읽힌다. 특히 '顔淵 22'는 공자의 추상적 명제를 구체화하는 단계를 고스란히 보여주고 있다는 점에서 우리가 사서를 어떻게 읽어야 하는지에 대한 방법[文理가 트이는 讀法]을 제시하고 있는 장이라고 해도 과언이 아니다.

번지(樊遲)가 먼저 어질다는 것이 무엇이냐고 묻자 공자는 "사람을 사랑하는 것"이라고 답한다. 이어 안다는 것은 무엇이냐고 묻자 "사람을 아는 것"이라고 말한다. 그런데 번지가 이 말을 미처 이해하지 못하자 공자는 말했다. "곧은 사람을 들어 쓰고 모든 굽은 사람은 제자리에 두면, 굽은 자로 하여금 곧아지게 할 수 있다."

번지는 공자 앞을 물러나와 자하를 찾아가 물었다. "지난번에 내가 부자를 뵙고서 안다는 것이 무엇인지 묻자 부자께서는 '곧은 사람을 들어 쓰고 모든 굽은 사람은 제자리에 두면, 굽은 자로 하여금 곧아지게 할 수 있다'고 하셨다. 무엇을 말함인가?"

자하는 이미 공자의 말뜻을 알아차렸다는 듯이 "풍부하도다! 그 말씀이여!"라고 말한 다음 구체적인 사례를 들어 번지의 궁금증을 풀어준다. "순임금이 천하를 소유함에 여러 사람 중에서 선발하여 고요(皐陶)를 들어 쓰시니 어질지 못한 자들이 멀리 사라졌고, 탕

(湯)임금이 천하를 소유함에 여러 사람 중에서 선발하여 이윤(伊尹)을 들어 쓰시니 어질지 못한 자들이 멀리 사라졌다."

이번에는 번지가 거의 동시에 두 가지를 묻는다. 먼저 어질다는 것(仁)이 무엇이냐고 묻자 공자는 "사람을 사랑하는 것(愛人)"이라고 답한다. 이어 안다는 것(知)은 무엇이냐고 묻자 "사람을 아는 것(知人)"이라고 말한다.

그런데 번지는 공자의 이 말을 미처 이해하지 못했다(未達). 번지는 인(仁)을 애인(愛人)으로 푸는 것은 알겠는데 지(知)를 왜 지인(知人)으로 푸는지는 이해할 수가 없었다.

번지가 의문을 제대로 풀지 못하자 공자는 이렇게 말한다. 그것은 '爲政 19'에서 애공(哀公)이 백성을 복종하게 하는 방법을 물었을 때 공자가 했던 대답의 일부다. **"곧은 사람을 뽑아서 쓰고, 나머지 굽은 사람들은 그에 맞는 자리에 두면 백성들이 마음에서 우러나서 따를 것입니다."**

그럼에도 번지의 의문은 풀리지 않았다. 긴가민가했다. 그래서 공자 앞을 물러나와 자하를 찾아가 물었다. "지난번에 내가 부자(공자)를 뵙고서 지(知)가 무엇인지 묻자 부자께서는 '곧은 사람을 들어 쓰고 모든 굽은 사람은 제자리에 두면, 굽은 자로 하여금 곧아지게 할 수 있다'고 하셨다. 무엇을 말함인가?"

번지의 말을 전해들은 자하는 이미 공자의 말뜻을 알아차렸다는 듯이 "풍부하도다! 그 말씀이여!"라고 말한 다음 구체적인 사례를 들어 번지의 궁금증을 풀어준다. 번지는 문리가 트이지 않았고 자하는 어느 정도 문리가 트인 제자였다.

"순임금이 천하를 소유함에 여러 사람 중에서 선발하여 고요를 들어 쓰시니 어질지 못한 자들이 멀리 사라졌고, 탕임금이 천하를 소유함에 여러 사람 중에서 선발하여 이윤을 들어 쓰시니 어질지 못한 자들이 멀리 사라졌다." 고요나 이윤은 곧은〔直〕 사람이다. 이런 곧은 사람을 알아보는 것이 지인이다.

여기서 우리는 다시 한 번 적어도 『논어』에서 말하는 지(知)는 곧 지인(知人)이며 지인은 곧 곧은 사람을 제대로 알아보는 것〔知直人〕이자 어진 사람을 알아보는 것〔知仁人〕이라는 점을 확인할 수 있다.

이와 관련된 정약용의 풀이다. "굽은 자를 기용하여 곧은 자의 위에 두면 곧을 만한 자가 모두 굽어지고, 곧은 이를 기용하여 굽은 자의 위에 두면 굽기 쉬운 자가 모두 곧아지니, 이것이 천하의 핵심 요체이다. 천하의 지(知)는 사람을 알아보는 것보다 더 큰 것이 있겠는가?"

즉 "나쁜 자는 나오지 못하게 하고 뛰어난 자는 끌어올리셨다〔隱惡而揚善〕는 말은 '곧은 사람을 뽑아서 쓰고, 나머지 굽은 사람들은 그에 맞는 자리에 두다〔擧直錯諸枉〕'와 같은 뜻인 것이다. 이 점을 주희는 놓쳤고 주희의 풀이를 비판한 김용옥도 역시 핵심을 잡지 못했다. 김용옥의 풀이를 참고해 보자.

"만약 '隱惡而揚善'을 (주희의 풀이대로) '악을 숨겨주고 선을 드러내준다'라고 해석한다면 그것은 순임금께서 주변사람들을 모두 위선자나 사기꾼으로 만든다는 의미일 것이다. 순임금은 은닉죄로 고발되어야 할 것이다. 그것은 인간의 추한 면은 덮어주고 적극적인 좋은 면은 잘 드러내주어 격려해 준다는 의미로 새겨야만 할 것이다."

주희나 김용옥은 결국은 사람을 보지 못하고 착한 면, 악한 면 등으로 논하는 수준에 머물렀기 때문에 오십보백보다. 순임금의 통치행위라는 현실적인 맥락을 놓친 자칭 도학자들의 경전풀이에서 늘상 일어나는 고질적인 오독의 전형적인 사례라 할 것이다.

셋째, 그 양 끝〔兩端〕을 잡으시어 적중하는 바〔中, 中和〕를 백성들에게 쓰셨다〔執其兩端 用其中於民〕는 것은 위민정책을 말한다. 첫째는 정치에 임하는 태도, 둘째는 인사의 원칙, 이제 끝으로 정책의 원칙을 말하는 것이다. 『논어』 '堯曰 1'에는 요임금이 순임금에게 왕위를 전하는 장면이 나온다. 앞서 본 바 있지만, 다시 반복한다.

　　"아! 너 순(舜)아. 하늘의 뜻이 마침내 너에게 있으니, (너는 왕위에 올라) 진실로 중화(中和)를 잡도록 하라."

천명(天命)에 따라 왕위를 자식이 아니라 덕(德)이 있는 너를 골라 넘겨주니 부디 중화(中和)의 정신을 잃지 말고 통치에 임하라고 간절하게 당부하고 있다. 이어 정치하는 목적을 사해곤궁(四海困窮), 즉 백성들이 배고픔에서 벗어나는 데 두어야 한다는 점을 분명히 한다. 만백성이 곤궁에 빠지면 하늘의 녹(祿) 또한 영원히 끊어진다는 것이다.

다시 정리하면 이렇다. 첫째, 요임금은 양위(讓位)의 방식으로 자식이 아닌, 현자를 골랐다. 택현(擇賢), 즉 그것이 천명(天命-하늘의 曆數)이라는 것이다. 둘째, 통치를 함에 집중(執中), 즉 지나치거나 모자람이 없는 중화(中和)의 길을 잃어서는 안 된다는 점을 분명히 했다. 집중(執中)은 우리가 흔히 쓰는 집중(集中)과는 다른 뜻이다. 한 군데로 모으는 것이 아니라 양극단으로 치우치지 않도록 끊임없이 노력하는 것이다. 셋째, 결국 정치의 요체는 백성을 먹여 살리는 데 있다는 점을 잊어서는 안 된다는 점을 분명히 했다. 거꾸로 말하면 천명(天命)이 따르지 않거나 중화(中和)를 지키지 못하거나 백성구제에 실패하면 언제든지 왕의 자리에서 굴러떨어질 수 있다는 것을 강조한 것이다.

순임금은 이 점을 명심해 성군(聖君)의 반열에 오를 수 있었다. 『논어』 '泰伯 20'에는 순임금의 뛰어난 위임통치를 보여주는 짧은 구절이 나온다.
　　　태백

순임금에게는 (어진) 신하 다섯 명이 있어 천하가 다스려졌다.

또 '衛靈公 4'는 좀 더 구체적이다.
　　위령공

공자는 말했다. "무위하면서 (잘) 다스린 임금은 아마도 순임금일 것이다. 무릇 무엇을 하였겠는가? 몸을 공손하게 하고 바르게 남면하였을 뿐이다."

원문은 '子曰 無爲而治者 其舜也與 夫何爲哉 恭己正南面而已矣'
　　　자왈　무위 이 치자　기 순 야 여　부 하위 재　공기 정 남면 이 이의
으로, 우선 '無爲而治者'는 인재를 적재적소에 배치하여 철저한 권
　　　　무위 이 치자
한위임을 했다는 의미이다. 노장사상에서 말하는 無爲와는 전혀 상
　　　　　　　　　　　　　　　　　　　　　　　　무위
관이 없다. 인사(人事)가 만사(萬事)라고 할 때 그 긍정적 의미가 바로 無爲而治이다. 『서경』에는 순임금이 22명의 인재를 얻어 각자의
　　무위 이 치

자질에 맞는 자리를 주어 각자의 직무에 최선을 다하게 함으로써 선정(善政)을 이루었다는 내용이 나온다.

　중국에서는 전통적으로 '疑人不用 用人不疑(의심스러운 사람은 쓰지 말고 쓴 사람은 의심하지 말라!)'라는 인재 철학이 중시되어 왔다. 이것이 명군(明君)과 암군(暗君)을 가르는 척도가 되기도 했다. 믿을 만한 사람인지 의심스러운 사람인지를 가려내는 것이 바로 지인지감(知人之鑑)이다. 그런 지인지감을 통해 인재를 골라[取才] 적재적소에 두었으면 믿고 맡겨야 한다. 바로 이런 맥락에서 순임금의 임금다움[德]을 평가한 것이 바로 '無爲而治者'이다.

　그러면 임금이 임금의 막강한 권한을 신하들에게 나눠줬으니 임금 자신은 뭘 했느냐고 묻지 않을 수 없다. 공자가 "무릇 (無爲로 다스렸다면 순임금은) 무엇을 하였겠는가?"라고 묻는 것이 바로 그것이다. 공자는 자답한다. "몸을 공손하게 하고 바르게[正] 남면하고 있었을 뿐이다."

　여기서 눈길이 가는 단어는 '正南面'의 正이다. 정약용은 "정남면이란 그 지위에 머물러 있으면서 움직이지 않는 것이니, 『역경』에 '(성인이 남쪽을 향해 앉아서 천하를 다스린다. 이는 곧) 밝은 데를 향하여 (천하를) 다스리는 것이다'라고 하였다"고 풀이한다. 그러나 正의 의미를 결정적으로 보여주는 단서는 오히려 『논어』에 있다. '爲政 1'이 그것이다.

　공자가 말했다. "정치를 빼어남[德]으로 하는 것은 비유하자면 북극성이 자기 자리에 머물러 있으면[正] 뭇별들이 그것에게로 향하는 것과 같다."

즉 '爲政 1'의 전형적인 사례가 바로 순임금인 것이다.
위정

　이것이 공자가 마음속에 그렸던 '도가 행해진다〔道行〕'였으니 그예
도 행
행해지기 어려울 것으로 보았던 것이다.

　한 가지 짚어둘 내용이 있다. 앞서 나왔던 양극단〔兩端〕은 좌우
양단
의 양극단이 아니라 시작과 끝의 양극단이다. 비유하자면 집중(執中)
은 가로〔橫〕의 가운데를 잡는 것이 아니라 세로〔縱〕의 가운데〔中道=
횡   종   중도
中和〕를 잡는 것이다. 예를 들어 좌우의 중간에서 중용을 취하겠다는
중화
식의 말은 적어도 공자가 말하는 중용과는 전혀 상관없는 말이라는
뜻이다.

제7장

子曰 人皆曰予知 驅而納諸罟擭陷阱之中 而莫之知辟(避)也 人皆曰予知
자왈 인개왈여지 구이납저고획함정지중 이막지지피 피 야 인개왈여지

擇乎中庸而不能期月守也
택호 중용 이 불능 기월 수 야

공자가 말했다. "사람들은 하나같이 '나는 다 아는 사람이다'고 말
하지만 (정작 그들은) 그물이나 덫, 혹은 함정의 한가운데로 몰아넣어
도 그것을 피할 줄을 모른다. 또 사람들은 하나같이 '나는 다 아는 사
람이다'고 말하지만 (정작 그들은) 중하고 용하는 것[中庸]을 택하여 제
대로 한 달을 버텨내지도 못한다."

어려운 한자들이 많다. 驅는 선구자(先驅者)라고 할 때
의 그 驅로 몰다, 말을 몰아 달리다 등의 뜻이 있는데 여기서는 어느
한구석으로 몰다는 뜻이다. 納도 바치다, 들여놓다 등으로 새기는데
여기서는 안쪽으로 들여놓는다는 뜻이다. 諸는 여기서 이 혹은 저의
뜻이므로 '저'로 읽어야 한다. 罟는 그물, 擭은 덫, 陷阱은 말 그대로 함
정(陷穽)이다.

공자가 말한 두 가지 내용은 각각 뒤집어서 읽는 것이 일단 이해하
기 쉽다. 첫째, 사람들은 그 자신들이 그물이나 덫, 함정의 한가운데
로 내몰리고 있어도 그것을 피하는 법조차 알지 못하면서도 자신은
다 알고 있다고 말한다는 것이다. 둘째, 사람들은 (어렵사리) 중하고

용하였다고 해도 그것을 한 달 동안 버텨내지도 못하면서 자신들은 지혜롭다고 말한다는 것이다. 앞 문장은 중(中)하지 못하는 것, 뒷 문장은 용(庸)하지 못하는 것을 지적하고 있다.

그런데 予知를 직접 인용으로 보느냐 간접 인용으로 보느냐에 따라 번역은 달라진다. 여기서는 일단 직접 인용으로 보아 予를 사람들이라고 하였는데 간접 인용으로 볼 경우에는 予를 공자라고 해야 한다. 약간의 차이가 있지만 크게 보면 어느 쪽이건 문맥 이해에는 크게 지장이 없다. 여기에서는 일단 직접 인용으로 풀었다.

이 장은 크게 보면 제6장과 대조를 이룬다. 큰 지혜〔大知〕라는 평을 받은 순임금은 정작 묻기를 좋아하고 가까운 말을 살피기를 좋아하며 굽은 사람을 숨기고 곧은 사람을 끌어올렸을 뿐이다. 그런데 대부분의 사람들은 정작 자신들에게 위험이 닥쳤는데도 그조차 알지 못하면서 다 아는 양 큰소리를 친다는 것이다.

또 순임금은 양 끝을 잡아 그 중화를 백성에게 써서 만고의 성군(聖君)이라는 평판을 얻었는데 다른 사람(임금)들은 하나같이 어쩌다가 중하고 나아가 용한다〔中庸〕고 하더라도 그것을 한 달 동안도 버텨내지 못하면서 자신이 지혜롭다고 말한다는 것이다.

이 말은 『논어』 '雍也 5'와 밀접하게 관련된다. 오랫동안〔久〕 중하고 용한다〔中庸〕면 그 사람은 어진 사람〔仁者〕이기 때문이다.

공자는 말했다. "안회는 그 마음이 삼 개월 동안 인(仁)을 떠나지 않았고, 그 나머지 제자들은 하루나 한 달에 한 번 인에 이를 뿐이다."

'중하고 용하는 것이 한 달 동안 버텨내지 못했다'거나 '하루나 한 달에 한 번 인에 이를 뿐'이라는 것은 표현상의 차이는 있지만 결국 말하고자 하는 바가 같다. 인이나 중도에 오랫동안〔久〕 머무느냐 그렇 지 않느냐에 따라 어진 사람이냐 아니냐의 구별이 있는 것이다.

여기서 지적해 두어야 할 점은 왜 오랫동안 중도나 인에 머물러 있 지 못하고 그것을 떠나느냐는 것이다. 그것은 개인의 욕심이나 욕망 혹은 인정(人情) 때문이다. 철저한 공인(公人) 의식을 견지하지 못하 기 때문에 결국 사리사욕이나 주변의 유혹에 굴복하여 중도나 인을 오랫동안 다잡지〔約〕 못하고 그것을 떠나버리는 것이다. 그래서 다음 장은 바로 안회의 이야기로 연결된다.

그런데 『논어』에는 이와는 정반대의 길을 걸었던 인물이 나온다. 공 자의 제자 자공이다. 먼저 '雍也 27'에서 공자는 이렇게 말한다.

> "중용이 덕(德)을 이루어냄이 지극하다 할 것이다. (그런데) 사람 들 가운데는 중용을 오래 지속하는 이가 드물다."

그리고 바로 다음, 즉 '雍也 28'이 이어진다.

> 자공이 말했다. "만일 백성들에게 은혜를 널리 베풀어 많은 사 람들을 구제한다면 그것은 어떠합니까? 그것을 일러 인(仁)이라고 할 수 있습니까?"
>
> 공자는 말했다. "어찌 인에만 그치겠는가? 그것은 반드시 성인의 경지라 할 만하다. 요순도 오히려 그것을 근심으로 여겼다. 인자(仁 者)는 자신이 서고자 함에 남도 서게 하며, 자신이 통달하고자 함

에 남도 통달하게 하는 것이다. 능히 가까운 데서 취해 비유할 수 있다면 인을 행하는 방법이라 할 수 있다.”

이런 경우 '雍也 27'에서 말한 “중용을 오래 지속하는 이가 드물다”는 말은 다름 아닌 자공을 겨냥한 것이다. 『논어』에서 안회가 인자(仁者)를 대표한다면 자공은 지자(知者)를 대표한다. 자공은 안회나 증자보다는 한 수 아래라는 평가를 받았다. '雍也 28'을 본격적으로 풀어보면 제7장의 의미를 보다 선명하게 이해하게 될 것이다.

질문자로 자공이 등장한다. 불혹(不惑=知者)에는 이르렀으나 지천명(知天命=仁者)에는 멀었고, 사람을 아는 자〔知者〕이기는 하나 어진 자〔仁者〕라고는 할 수 없는 그 자공이다. 그는 공자로부터 사리에 통달했다는 평도 들었고 말을 잘한다는 평도 얻었다.

자공이 묻는다. “만일 백성들에게 은혜를 널리 베풀어〔博施〕 많은 사람들을 구제한다면 그것은 어떠합니까? 그것을 일러 인이라고 할 수 있습니까?” 뜻이 높고 정치적 야심이 컸던 자공은 인에 대해서도 이처럼 거창한 데서 실마리를 구하려 한 것이다.

공자는 먼저 “어찌 인에만 그치겠는가?”라고 말한다. 그것은 어질다〔仁〕는 정도를 넘어서서 성인(聖人)의 경지에 이르렀다고 할 만하다는 것이다. 바꿔 말하면 거의 불가능한 일이라는 말이다. 그래서 “요순(堯舜)도 ‘백성들에게 은혜를 널리 베풀어〔博施〕 많은 사람들을 구제하는 것’을 (제대로 할 수 없었기 때문에 늘) 근심〔病〕으로 여겼다”고 말한다.

공자의 대답 중 여기까지가 전반부다. 그건 성인은커녕 인자(仁者)의 경지에도 이르지 못하고 아직 지자(知者)의 수준에 머물고 있는 자공 네가 논할 바가 아니라는 사실상의 면박이다. 자공은 늘 이것이 문제였다. '爲政 13'에서 자공이 군자란 어떤 사람이냐고 묻자 공자가 말했다. "그 말하려는 바를 먼저 실행에 옮기고, 그런 연후에 그 실행한 바를 바탕으로 말을 하는 사람이 군자이다." 뜻이 커서 말이 앞서고 실행은 뒤처지는 자공을 질책한 것이다.

이어 공자는 인자(仁者)란 어떤 사람인지를 통해 자공에게 인(仁)의 세계를 살짝 보여준다. "인자는 자신이 서고자 함에 남도 서게 하며, 자신이 통달하고자 함에 남도 통달하게 하는 것이다." 자신이 하고 싶은 것이 있다면 먼저 그것을 남에게 베푸는 서(恕)를 말하고 있다. 그런데 공자는 자공의 경우 쉽게 서(恕)의 경지에 오르지 못할 것으로 보았다. 공자의 정신세계에서 인(仁)과 서(恕)는 거의 비슷한 경지다. 왜냐하면 인(仁)은 곧 충(忠)과 서(恕)이기 때문이다.

'公冶長 11'에서 자공이 공자에게 "저는 다른 사람들이 저에게 가하기를 원하지 않는 일을 저도 다른 사람들에게 가하지 않겠습니다"라고 말하자 공자의 대답은 매몰찼다. "자공아, 그것은 네가 도달할 수 있는 경지가 아니다." 그런 불가능한 데 힘쓸 여력이 있거든 현실적으로 가능한 것부터 하나씩 하라는 충고였다.

끝으로 공자가 "가까운 데서 취해 비유할 수 있다면 인(仁)을 행하는 방법이라 할 수 있다"고 한 말은 바로 이런 맥락에서 자공에게 어울리는 실현가능한 실천법을 제시한 것으로 볼 수 있다. 앞서 보았듯이 정약용은 능히 가까운 데서 취해 비유할 수 있다〔能近取譬〕를 이렇게 풀었다. "아랫사람에게서 비유를 취하여 윗사람을 섬기며, 왼쪽 사람에게서 비유를 취하여 오른쪽 사람을 사귀는 것이다. 공자는 '힘써서 서(恕)를 행하면 인(仁)을 구함이 이보다 가까운 것이 없다'고 하였다."

인(仁)을 가까이가 아니라 먼 데서 구하려는 폐단은 자공만의 것이 아니다. 그나마 인을 알고 좋아하는 대부분의 사람들도 사정은 비슷하다. 그래서 공자는 '述而 29'에서 이렇게 말하는 것이다.
　　　　　　　　　　　　　　　　　　　　술이

"인(仁)이 먼 것이겠는가? 내가 어질고자 하면 이에 어짊이 다가온다."

가깝다는 것은 공간적으로 내 주위가 아니라 정신적으로 바로 나의 하고자 함〔意慾〕에서 인(仁)이 생겨날 수 있다는 것을 의미한다.
　　　　　　　　　　　　의욕
'雍也 28'에 대한 중국학자 여대림(呂大臨)의 풀이는 제7장에 대
　용야
한 간접적인 풀이로도 손색이 없다. "자공은 인(仁)에 뜻을 두었으나 한갓 고원(高遠)한 것을 일삼아 그 방법을 알지 못하였다. 그러므로 공자께서 자신에게서 취하는 것으로 가르쳐주신 것이니, 행여 가까워서 들어갈 수 있을까 하신 것이다. 이것이 바로 인을 행하는 방법이니, 비록 널리 베풀고 많은 사람을 구제하는 것이라도 또한 이로부터 시작되어 나아가는 것이다."

제8장

子曰 回之爲人也 擇乎中庸 得一善則拳拳服膺 而弗失之矣
자왈 회지 위인 야 택호 중용 득 일선 즉 권권 복응 이 불실 지 의

공자가 말했다. "안회의 사람됨은 중하고 용하는 법〔中庸〕을 택하여
한 가지 좋은 것을 얻으면 받들어 가슴에 꼭 지니고 그것을 (결코) 잃
지 않았다."

拳拳은 소중히 받들어 잡는 모양을 나타내는 의태어다.
膺은 가슴이다. 弗은 아니다〔非〕는 뜻이다. 좀 더 풀자면 공자의 수제
자 안회는 자신의 사람됨〔爲人〕을 갖추어가는 데 중하고 용하는 법을
택하여 한 가지 좋은 점이라도 얻으면 그것을 지극히 소중하게 받들어
간절한 마음으로 자기 것으로 만들어〔中〕 그것을 잃지 않았다〔庸〕는
뜻이다.

『논어』의 맥락에서 보면 먼저 이는 '學而 1'의 '학이시습(學而時習)'
과 연결된다. 중하고 용하는 것을 기본자세로 하면서 한 가지 좋은 것
을 얻으면〔學〕 시간 날 때마다 익혔다〔時習〕고 풀 수 있다. 그러나 得
을 及으로 보면 앞서 우리가 보았던 不及~失之의 문장 구조가 여기
서도 그대로 드러난다. 정확히 중하고 용하는 사례인 것이다. 『논어』
'泰伯 17'을 읽어보자.

공자는 말했다. "(뭔가를) 배울 때는 마치 내가 (거기에) 못 미

치면[不及] 어떡하나 하는 마음으로 해야 하고, 또 (그것에 미쳤을
때는) 혹시 그것을 잃으면[失之] 어떡하나 두려워하는 마음으로
해야 한다."

안회가 바로 이렇게 했던 것이다. '子罕 10'에서 안회는 공자가 자신
을 가르치던 방법을 이렇게 요약한다.

"문(文)으로써 나를 넓혀주시고 예로써 나를 다잡아주셨다."

그리고 '里仁 2'에서 공자는 이렇게 말한다.

"어질지 못한 사람은 (인이나 예를 통해 자신을) 다잡는 데 (잠시
처해 있을 수는 있어도) 오랫동안 처해 있을 수 없고, 좋은 것을 즐기
는 데에도 (조금 지나면 극단으로 흘러) 오랫동안 처해 있을 수 없다.
어진 자는 어짊을 편안하게 여기고 지혜로운 자는 어짊을 이롭게 여
긴다."

이제 제8장을 본격적으로 해명해 주는 『논어』의 구절을 볼 차례다.

공자는 말했다. "어질구나, 안회여! 하나의 대그릇에 담은 밥과
하나의 표주박에 담은 음료만으로 누추한 삶을 살아갈 경우 일
반 사람들은 그 근심을 견뎌내지 못하는데 안회는 늘 한결같아
마음의 즐거움을 조금도 바꾸려 하지 않는다. 어질구나, 안회여!"
('雍也 9')

'雍也 5'에서 공자의 말은 제8장과 내용이 거의 똑같다.
옹야

　"안회는 그 마음이 삼 개월 동안 인을 떠나지 않았고, 그 나머지
제자들은 하루나 한 달에 한 번 인에 이를 뿐이다."

　안회는 중하고 용하여 인(仁)에 이르게 될 경우 오랫동안(3개월=
久) 어진 마음에 처해 있을 수 있었다는 말이다. 이는 곧 '처인(處仁)',
구
즉 인에 오랫동안 머물러 있었음을 의미한다. 결국 안회는 누구보다 철
저하게 '衛靈公 32'에서 공자가 했던 말을 실천했던 제자였던 것이다.
위령공

　공자는 말했다. "앎이 도에 미치더라도〔及〕 어짊이 그것을 뒷받
급
침해 줄 수 없다면 설사 도를 (순간적으로는) 얻었다 하더라도 결국
자기 것이 되지 못하고 반드시 잃게 된다〔失之〕."
실 지

　안회는 앎이 도에 미쳐〔中〕 어짊이 그것을 뒷받침해 주는〔庸〕 사람
중   용
이었다.

제9장

子曰 天下國家可均也 爵祿可辭也 白刃可蹈也 中庸不可能也
자왈 천하 국가 가균 야 작록 가사 야 백인 가도 야 중용 불가능 야

공자가 말했다. "(나는) 천하와 국가도 고르게 할 수 있고, 작록도 사양할 수 있고, 흰 칼날도 기꺼이 밟을 수 있지만, 중하고 용하는 것〔中庸〕은 (거의) 불가능하다."

앞 장에 이어 '중하고 용하는 것〔中庸〕'은 할 수 없는 것이 아니라 하지 않는 것이지만, 정작 하려고 한다 해도 쉽게 할 수 있는 것이 아님〔不可能〕을 다양한 방식으로 강조한다. 전후문맥은 그런 것이다. 그리고 여기서 중요한 것은 이 말이 공자 자신의 경우에 그렇다는 것임을 염두에 둘 필요가 있다.

본문 풀이에 앞서 두 가지만 짚어보자. 첫째는 '天下國家'를 어떻게 옮길 것인가 하는 문제다. 기존의 번역들은 천하의 국가, 천하국가라고 옮긴다. 하지만 이 구절은 천하와 국가로 분리해서 옮겨야 의미가 훨씬 구체적이다. 천하를 다스리는 것은 천자(天子=황제)의 일이고 국가를 다스리는 것은 제후(諸侯=국왕=公=임금)의 일이기 때문이다. 여기서 공자는 제후는 물론 황제가 되어도 잘 다스릴 수 있다〔可均〕는 자신감을 드러내 보이고 있는 것이다.

둘째는 '中庸不可能也'를 어떻게 옮길 것인가 하는 문제다. 기존의 번역들은 '중용을 능히 할 수 없다', '중용은 가히 능치 못하니라'고 옮

기고 있다. 그러나 '작록을 사양하고', '흰 칼날을 밟고'를 감안하면 '중하고 용하는 것'이라고 옮기는 것이 정확한 번역이다. 인(仁)이건 중도(中道)건 잠깐이 아니라 '오랫동안[久]' 머물러 있는 것이 관건이다. 이에 대해서는 제8장에서 살펴본 바 있다. 따라서 공자가 '中庸不可能也'라고 한 것은 (혹시 순간적으로는 중하고 용할 수 있을지 모르지만) 오랫동안[久] 중하고 용하는 것[中庸]은 그 자신도 쉽게 할 수 있는 것이 아니라는 말이다. 제7장에서 공자가 했던 말을 떠올리면 된다. "중용을 택하여 제대로 한 달을 버텨내지도 못한다."

이제 본격적으로 본문 풀이에 나서보자. 공자는 (오랫동안[久]) 중하고 용하는 것[處仁]이 어렵다는 것을 보여주기 위해 그 앞에 세 가지 사항을 열거한다. 그것들 하나하나도 잘 살펴보면 우리 같은 일반인들로서는 정말로 불가능에 가까울 만큼 어려운 것들이다.

첫째, 천하와 나라를 고르게[均] 하는 문제다. 『논어』에는 '季氏 1'에 고르게 하다는 균(均)의 문제가 딱 한 번 등장한다. 제자 염유(冉有)가 계씨(季氏)의 가신이 되어 계씨의 횡포에 협조하자 공자는 염유를 불러 호통을 친다.

"구(求-염유)야! 군자는 이익을 탐하는 것을 말하지 않고 굳이 변명을 하는 것을 미워한다. 내 들으니 다스릴 나라를 가진 자, 다스릴 집안을 가진 자(집안어른)는 (백성이나 식구가) 적음을 근심하지 않고 서로 고르지 못함[不均]을 근심하며, 가난함을 근심하지 않고 서로 편안치 못함을 근심한다고 한다. 모두 고르면 가난함이 없고, 서로 편안하면 기울어짐이 없다고 했다."

이에 대한 주희의 풀이다. "과(寡)는 백성이 적은 것을 말하고, 빈(貧)은 재물이 궁핍한 것을 말하고, 균(均)은 각각 그 몫을 얻는 것을 말하고, 안(安)은 상하가 서로 편안한 것을 말한다. 계씨(季氏)가 전유(顓臾)를 취하려고 함은 백성이 적음과 가난함을 근심해서이다. 그러나 이때에 계씨가 노(魯)나라를 점거하고 (정작) 노나라 임금에게는 백성이 없었으니 고르지 못한 것이요, 군주는 약하고 신하는 강하여 서로 혐의와 틈이 생겼으니 편안하지 못한 것이다. 고르면 가난함을 근심하지 않아 화합하고, 화합하면 백성이 적음을 근심하지 않아 편안하고, 편안하면 서로 의심하거나 시기하지 않아 나라가 기울고 전복될 근심이 없게 된다."

공자는 바로 이런 정치의 근본문제를 자신이라면 얼마든지 해결할 수 있다고 자신하고 있는 것이다. 均은 오늘날 일부 사람들이 어쭙잖게 평등주의적 의미로 '골고루' 정도로 풀이하는데 그것은 애당초 공자에게서 나올 수 없는 말이니 여기서는 '잘 다스린다'는 정도의 의미로 보면 된다. 사실 잘 다스린다는 것이 얼마나 어려운 일인가?

둘째, 작록(爵祿)을 사양하는 문제이다. 이 또한 여간 어려운 문제가 아니다. 공자도 높은 벼슬과 녹봉에 대한 기대가 없었던 것은 아니다. 『논어』 '子罕 12'는 비유적이긴 하지만 바로 이 점을 보여준다.

자공이 물었다. "여기에 아름다운 옥이 있다면 스승님께서는 그것을 궤 속에 넣어 가죽으로 싸서 고이 보관하시겠습니까? 좋은 값을 구하여 그것을 파시겠습니까?"

공자는 말했다. "팔아야지! 팔아야지! 그러나 나는 좋은 값을 기다리는 사람이다."

그러나 공자는 오랜 함양을 통해 그것으로부터 자유로울 수 있었다.

셋째, 흰 칼날(白刃)을 밟는 문제다. 흰 칼날이란 하얗게 날이 선 칼날이다. 그 칼날 위에 맨발로 올라설 수 있다는 것이다. 이는 실제로 그렇게 하겠다는 뜻이 아니라 그 어떤 어려움 앞에서도 두려움을 느끼지 않는다는 의미다. 또 '임난불구(臨難不懼)', 즉 위험에 처해서도 두려움을 갖지 않는다는 뜻이기도 하다. 실제로 공자는 이런 모습을 보여준 바 있다. 『논어』 '子罕 5'의 일화를 보자.

> 공자께서 광이라는 곳에서 두려워하는 마음을 품었다. 그때 공자께서 말했다. "문왕이 이미 세상을 떠나셨으나 문(文)이 이 몸에 있지 않겠는가? 하늘이 아마도 이 문을 없애려 했다면 뒤에 죽는 사람(공자 자신)이 이 문을 체득하지 못했을 것이다. (그런데 이미 나는 이 문을 체득하였으니) 하늘이 이 문을 없애지 않으려 하니 광 땅 사람들이 나를 어찌 하겠는가?"

두려운 마음이 있었지만 그는 문(文)을 전해야 하는 천명을 확신했기 때문에 그 두려움을 극복할 수 있었다. 이때의 文은 『논어로 논어를 풀다』에서 해명한 바 있듯이 애쓰다, 애씀, 애쓰는 법 등을 뜻하는 것으로 『중용』의 핵심주제인 열렬함(誠)과 통하는 것이다.

주희는 공자가 말한 이 세 가지를 각각 지(知) 인(仁) 용(勇)의 문제로 정리한다. 『논어』 '子罕 28'에서 공자는 지자(知者) 인자(仁者) 용자

(勇者) 모두를 군자로 본다.

공자는 말했다. "사람을 볼 줄 아는 사람은 불혹하고, 어진 사람은 근심하지 않고, 용기를 가진 사람은 두려워하지 않는다."

사실 그중 하나가 되는 것도 쉽지 않다.

그런데 공자는 (자신의 경우) 이 셋 다 가능하지만 중하고 용하는 것(中庸)에 능해지는 것, 즉 중도나 중화에 오랫동안 머물러 있는 것
중용
은 지극히 어렵다(不可)고 말하고 있는 것이다. 주희의 풀이가 인상
불가
적이다. "이 셋은 어려울 것 같지만 쉽고, 중하고 용하는 것은 쉬울 것 같지만 어렵다."

문맥은 계속 이어진다. 즉 지극히 어렵기는 하지만 중하고 용하는 것(中庸)에 나아가기 위해서는 어떻게 해야 하는지의 문제가 계속해
중용
서 다뤄지는 것이다.

참고로 김용옥의 번역을 읽어보기 바란다.

공자께서 말씀하시었다. "천하국가란 평등하게 다스릴 수도 있는 것이다. 높은 벼슬이나 후한 봉록도 거절할 수도 있는 것이다. 서슬 퍼런 칼날조차 밟을 수도 있는 것이다. 그러나 중용은 능(能)하기 어렵다."

오역이라고 할 수는 없지만 올바른 번역(正譯)이라고 하기에는 여러
정역
가지로 아쉬움이 남는 것을 느낄 수 있을 것이다. 공자 자신이 바로 그러하다는 것을 명확하게 드러내지 못한 때문이다.

제10장

子路 問强 子曰 南方之强與 北方之强與 抑而强與 寬柔以敎 不報無道
자로 문강 자왈 남방지강여 북방지강여 억이강여 관유이교 불보무도

南方之强也 君子居之 衽金革 死而不厭 北方之强也 而强者居之 故 君子
남방지강야 군자거지 임금혁 사이불염 북방지강야 이강자거지 고 군자

和而不流 强哉矯 中立而不倚 强哉矯 國有道 不變塞焉 强哉矯 國無道 至
화이불류 강재교 중립이불의 강재교 국유도 불변색언 강재교 국무도 지

死不變 强哉矯
사불변 강재교

자로가 세다(强)는 것이 무슨 뜻이냐고 묻자 공자는 이렇게 답했다.
"(네가 말하는 세다는 것이란) 남방의 셈인가 북방의 셈인가? 아니면 너
의 셈인가? 너그러움과 부드러움으로 (백성을) 가르치고 무도한 자에게
도 보복하지 않는 것이 남방의 굳셈(南方之强)이니, 군자는 그렇게 살
아간다. 병기와 갑옷을 깔고 죽어도 싫어하지 않는 것이 북방의 힘셈
(北方之强)이다. 네가 말하는 세다는 것은 이것일 것이다. 그러므로 군
자는 화하되 흐르지 않으니, 강하도다, 꿋꿋함이여! 중도를 지켜 기울
거나 치우치지 아니하니, 강하도다, 꿋꿋함이여! 나라에 도가 있으면
곤경에 처해 있을 때에도 뜻을 변치 않으니, 강하도다, 꿋꿋함이여! 나
라에 도가 없으면 죽음에 이르러서도 뜻을 변치 않으니, 강하도다, 꿋
꿋함이여!"

🌸　　이 장의 내용을 정확히 파악하려면 먼저 공자의 제자
자로(子路, 기원전 543~480년)에 대해 약간의 이해가 있어야 한다. 자

로는 산동성 출신으로 이름은 중유(仲由)이며 공자보다 9세 아래로 제자 중에서는 최연장자였다. 『논어』에도 수없이 등장한다. 주희도 설명하듯이 그는 용맹스러운 무뢰한이었는데 공자의 문하에 입문(入門)한 후 헌신적으로 공자를 섬겼다. 공자도 그를 매우 사랑한 듯한데 『논어』 곳곳에 그에 대한 비판적 애정이 표현되어 있다.

자로는 성미는 거칠었으나 꾸밈없고 소박한 인품으로 용기가 있어 가르침을 받으면 곧바로 실천에 옮기는 인물이었다고 한다. 신실(信實)한 제자였던 것이다. 공자는 그를 가르침에, 도의〔義〕와 예(禮)를 표준으로 했을 때라야 비로소 용기의 가치가 발할 수 있음을 강조하여 남보다 앞서는 그의 용기와 적극성을 교정하였다. 뒤에 위(衛)나라에서 벼슬했는데, 내란이 일어났을 때 스스로 자신의 주인에 대한 충성을 고집하다가 비참하게 죽었다.

『논어』 '爲政 17'에서 공자는 자로에게 이렇게 말한다.
위정

"자로야! 너에게 뭔가를 안다는 것이 무엇인지를 일깨워주겠다. 아는 것을 안다고 하고 모르는 것은 모른다고 하는 것, 이것이 바로 진정한 앎이다."

이 장에서는 다른 것은 몰라도 용기나 기개, 강인함 등에서는 누구에게도 양보할 뜻이 없다고 자부하는 자로가 공자에게 세다〔强〕는 것이 무슨 뜻인지를 물은 것이다. 이는 은근히 자신에 대한 칭찬을 기대한 질문이다.

우선 强의 사전적인 의미를 살펴보자. 강하다, 강하게 하다, 굳세다, 힘세다, 힘쓰다, 억지로 시키다, 굳다, 단단하다, 거스르다, 순종하지 않다, 세차다 등이다. 여기서는 일단 말 그대로 강하다, 힘세다는 뜻으로 볼 수 있다. 그러면 『논어』에서는 이 문제를 어떻게 다루고 있는지를 짚어보자. '述而 10'이 바로 이와 관련된다.
　　　　　述而
　　　　　술이

　　공자가 제자 안연에게 말했다. "(인재로) 써주면 행하고, 버리면 숨어 지내는 것을 오직 너하고 나만이 갖고 있구나!"
　　이에 자로가 물었다. "만일 스승님께서 삼군을 통솔하신다면 누구와 함께 하시겠습니까?"
　　공자는 말했다. "맨손으로 호랑이를 때려잡고, 맨몸으로 강을 건너려 하여 죽어도 후회할 줄 모르는 사람을 나는 함께 할 수 없을 것이니, 반드시 일에 임하여서는 두려워하고, 치밀한 전략과 전술을 세우기를 즐겨 하여 일을 성공으로 이끄는 사람과 함께 할 것이다."

　　공자가 제자 안연(顏淵)에게 말한다. "(인재로) 써주면 행하고 버리면 숨어 지내는 것을 오직 너하고 나만이 갖고 있구나!" 여기서 공자는 따르는 자〔從政者〕의 도리를 말한다. 최고권력자인 위정자
　　　　　　　　　　　　종정자
(爲政者)가 자신을 써줄 때는 기꺼이 나아가 도를 행하고, 써주지 않을 때는 굳이 나서서 자신을 드러내려 하지 않고 숨어 지내는 것은 일반 사람이 쉽게 이를 수 있는 경지가 아니다. 왜냐하면 써줄 경우에는 도를 행하기보다는 자신을 드러내려 하고, 써주지 않을 때에도 어떻게 해서든 자신을 드러내려는 것이 인지상정이기 때문이다. 수신(修身)이 갖춰지지 않고서는 도달하기 힘든 경지이다. 공자는 안연, 즉 안회(顏回)가 자신에 버금갈 만큼 수양이 잘되었다고

칭찬한다.

이를 듣고 있던 직설적이고 단순한 성격의 자로가 흥미로운 질문을 던진다. 묘한 질투심 같은 것을 느꼈기 때문에 자신도 자신의 장점을 인정받고 싶어서였다. 자로는 용(勇) 내지 강(强)에 대해서만큼은 자신을 최고라고 인정해 주기를 바랐던 것이다. "만일 스승님께서 삼군을 통솔하신다면 누구와 함께 하시겠습니까?" 이는 용맹에는 자신이 있었던 자로가 자기를 지목해 주기를 기대하며 던진 질문이다. 공자의 대답이 궁금하다.

공자는 먼저 이렇게 말한다. "맨손으로 호랑이를 때려잡고 맨몸으로 강을 건너려 하여 죽어도 후회할 줄 모르는 사람과 나는 함께할 수 없다." 용감한 자와 무모한 자는 다르다는 것이다. 이는 앞서 잠깐 본 바 있는 '公冶長 6'과 정확하게 맥을 같이 한다.
공야장

공자는 말했다. "세상에 도가 행해지지 않는다. 뗏목을 타고 바다를 건너갈까 하는데 나를 따를 사람은 아마도 저 자로뿐일 것이다."
자로는 이를 전해 듣고 무척 기뻐하였다. 이에 공자는 말했다. "자로는 용맹을 좋아하는 것이 나보다 나아, 사리를 헤아려 분별하려 하지도 않고 나를 따르려 한다."

자로에게 면박을 준 공자는 구체적으로 자신이 군사를 이끌게 될 경우 함께 하고 싶은 사람은 이런 사람이라고 말한다. "반드시 일에 임하여서는 두려워하고, 치밀한 전략과 전술을 세우기를 즐겨 하여 일을 성공으로 이끄는 사람과 함께 할 것이다." 이에 대해 사량좌(謝良佐)는 다음과 같이 풀이했다. "꾀하지 않으면 이룰 수 없고 조심하지 않으면 반드시 패하는 것은 작은 일도 오히려 그러한데 하물며 삼군을 출동함에 있어서이겠는가?" 군사출동이라는 일의 본질에 맞춰 준비하고 세심하게 대처할 줄 알아야 한다는 뜻이다. 매사가 마찬가지다. 이 점을 안연은 배웠고 자로는 미처 배우지 못했던 것이다.

이제 다시 본문으로 돌아가 하나씩 풀어가 보자. 자로의 물음에 공자는 이렇게 답한다. "(네가 말하는 세다는 것이란) 남방의 셈인가 북방의 셈인가? 아니면 너[而=汝]의 셈인가? 너그러움과 부드러움으로
<small>이 여</small>
(백성을) 가르치고 무도한 자에게도 보복하지 않는 것이 남방의 굳셈이니, 군자는 그렇게 살아간다. 병기와 갑옷을 깔고 죽어도 싫어하지 않는 것이 북방의 힘셈이니 강한 자는 그렇게 살아간다." 여기서는 뉘앙스를 잘 파악해야 한다. 뉘앙스 파악의 단서는 그 다음 대답에 들어 있다. 따라서 북방의 강함이나 자로의 강함이 아닌, 남방의 강함이 공자가 생각했던 진정한 의미의 강함이다. 공자는 남방의 강함을 군자의 강함, 즉 굳셈[强=剛]으로 파악한다. "너그러움과 부드러움으로
<small>강 강</small>
로 (백성을) 가르치고 무도한 자에게도 보복하지 않는 것이 남방의 굳셈이니, 군자는 그렇게 살아간다." 남방과 북방이 정확히 어떤 나라를 가리키는지는 분명치 않지만 공자는 분명 북방보다는 남방의 강함을 진정한 강함(굳셈)으로 생각했다. 참고로 자로는 북방인 산동성 출신이다.

다시 『논어』를 참고해 보자. '子路 22'에 남쪽 사람[南人]이라는 표
<small>자로</small> <small>남인</small>
현이 나오는데 그것이 바로 남방 사람이라는 뜻일 것이다.

공자는 말했다. "남쪽나라 사람들이 하는 말 중에 '사람으로서 항심이 없으면 점이나 의술로도 고칠 수 없다'는 것이 있는데 참으로 좋도다."

(『주역』에서는) 그 덕을 항상 지속적으로〔恒=久〕가지지 못하면, 혹 치욕에 이르게 될 것이다.

공자는 말했다. "(항심이 없는 사람은) 점칠 필요가 없다."

여기서 문제는 '人而無恒 不可以作巫醫'를 정확하게 번역해야 한다는 점이다. 주희의 풀이에 따를 경우 이 구절은 '사람으로서 항심(恒心)이 없으면 무당과 의원도 될〔作〕수 없다'고 번역한다. 주희는 "무당은 귀신과 사귀는 것이고 의원은 죽고 사는 것을 맡기는 것이다. 그러므로 비록 비천한 일을 하나 더욱 항심이 없어서는 안 된다"고 풀이했다.

그러나 정약용은 다른 입장을 취한다. "사람으로서 항심이 없으면 점〔巫〕이나 의술〔醫〕로도 고칠〔作〕수 없다"는 것이다. 주희의 풀이가 직역이라면 정약용의 풀이는 의역이다. 그러나 이어지는 문맥으로 볼 때는 정약용의 풀이가 더 자연스럽다. '述而 25'에도 항심(恒心)의 문제가 나온다.

공자는 말했다. "내가 만일 성인을 만나보는 것이 불가능하다면 군자라도 만나보면 괜찮다."

공자는 말했다. "내가 만일 선한 이를 만나보는 것이 불가능하다면 오래가는 마음〔恒心〕을 가진 자라도 만나보면 괜찮다. 아무것도 없으면서 있는 척하고 텅 비어 있으면서 가득한 척하며 보잘것없으면서 큰 척하면 항심을 가졌다고 말하기 어려울 것이다."

그리고 『주역(周易)』 '항괘(恒卦) 구삼효(九三爻)'에 해당하는 풀이
도 참고할 만하다. "그 덕을 항상 오래도록 가지지 못하면, 혹 치욕
에 이르게 될 것이다〔不恒其德 或承之羞〕." 이는 당연히 남쪽나라
사람들이 하는 말을 풀이한 것이다.

이어 공자는 짤막하게 말한다. "점칠 필요가 없다〔不占而已矣〕."
이 말의 주어는 '항심이 없는 사람'이다. 앞에서 이런 사람은 점이나
의술로도 고칠 수 없다고 했다. 그러니 점을 친다 한들 삶이 바뀌지
않는다. 이에 공자는 그런 사람은 점을 칠 필요가 없다고 말하는 것
이다.

따라서 오래가는 마음〔恒心〕이 없는 사람은 고칠 수가 없기 때문
에 아예 군자(君子)가 될 싹이 없다는 뜻으로 볼 수 있다.

일부에서는 남방은 중도에 미치지 못한 것이고 북방은 중도에 지나
친 것이라 풀이하는데 그것은 한마디로 틀렸다는 것을 알 수 있다. 여
기서는 남방이 군자라 했다. 남방이 진정으로 강한 것〔剛〕이고, 무조
건 남을 이기려고만 하는 북방의 강함은 진정한 강함이 아니라는 것
이다. 남쪽나라 사람〔南人〕에 대한 풀이는 이 장의 후반부 답변에 그
대로 적용된다.

"그러므로 군자는 화하되 휩쓸리지 않으니, 강하도다, 꿋꿋함이여!
중도를 지켜 기울거나 치우치지 아니하니, 강하도다, 꿋꿋함이여! 나
라에 도가 있으면 곤경에 처해 있을 때에도 뜻을 변치 않으니, 강하
도다, 꿋꿋함이여! 나라에 도가 없으면 죽음에 이르러서도 뜻을 변치

않으니, 강하도다, 꿋꿋함이여!"

『논어』의 남쪽나라 사람〔南人〕과 항심(恒心)에 대한 이야기는 이 장과 딱 맞아떨어진다. 流는 자기 주관 없이 여기저기 휩쓸린다고 풀어야 '和而不同'의 同에 가깝다. 꿋꿋함으로 옮긴 矯란 바로잡다, 곧추세우다, 바루다 등으로 항심과 통한다. 또 正이나 直과 통한다고 볼 수도 있다.

네 차례에 걸쳐 반복되는 '강하도다, 꿋꿋함이여!〔强哉矯〕'는 잘 분석해야 한다. 이 구절의 초점은 强이 아니라 矯에 있다. 强이 아니라 矯에 대한 찬사다. 그것은 굳셈〔剛〕과 통한다.

제11장

子曰 素(索)隱行怪 後世有述焉 吾弗爲之矣 君子遵道而行 半塗(途)而
자왈 소 색 은 행괴 후세 유술 언 오 불위 지 의 군자 준도 이행 반도 도 이

廢 吾弗能已矣 君子依乎中庸 遯世不見知而不悔 唯聖者能之
폐 오 불능 이의 군자 의호 중용 둔세 불견 지 이 불회 유 성자 능지

공자가 말했다. "은벽한 것을 찾고 괴이한 짓을 행하면 (혹여) 후세에
칭술할 만큼 이름이 날 수도 있으나, 나는 그런 짓을 하지 않겠다. 군자
라는 사람들 중에도 도를 좇아 행하다가 중도에 그만두는 일이 있는데
나는 그만둘 수가 없다. 군자는 중(中)하고 용(庸)하는 것에 의지하여
세상에 숨어 지내어 알려지지 않는다 하더라도 후회하지 않는 것이니,
오직 성자(聖者)라야 그렇게 할 수 있다."

주희는 고문헌에 입각해 素는 索의 오기(誤記)로 본다.
                                              소   색
뜻으로 보아도 주희의 견해가 옳다. '색은행괴(索隱行怪)'는 반(反)중
용, 반(反)유학적 행태를 지적할 때 많이 쓰인다. 우리 역사에서도 퇴
계 이황(李滉)은 기행을 일삼았던 것으로 전해지는 김시습(金時習)을
'색은행괴'라고 비판하였다. 묘하게도 김시습의 이름은 『논어』의 첫 구
절 '학이시습(學而時習)'에서 따온 것이다. 유학의 세계를 꿈꾼 아버지
와 달리 정작 본인은 조선 최고의 유학자로부터 '색은행괴'라는 비판
을 받았던 것이다.

사람들은 누구나 자신의 존재를 알리고 싶어 한다. 그런데 정도(正道)

를 통해 세상 사람들에게 자신을 알리기란 불가능에 가깝다. 이때 쉽게 의존하게 되는 것이 바로 그동안 알려져 있지 않았던 이야기를 끄집어내고 남들은 도저히 하지 못하는 기괴한 짓을 일삼는 것이다. 그러면 단번에 사람들의 눈길을 끈다. 후세 사람들이 뭔가 그것에 찬사를 보내는 글들을 쓸 수 있는 것이다. 먼저 索隱行怪를 『논어』의 문맥에서 풀어내야 한다. '述而 20'은 바로 이 점을 말해 준다.

공자는 괴이한 일과 용력과 도를 어지럽히는 일과 귀신에 관한 일은 말하지 않았다.

공자는 괴이한 일과 용력과 도를 어지럽히는 일과 귀신에 관한 일[怪力亂神]에 대해서는 일언반구도 하지 않았다는 말이다. 주희는 괴력난신(怪力亂神)을 이렇게 풀이한다. 괴(怪)는 괴이(怪異)한 일, 역(力)은 용력(勇力), 난(亂)은 패란지사(悖亂之事), 신(神)은 귀신(鬼神)이다.

이 말은 자로(子路)를 염두에 두고 한 말이다. 앞에서 보았듯이 자로는 용맹만 숭상하고 불호학(不好學)했던 전형적인 인물이다. 배우기를 싫어하는 자로의 모습이 '先進 24'에 나온다.

자로가 계씨의 가신이 되어 자고를 비읍의 읍재로 삼자 공자는 탄식했다. "남의 자식을 해치는구나!"

이에 자로가 맞섰다. "백성과 사람이 있고 사직(社稷)이 있으니, 어찌 반드시 책을 읽은 뒤에야 학문을 하겠습니까?"

공자는 말했다. "바로 이런 너 때문에 나는 말 잘하는 사람을 미

위하는 것이다."

따라서 '述而 20'은 자로를 염두에 두고서 불호학(不好學)의 맥락에서 풀이하는 것이 가장 정확하다. 우선, 괴이하다(怪)는 것은 정도나 이치를 벗어난 것을 말한다. '爲政 16'이 비슷한 내용이다.

공자는 말했다. "이단에 빠지면 그것은 해로울 뿐이다."

바로 앞 장인 '爲政 15'에서 공자는 "생각만 하고 배우지는 않는다면 위태로워질 수 있다"고 말한다. 이 또한 자로나 자로와 같은 인간형을 향한 경고이다.

다음으로 용력(勇力)은 덕(德)과 반대된다. 이 또한 자로에 대한 비판과도 맥이 통한다. 이는 '八佾 16'의 활쏘기 사례에서 본 그대로다.

공자는 말했다. "(주나라 때의) 활쏘기는 가죽 뚫기로 승부를 가리지 않았다. 왜냐하면 힘이 사람마다 다 달랐기 때문이다. 이것이 옛날의 활 쏘는 예법이다."

그 다음으로 패란지사(悖亂之事)는 뜻 그대로 정의에 어그러지고 정도를 어지럽히는 일이다. 용(勇)이나 난(亂)과 관련된 구절들을 몇 가지만 살펴보자. '學而 2'에서 유자(有子)는 이렇게 말한다. "윗사람을 범하기를 좋아하지 않으면서 난(亂)을 일으키기를 좋아하는 자는 없다." '泰伯 2'에서 공자는 보다 구체적으로 "용맹하되 예가 없으면 위아래 없이 문란해질(亂) 수 있다"고 말한다. 같은 뜻이다. '泰伯 10'에서는 난(亂)에 대해 좀 더 복합적으로 진단한다.
_{태백}

공자는 말했다. "용맹을 좋아하면서 가난함을 싫어하는 것은 난을 일으키고, 배운 사람이면서 어질지 못한 것을 너무 미워하는 것도 난을 일으킨다."

마지막으로 귀신은 인간의 범위를 넘어서는 것이다. 이는 배울 필요가 없는 것에 번잡하게 관심을 갖는 것이다. 이 또한 배우기를 좋아하지 않는 자들이 흔히 보여주는 폐단으로 자로와 직접 연결된다. '先進 11'은 이 점을 단적으로 보여주는 사례다.
_{선진}

계로(자로)가 공자에게 귀신을 섬기는 것에 대해 묻자 공자는 이렇게 말했다. "사람을 제대로 섬길 수 없다면 어찌 귀신을 능히 섬기겠는가?"
계로가 "감히 죽음에 대해 묻겠습니다"고 하자 공자는 이렇게 말했다. "삶을 모르는데 어떻게 죽음을 알겠는가?"

이 장 전체를 거꾸로 이해하면 공자는 늘 정도(正道)와 덕(德), 올바름과 인간에 대해서만 언급을 했다는 뜻이다. 사량좌의 풀이는 바로 이것이다. "성인은 떳떳함을 말씀하고 괴이함을 말씀하지 않으며, 덕을 말씀하고 힘을 말씀하지 않으며, 다스려짐을 말씀하고 패란의 일을 말씀하지 않으며, 인간의 일을 말씀하고 귀신의 일을 말씀하지 않는다."

이번에는 공자가 스스로 능한 것이 무엇인지를 말한다. "군자조차도 도를 좇아 행하다가 중도에 그만두는데 나는 그만두지 못할 것이다." 앞서 우리는 오랫동안 인(仁)을 편안히 여기는 데 처해 있는 것〔處仁, 安人〕, 오랫동안〔久〕 자신을 다잡는 것〔約〕에 능한 사람이야말로 인자(仁者)라고 했다. 인자는 군자(君子)보다 윗길이다. 그래서 군자는 도를 행하다가도 중간에 포기하는 일이 잦지만 적어도 자신은 그렇지는 않다는 말이다. '雍也 10'은 바로 이 점을 그대로 보여주는 사례이다.

염구가 "저는 스승님의 도를 열렬히 좋아하지 않는 것은 아니지만 그것을 향해 나아가기에는 힘이 딸립니다"고 말하자 공자는 말했다. "힘이 부족하다고 말하는 자는 대부분 중도에 포기하는 자인데 지금 염구 너는 스스로 자신의 한계를 긋고 있는 것이다."

염구(冉求)는 '雍也 6'에서 공자로부터 예술적 재능〔藝才〕이 뛰어나다는 평을 받았던 제자이다. 그 염구가 공자에게 자신이 "스승님의 도를 열렬히 좋아하지 않는 것은 아니지만 그것을 향해 나아가기에는 힘이 딸린다〔力不足〕"고 말한다. 이에 공자는 힘이 부족한 것이 아니라 의지가 부족한 것이라는 점을 일깨우며 흔히 "힘이 부족하다고 말하는 자는 대부분 중도에 포기하는 자인데 지금 염구 너는 스스로 자신의 한계를 긋고 있는 것"이라고 은근히 야단을 친다.

이에 대해서는 호인(胡寅)의 풀이가 참고가 된다. "가령 염구가 공자의 도를 좋아하기를 진실로 입이 고기를 좋아하듯이 하였다면 반드시 장차 힘을 다해 구했을 것이니 어찌 힘이 부족함을 걱정하겠는가? 한계를 긋고 나아가지 않으면 날로 후퇴할 따름이니 이는 염구가 재예(才藝)에 국한되어 벗어나지 못한 이유이다."

공자의 말은 첫째는 정도를 추구해야 한다는 것이고, 둘째는 중도에 포기하지 말고 오랫동안 끈질기게 추구해야 한다는 것이었다. 셋째는 세상이 알아주는지 여부를 떠나 중하고 용하는 도리를 지켜야 한다는 점을 강조한다. 이는 '學而 1'의 세 번째 구절과 바로 통한다.
학이

"남들이 알아주지 않더라도 속으로 서운해 하는 마음을 갖지 않는다면 진실로 군자가 아니겠는가?"

성자(聖者)를 너무 과장해서 풀이할 필요는 없다. 여기에서 보듯 군자 정도로 봐도 무방할 듯하다. 그리고 중하고 용하는 것을 실마리로 삼아서 군자의 도리(道)가 어떤 것인지를 조금씩 보여주고 있다.
도
이 장 전체의 문맥은 『논어』 '顔淵 20'에 고스란히 요약되어 있다.
안연

자장이 물었다. "선비는 어떠해야 경지에 이르렀다(達) 할 수 있
달
습니까?"
공자가 되물었다. "무슨 말인가? 네가 말하는 달(達)이란 것이."
자장이 답했다. "나라에 있어도 반드시 그의 명예에 관한 소문이 나며 집 안에 있어도 반드시 소문이 나는 것입니다."
공자는 말했다. "그것은 소문이 나는 것(聞)이지 통달한 것(達)
문   달
이 아니다. 무릇 통달한 사람이란 바탕이 곧고 의리를 좋아하며, 남의 말을 가만히 살피고 얼굴빛을 관찰하며, 사려 깊게 몸을 낮추는

것이니 나라에 있어도 반드시 이르게 되고, 집 안에 있어도 반드시 이르게 된다. (이에 반해) 무릇 소문만 요란한 사람이란 얼굴빛은 어진 듯하나 행실이 어질지 못하고, 머물러 있으며 자신의 행실에 대해 아무런 의문도 던지지 않으니 나라에 있어도 반드시 소문이 나고, 집 안에 있어도 반드시 소문이 난다."

제12장

君子之道 費而隱
군자지도 비이은

夫婦之愚 可以與知焉 及其至也 雖聖人亦有所不知焉 夫婦之不肖 可以
부부지우 가이여지언 급기지야 수성인역유소부지언 부부지불초 가이

能行焉 及其至也 雖聖人亦有所不能焉 天地之大也 人猶有所憾 故 君子
능행언 급기지야 수성인역유소불능언 천지지대야 인유유소감 고 군자

語大 天下莫能載焉 語小 天下莫能破焉
어대 천하막능재언 어소 천하막능파언

詩云 鳶飛戾天 魚躍于淵 言其上下察也
시운 연비려천 어약우연 언기상하찰야

君子之道 造端乎夫婦 及其至也 察乎天地
군자지도 조단호부부 급기지야 찰호천지

군자의 도리[道]는 널리 영향을 미치면서도 (본체는) 숨어 있다.

필부필부의 우매함으로써도 가히 함께하여 알 수 있는 것이지만, 그 지극함에 이르러서는 비록 성인이라도 역시 알지 못하는 바가 있는 것이다. 하늘과 땅의 크기에 대해 말할 때도 사람들은 오히려 (말로 다 담아내지 못해) 안타깝게 생각하는 바가 있다. 그래서 군자가 큰 것을 말하게 되면 천하는 그것을 능히 싣지 못하고, 군자가 작은 것을 말하게 되면 (너무 미세하여) 천하가 능히 그것을 깨트리지 못한다.

『시경』의 '대아(大雅) 한록(旱麓)'편에 나오는 시 '솔개는 날아 하늘에 이르고 물고기는 못에서 뛰논다'는 도리가 천지 상하에 드러남을 말한다.

군자의 도는 평범한 부부에서 그 단서를 이루고, 그것이 지극한 데 이르러서는 하늘과 땅(모두)에서 드러난다.

앞에서 도(道) 혹은 도리(道)에 이르는 어려움을 이야기했다면 여기에서는 도를 직접적으로 다루기 시작한다. 이는 군자의 도리(君子之道)에 대한 『중용』의 편찬자 자사(子思)의 풀이라 할 수 있다. 먼저 군자의 도에 대해 비(費)하면서 은(隱)하다고 말한다. 費에는 쓰다, 소비하다, 소모하다, 손상하다, 해치다, 닳다, 널리 쓰이다, 빛나다, 비용, 용도, 재화, 재보, 쓸데없는 말을 지껄이는 일, 빛나는 모양 등의 뜻이 있다. 주희는 이를 '쓰임새가 넓음(用之廣)'이라고 풀었다. 널리 쓰이다는 뜻을 취한 것이다. 따라서 군자의 도는 무궁무진 널리 쓰이고 있지만 정작 그 실체는 (숨어 있어) 눈으로 볼 수 없다는 말이다.

그 다음에 이어지는 말은 '비이은(費而隱)', 즉 널리 쓰이면서도 정작 쉽게 그 본모습이 드러나지 않는 군자의 도리를 보다 알기 쉽게 설명하는 것이다.

"평범한 부부의 어리석음으로도 얼마든지 함께하여 알 수 있는 것이지만 그 지극한 데 이르러서는 설사 성인이라도 역시 알 수 없는 것이 있다." 이 구절을 잘 이해해야 다음 구절들도 쉽게 알 수 있다. 이와 관련해서 딱 맞아떨어지는 『논어』의 구절은 '陽貨 19'다.

공자는 말했다. "나는 더 이상 말을 하고 싶지 않다."
이에 자공이 말한다. "스승님께서 만일 말씀을 안 하시면 저희들은 어떻게 스승님의 도를 배워 후대에 전하겠습니까?"
공자는 말했다. "하늘이 무슨 말씀을 하던가? 사시가 운행되고 온갖 생물이 나고 자란다. 하늘이 무슨 말씀을 하던가?"

우선 이 장에서나 '陽貨 19'에서나 도(道)를 말하고 있다는 점에서 공통점이 있다. '陽貨 19'에서 공자는 무슨 일인지 몰라도 "나는 더 이상 말을 하고 싶지 않다"고 말한다. 입을 닫아버리고 싶다는 뜻이다. 혹은 도에 관해서 더 이상 말을 하지 않겠다는 뜻이기도 하다. 뭔가 침체된 느낌이다. 앞에 나온 '陽貨 18'의 맥락에서 보자면 세상이 엉망으로 돌아가고 아무리 노력해도 개선의 여지가 보이지 않는 데 대한 실망감으로 볼 수도 있다. 그 실망감 중에는 자신의 뜻을 제대로 파악하지 못하는 제자들에 대한 답답함도 포함돼 있는 듯하다. 이에 대한 주희의 풀이다. "배우는 자들이 대부분 언어로써 성인(聖人)을 관찰하고, 하늘의 이치(天理)가 운행하는 실제가 말씀을 기다리지 않아도 드러나는 것을 살피지 못하였다. 그러므로 (배우는 자들은) 한갓 그 말씀만을 알고 말씀하신 이유를 알지 못하였다. 이 때문에 공자께서 이것을 말씀하여 깨우쳐주신 것이다." 달을 가리키는데 달은 보지 못하고 가리키는 손가락만 보려는 제자들에 대한 질타라는 것이다.

이에 행동보다는 말이 앞선다는 평을 들었던 자공이 나선다. "스승님께서 만일 말씀을 안 하시면 저희들은 어떻게 스승님의 도를 배워 후대에 전하겠습니까?" 이에 대한 주희의 풀이다. "자공이 바로 언어로써 성인(聖人)을 관찰한 자이다. 그러므로 의문을 갖고서 물은 것이다."

이에 대해 공자는 마치 귀찮다는 듯이 이렇게 말한다. "하늘이 무슨 말씀을 하던가? (그런데도) 사시(四時)가 운행되고 온갖 생물이 나고 자란다. 하늘이 무슨 말씀을 하던가?"

좀 더 보충하는 차원에서 정명도(程明道)의 풀이도 참조할 필요가 있다. "공자의 도(道)는 비유하면 태양과 별처럼 밝은데도 오히려 문인들이 다 깨닫지 못할까 걱정하셨다. 그러므로 '나는 말을 하지 않으려고 한다'고 말씀하신 것이다. 만일 안자(顏子, 顏回)라면 묵묵히 알았을 것이요, 그 이외의 사람들은 의문을 면치 못하였다. 그러므로 자공이 '스승님께서 만일 말씀을 안 하시면 저희들은 어떻게 스승님의 도를 배워 후대에 전하겠습니까?' 하고 여쭈었는데 공자께서 또 '하늘이 무슨 말씀을 하던가? (그런데도) 사시(四時)가 운행되고 온갖 생물이 나고 자란다'라고 말씀해 주셨으니 지극히 명백하다고 이를 만하다." 공자는 천지만물의 운행을 보면 세상에 도가 작용하고 있다는 것을 알 수 있는데도 사람들은 굳이 다른 데서 도를 찾으려 하는 것을 비판한다. 정작 그 도를 알려고 한다면 성인이라도 불가능할 것이라는 말이다.

이어지는 다음 문장도 쉽지 않다. 예를 들면 유명한 한학자의 번역 중에 이런 게 있다. "천지의 큼에도 사람이 오히려 한(恨)하는 바가 있으니, 그러므로 군자는 큰 것을 말할진댄 천하가 능히 싣지 못하고 작은 것을 말할진댄 천하가 능히 깨트리지 못하느니라." 아무리 읽고 또 읽어도 솔직히 무슨 말인지 알 수가 없다.

여기서 우선 관건이 되는 단어는 '大'와 '憾'이다. 둘은 서로 얽혀 있다. 대(大)를 지극히 크다로 볼 것인지 크고 작은 크기로 볼 것인지에 따라 감(憾)의 풀이도 완전히 달라진다. 그 선택은 문맥 속에서 이뤄져야 한다. 다행히 바로 뒤에 군자가 대(大)에 관해 말하고 소(小)에 관해 말하는 내용이 나온다. 따라서 여기서 '大'는 크고 작은 크기로 봐야 한다. 즉 '天地之大也'는 '하늘과 땅의 크기에 대해 말할 때도' 정도로 옮겨야 한다. 그러면 하늘과 땅의 크기에 대해 말할 때도 사람들이 오히려 '감(憾)하는' 바가 있다는 말이다. 이제 '감(憾)하다'만 풀면 된다. 憾은 感보다 조금 부정적인 뉘앙스를 주는 뜻이 많다. 섭섭하다, 한(恨)하다, 서운해하다, 원한, 유감, 근심하다, 불안하다 등등. 여기서는 안타깝다, 아쉽다 정도로 옮기면 될 듯하다. 즉 하늘과 땅의 크기에 대해 말할 때도 사람들은 오히려 (충분히 다 말을 하지 못해) 아쉬워하는 바가 있다는 말이다. 말로는 아무리 큰 것도, 아무리 작은 것도 다 담아내지 못한다는 뜻이다. 그러면 뒤의 문장과 자연스럽게 연결된다. 참고로 이 문장에 대한 김용옥의 번역을 보자. "너무도 거대한 천지의 불확정성에 관하여 평범한 사람들은 유감을 가지고 있을 수도 있다." 전통적 번역과 별반 다를 바 없고 지나치게 의역된 듯하다. 물론 이 또한 무슨 뜻인지 알 수가 없다.

그래서 군자가 큰 것〔大〕을 말하게 되면 (그것이 너무 커서) 천하는 그것을 능히 싣지 못하고, 군자가 작은 것〔小〕을 말하게 되면 (그것이 너무 작아서) 천하가 능히 그것을 깨트리지 못한다는 것이다. 이 문제는 앞으로도 나올 것이기 때문에 여기서는 일단 이 정도로 해두고 다음으로 넘어가자.

여기서 자사는 『시경』 '大雅 旱麓' 편에 나오는 시를 인용한다. "솔개〔鳶〕는 날아 하늘에 이르고〔戾〕 물고기는 못에서 뛰논다." 천지의 도가 상하에 펼쳐지고 있음을 보여주는 것이다. 그러나 그것이 왜 그러한지〔道〕는 당연히 숨어 있다. 그래서 솔개가 날고 물고기가 뛰어노는 것은 어린아이라도 다 알 수 있는 반면, 왜 솔개가 하늘로 날아오르고 물고기가 연못에서 뛰노는지에 대한 이치는 군자라도 쉽게 알 수가 없고 성인도 모르는 바가 있다는 것이다. 다시 한 번 '비이은(費而隱)'을 풀어내고 있다.

그리고 전체적인 내용을 다음과 같이 요약한다. "군자의 도는 평범한 부부에서 그 단서를 이루고, 그것이 지극한 데 이르러서는 하늘과 땅(모두)에서 드러난다." 그런데도 그 용(用-쓰임)은 볼 수 있지만 그 체(體-본모습)는 보거나 할 수 없어 말할 수도 없다.

제13장

子曰 道不遠人 人之爲道而遠人 不可以爲道 詩云 伐柯伐柯 其則不遠
자왈 도 불원 인 인 지 위 도 이 원 인 불 가 이 위 도 시 운 벌 가 벌 가 기 칙 불 원

執柯以伐柯 睨而視之 猶以爲遠 故 君子以人治人 改而止 忠恕違道不遠
집 가 이 벌 가 예 이 시 지 유 이 위 원 고 군 자 이 인 치 인 개 이 지 충 서 위 도 불 원

施諸己而不願 亦勿施於人 君子之道四 丘未能一焉 所求乎子 以事父未能
시 제 기 이 불 원 역 물 시 어 인 군 자 지 도 사 구 미 능 일 언 소 구 호 자 이 사 부 미 능

也 所求乎臣 以事君未能也 所求乎弟 以事兄未能也 所求乎朋友 先施之
야 소 구 호 신 이 사 군 미 능 야 소 구 호 제 이 사 형 미 능 야 소 구 호 붕 우 선 시 지

未能也 庸德之行 庸言之謹 有所不足 不敢不勉 有餘不敢盡 言顧行 行顧
미 능 야 용 덕 지 행 용 언 지 근 유 소 부 족 불 감 불 변 유 여 불 감 진 언 고 행 행 고

言 君子胡不慥慥爾
언 군 자 호 부 조 조 이

공자가 말했다. "도는 사람에게서 멀지 않다. (따라서) 사람이 도를 행하려 하면서 사람을 멀리 한다면 그것은 도라고 할 수 없다. 『시경』에 이르기를 '도끼자루를 찍는구나! 도끼자루를 찍는구나! 그 법은 멀지 않도다'라고 했으니, 도끼자루를 잡고서 도끼자루(로 쓸 나무)를 베어 내면서도 흘겨보고는 오히려 멀다고 한다. 그러므로 군자는 사람으로 사람을 다스리다가 고치면 그친다. 충(忠)과 서(恕)는 도리〔道〕와의 거리가 멀지 않으니 자기에게 베풀어보아 자신이 원치 않는 것을 또한 남에게 베풀어서는 안 된다.

군자의 도에는 네 가지가 있는데 나는 그중 하나에도 제대로 능하지 못하다. 첫째, 자신이 자식에게 바라는 바로써 부(모)를 섬기는 데 능하지 못하다. 둘째, 자신이 아랫사람에게 바라는 바로써 윗사람을 섬기는 데 능하지 못하다. 셋째, 자신이 아우에게 바라는 바로써 형을 섬기는 데 능하지 못하다. 넷째, 자신이 벗에게 바라는 바로써 먼저 친구

에게 베푸는 데 능하지 못하다. 떳떳한 덕(德)을 행하고 떳떳한 말(이라도 그것)을 삼가는 가운데, 부족한 점이 있으면 감히 힘쓰지 아니하는 바가 없어야 하고 남는 바가 있으면 감히 다하지 않음으로써 말은 행실을 돌아보게 하고 행실은 말을 돌아보게 해야 한다. (이렇게 한다면) 군자가 어찌 독실하고 또 독실하지 않겠는가?"

군자의 도(道)에 대한 이야기가 계속된다. 공자가 말한 첫 문장은 사람과 도리(道)의 밀접한 관계를 말한다. 왜냐하면 많은 사람들은 도란 고상하여 인간세상을 넘어선 저 높은 곳에 있는 것으로 생각하는 경향이 있기 때문이다. 『논어』'衛靈公 28'은 바로 이 내용이다.

공자는 말했다. "사람이 도를 크게 하는 것이요, 도가 사람을 크게 하는 것은 아니다."

공자는 사람이 능히 도(道)를 넓히고 크게 하는 것이지 도가 사람을 넓히고 크게 하는 것이 아니라고 단언한다. 도란 결국 사람 안에 있고 사람의 마음과 행함을 통해 넓히고 크게 할 수 있는 것이다. 사람을 떠나는 순간 도가 아니다.

이는 바로 앞의 '衛靈公 27'과 긴밀하게 연결된다. 거기에서는 남들이 뭐라 하든 좋아하고 싫어하는 호오(好惡)의 척도는 그 자신 안에 있음을 말했다. 그리고 여기에서는 사람이 도를 넓히는 것이

지 도가 사람을 넓히는 것은 아님을 말한다.

장자(張子)의 풀이는 참고할 만하다. "마음이 그 본성을 다할 수 있음은 사람이 도(道)를 크게 하는 것이요, 본성이 마음을 검속할 줄 모름은 도가 사람을 크게 함이 아닌 것이다."

이어 공자는 『시경』 '幽風 伐柯' 편의 한 구절을 인용한 다음 그 뜻
　　　　　　　　　　　　　빈풍 벌가
을 풀어낸다. "『시경』에 이르기를 '도끼자루를 베어내는구나! 도끼자루를 베어내는구나! 그 베어내는 법칙은 멀지 않도다'라고 했으니, 도끼자루를 잡고서 도끼자루(로 쓸 나무)를 베어내면서도 흘겨서 보고는 오히려 멀다고 한다. 그러므로 군자는 사람으로 사람을 다스리다가 고치면 그친다."

도가 머무르는 사람의 중요성이 계속 이어진다. 먼저 비유를 풀이한 다음 그것을 다시 사람에 적용하여 풀어낸다. 柯는 도끼자루나 나
　　　　　　　　　　　　　　　　　　　　　　　　　　　가
무의 줄기를 뜻한다. 『시경』의 시에 대해 공자는 이렇게 풀이한다. "(도끼자루가 필요해 그것을 만들려고) 도끼자루를 잡고서 도끼자루(로 쓸 나무)를 베어내면서도 (이미 자신이 도끼자루를 쥐고 있다는 것은 알아차리지 못한 채) 흘겨보고는〔睨〕 오히려 멀다고 여긴다." 睨는 흘겨보
　　　　　　　　　　　　　　　예　　　　　　　　　　예
다, 엿보다, 노려보다, 기울다 등의 뜻을 갖고 있다. 여기서는 '흘겨보다'도 일종의 비유라고 할 수 있다. 직시하면 이미 자신이 도끼자루를 손에 쥐고 있다는 것을 알 수 있는데도 앞으로 만들어낼 도끼자루만 생각하다 보니 그것을 깨닫지 못함을 흘겨본다고 비유하고 있는 것이다.

그리고 공자는 도끼자루와 사람의 관계를 통해 해법을 제시한다. "사람으로 사람을 다스리다가(이는 곧 도끼자루로 도끼자루(로 쓸 나무)를 베어내어 도끼자루를 만들려 하는 것의 풀이다) 그 사람이 (자신의

허물을) 고치면 (고치라는 말을) 그친다." 그친다는 말은 더 이상 흘겨 보지 않고 직시하게 되면 고치라는 말을 그친다는 뜻이다.

여기서 고친다〔改〕는 『논어』에 여러 차례 등장하는 '과즉물탄개(過則勿憚改)', 즉 허물이 있으면 고치는 것을 꺼리지 않는다는 말과 연결된다. 그 반대로 허물을 지어도 절대 고치려 하지 않는 태도를 공자는 고〔固〕라고 부른다. 고집불통의 인간형을 뜻하는 것이다. '學而 8'에 나오는 공자의 발언, '배우면 고집불통에 빠지지 않는다〔學則不固〕'는 따라서 '학이시습(學而時習)'의 의미를 새롭게 이해할 수 있는 단서를 제공한다. 배우고 시간이 날 때마다 익힌다는 것은 단순히 공부를 의미하는 것이 아니라 고집불통에 빠지지 않기 위해 쉼 없이 애씀〔文〕을 배우고 익히려는 태도를 견지해야 한다는 뜻이다. 그것이 바로 '과즉물탄개'다.

다시 도가 멀리 있는 것이 아니라 바로 사람, 그중에서도 자기 자신에게 있음을 이야기하는 내용이 이어진다. "충(忠)과 서(恕)는 도와의 거리가 멀지 않으니, 자기에게 베풀어보아 자신이 원치 않는 것을 또한 남에게 베풀어서는 안 된다." 충과 서는 공자가 그렇게도 강조하는 군자(가 되려는 사람)의 도(道)다. 따라서 충과 서는 도와 무척 가까이 있다는 말이다. 그 모든 것이 내 안에서 일어나기 때문이다. 그래서 먼저 자신에게 적용해 보아 자신이 싫은 것〔忠〕은 남에게도 적용하려 해서는 안 된다〔恕〕는 뜻이다. 이 내용 자체는 그다지 어렵지 않다. 다만 충서(忠恕)와 도(道)의 문제를 『논어』에 비추어 좀 더 상세하게 풀이해 두면 앞으로 내용을 보다 쉽게 이해할 수 있다. 따라서 직접적 풀이라기보다는 참고하는 수준에서 관련 구절들을 살펴보자.

먼저 '里仁 15'에서 공자가 제자들을 모아놓고 "나의 도는 하나로 모든 것을 꿰었다〔吾道一以貫之〕"고 말했을 때 다른 제자들은 그 말의 참뜻을 몰라 생각에 잠겼으나, 증자(曾子)만이 홀로 선뜻 "스승님의 도는 충(忠)과 서(恕)뿐이다"라고 풀이하여 다른 제자들을 놀라게 하였다.

공자의 제자 중에서 덕행 면에서 가장 높은 평가를 받았던 이는 안회와 증자이다. 그 다음이 자공이다. '公冶長 11'에서 자공이 충서와 관련된 질문을 던진다. 지금 우리의 문맥과 직접 연결된 구절이다.

자공이 말했다. "다른 사람들이 저에게 가하기를 원하지 않는 일을 저도 다른 사람들에게 가하지 않겠습니다."
공자는 말했다. "자공아, 그것은 네가 도달할 수 있는 경지가 아니다."

어느 날 자공이 마치 뭔가를 깨달은 듯이 공자에게 말했다. "다른 사람들이 저에게 가하기를 원하지 않는 일을 저도 다른 사람들에게 가하지 않겠습니다〔我不欲人之加諸我也 吾亦欲無加諸人〕"고 말한다.

이 말은 공자의 핵심개념 중 하나인 서(恕)를 뜻하는 '己所不欲 勿施於人'과 밀접한 관련이 있다. 간단히 말해 서란 타인을 자신처럼 여기려는 마음이다. '里仁 15'에서 공자가 자신의 도(道)는 '일이 관지(一以貫之)'라고 말하고 나가자 다른 제자들이 증자에게 무슨 말이냐고 물었다. 이에 문리가 트인 증자는 선생의 도는 충(忠)과 서(恕)뿐이라고 답했다. 한 마디로 충은 자기 마음을 다하는 것이고

서는 남에게도 자기를 대하듯이 하는 것이다. 이는 忠이라는 글자
와 恕라는 글자의 모양에서도 그대로 드러난다. 충서(忠恕)를 제대
로 행할 수 있다면 그 사람은 어진 사람〔仁者〕이다. 안회와 증자 정
도가 이 경지에 다다랐다.

'己所不欲勿施於人'이라는 표현은 『논어』에 두 차례 등장한다.
먼저 '顔淵 2'에서는 중궁(仲弓)이 인(仁)에 관해 묻자 여러 가지를
열거하면서 그중 하나로 '자신이 하고자 하지 않는 것을 남에게 베
풀지 않는 것〔己所不欲勿施於人〕'을 언급한다. 또 '衛靈公 23'에서는
이 장의 주인공인 자공이 공자에게 "한 마디 말로 종신토록 행할
만한 것이 있습니까?"라고 묻자 공자는 "그것은 서(恕)다"라고 말한
다음 "그 뜻은 '자신이 하고자 하지 않는 것을 남에게도 베풀지 말
라'이다"라고 답한다.

충서(忠恕)에 대해서는 장자(張子)의 풀이가 정곡을 찌른다. "자
기를 사랑하는 마음〔愛己之心〕으로써 남을 사랑〔愛人〕하면 인(仁)
을 다하는 것이다." 『논어』에서 공자는 번지(樊遲)라는 제자가 인
(仁)이 무엇이냐고 묻자 사람을 사랑하는 것〔愛人〕이라고 답했다.

이어 공자는 군자의 네 가지 도(道)를 충서(忠恕)의 차원에서 다음
과 같이 풀이한다. 번역만 제대로 하면 별도의 풀이가 필요 없을 만큼
쉬운 내용이다. 먼저 공자는 "군자의 도에는 네 가지가 있는데 나〔丘〕
는 그중 하나에도 제대로 능하지 못하다"고 겸사(謙辭)를 말한 다음
네 가지를 풀어낸다.

첫째, 자신이 자식에게 바라는 바로써 부(모)를 섬기는 데 능하지
못하다.

둘째, 자신이 아랫사람[臣]에게 바라는 바로써 윗사람[君]을 섬기는 데 능하지 못하다.

셋째, 자신이 아우에게 바라는 바로써 형을 섬기는 데 능하지 못하다.

넷째, 자신이 벗에게 바라는 바로써 먼저 친구에게 베푸는 데 능하지 못하다.

여기에도 모두 자신을 낮추는 겸사의 표현들이 들어 있다. 별도의 풀이가 필요 없다. 말 그대로다.

참고로 『논어』 '憲問 30'에서 공자는 이렇게 말한다. 겸사의 표현과 관련해 이 장과 비교해서 볼 만하다. 그것은 공자 특유의 어법을 알 수 있게 해주기 때문이다.

"군자의 도가 셋인데 나는 능하지 못하니, 인자(仁者)는 근심하지 않고 지자(知者)는 혹하지 않고 용자(勇者)는 두려워하지 않는다."

공자는 이미 이런 경지에 이르렀음을 감안할 때 겸손의 표현이다.

이어 공자는 자기 자신에서 비롯하는 도를 행하려면 구체적으로 어떻게 해야 하는지 그 방법을 제시한다. 간단히 말하면 언행일치(言行一致)다. 그것을 보다 구체적으로 풀어낸 것이 공자의 해법이다. 여기서 庸은 떳떳하다, 당당하다는 뜻이다. "떳떳한 덕(德)을 행하고 떳떳한 말(이라도 그것)을 삼가는 가운데, 부족한 점이 있으면 감히 힘쓰지 아니하는 바가 없어야 하고, 남는 바가 있으면 감히 다하지 않음으로써 말은 행실을 돌아보게 하고 행실은 말을 돌아보게 해야 한다. (이렇게 한다면) 군자가 어찌 독실하고 또 독실하지[慥慥] 않겠는가?"

여기서 일단 주목해야 할 점은 '떳떳한 덕(德)을 행하고 떳떳한 말을 삼가라'는 대목이다. 특히 '떳떳한 말을 삼가라〔庸言之謹〕'는 부분에서 삼가다〔謹〕를 완전히 금하라는 뜻으로 봐서는 안 된다. 조심하여 공손하게 하라는 정도로 보면 된다. 그런 의미에서는 신중(愼重)에 가깝다. 이 장은『논어』'憲問 4'와 정확히 통한다.

공자는 말했다. "나라에 도가 있을 때는 말이나 행동 모두 당당하게 하고, 나라에 도가 없을 때는 행실은 당당하게 하되 말은 공손하게 해야 한다."

공자가 한 말에는 주어가 빠져 있다. 굳이 집어넣는다면 '군자를 꿈꾸는 선비라면' 정도가 될 듯하다. 여기서 관건이 되는 말은 危다. 危에는 위태롭다, 불안하다, 두려워하다, 해치다, 위독하다 등의 뜻 외에 엄하다, 아슬아슬하게 높다, 바르다 등의 뜻이 있다. 주희는 아슬아슬하게 높다는 뜻의 고준(高峻)으로 풀었다. 그러나 危는 위엄이나 엄격〔厲〕 정도로 옮기거나 당당하게라고 하면 될 듯하다. 즉 '군자를 꿈꾸는 선비라면 나라에 도가 있을 때는 말이나 행동 모두 당당하게 하고, 나라에 도가 없을 때는 행실은 당당하게 하되 말은 공손하게 해야 한다〔邦有道 危言危行 邦無道 危行言孫(遜)〕'로 옮기면 될 듯하다. 당당함〔危〕은 여기서 말하는 용(庸)과 통한다. 그리고 여기서는 그중 후반부만 언급되어 있어 오해의 소지가 있었던 것이다.

윤돈은 이렇게 풀이한다. "군자의 몸가짐은 변할 수 없지만 말에 이르러서는 때로는 감히 다하지 못하여 화(禍)를 피하는 경우가 있다." 화(禍)의 단서는 대개 행동보다는 말에서 싹트기 때문이다. 이에 적합한 예가 바로 '公冶長 1'의 후반부에 언급된 공자의 조카사위 남용(南容)이다.

공자가 또 다른 제자 남용에 대해 평하기를 "나라에 도가 있을 때는 등용될 것이고, 나라에 도가 없을 때는 형벌을 면할 것이다"며 형의 딸을 그에게 시집보냈다.

남용이 바로 "나라에 도가 있을 때는 말이나 행동 모두 당당하게 하고, 나라에 도가 없을 때는 행실은 당당하게 하되 말은 공손하게 했던" 인물이었던 것이다.

제14장

君子素其位而行 不願乎其外 素富貴 行乎富貴 素貧賤 行乎貧賤 素
군자 소 기 위 이 행 불원 호 기 외 소 부귀 행호 부귀 소 빈천 행호 빈천 소

夷狄 行乎夷狄 素患難 行乎患難 君子無入而不自得焉 在上位不陵下 在
이적 행호 이적 소 환난 행호 환난 군자 무입 이부 자득 언 재 상위 불능하 재

下位不援上 正己而不求於人則無怨 上不怨天 下不尤人 故 君子居易以
하위 불 원상 정기 이 불구 어 인 즉 무원 상불 원천 하불 우인 고 군자 거이 이

俟命 小人行險以徼幸
사명 소인 행험 이 요행

子曰 射有似乎君子 失諸正鵠 反求諸其身
자왈 사 유 사 호 군자 실 제 정곡 반구 제 기 신

군자는 그가 처해 있는 위치에 따라서 행하고 그 밖의 것은 행하지
않는다. 부귀에서는 부귀를 행하고 빈천에서는 빈천을 행하고 오랑캐에
서는 오랑캐대로 행하고 환난에서는 환난대로 행하니 군자는 (어느 지
위에) 들어가서 스스로 얻지 못함이 없다. 윗자리에 있으면 아랫사람
을 업신여기지 않고, 아랫자리에 있으면 윗사람을 끌어내리려 하지 않
는다. 자기를 바르게 하고 남에게 구하지 아니하면 곧 원망함이 없을
것이니, 위로는 하늘을 원망하지 아니하며 아래로는 다른 사람을 탓하
지 않는다. 고로 군자는 평탄함에 머물러 천명을 기다리고, 소인은 위
험을 행하여 요행을 구한다.

공자는 말했다. "활쏘기는 군자와 같음이 있으니 저 정곡을 잃으면
(실패의 원인을) 돌이켜 그 자신에서 구한다."

🌸　　　　이번에는 공자의 말이 아니라 공자의 가르침에 대한 자사의 정리로 시작한다. 素는 주희에 따르면 현재 처해 있는 곳이라는
소
뜻이다.

먼저 자사는 "군자는 그가 (현재) 처해 있는 위치에 따라서 행하고 그 밖의 것은 행하지 않는다"고 말한다. 앞 장의 '언고행(言顧行) 행고 언(行顧言)'에 이어지는 내용이다. 『논어』 '憲問' 27, 28, 29를 차례로
헌문
보자. 먼저 '憲問 27'이다.
헌문

　　공자는 말했다. "그 지위에 있지 않으면 정사(政事)를 도모해서는 안 된다."

　　이는 '泰伯 14'에 이미 나온 말이다. 당시 맥락을 잠깐 짚어보자. '泰伯 12'에서 공자는 "삼 년을 배우고 나서도 녹봉에 뜻을 두지 않
태백
는 자를 쉽게 얻지 못하겠다"고 말한다. 그만큼 사람이란 기본적으로 벼슬에 대한 갈망이 클 수밖에 없다. 이어 '泰伯 13'에서 공자는
태백
좀 더 구체적으로 배움과 벼슬길에 나아가는 것의 관계에 대해 이렇게 말한다.

　　"독실하게 믿음을 갖고서 배우기를 좋아하며, 죽음으로써 지켜 도를 잘 닦아 나아가야 한다. 위태로운 나라에는 들어가지 말고, 어지러운 나라에는 살지 말라. 천하에 도(道)가 있으면 나타나고, 도(道)가 없으면 숨어야 한다. 나라에 도가 있을 때에 가난하면서 또 천하기까지 한 것은 부끄러운 일이며, 나라에 도가 없을 때에 부유하면서 또 귀하기까지 한 것도 부끄러운 일이다."

그러고 나서 '泰伯 14'에 바로 이 말이 나온다.
태백

"그 지위에 있지 않으면 그에 해당하는 정사(政事)를 도모하지
않는다."

한마디로 본분에서 벗어나는 말을 해서는 안 된다는 뜻이다. 천
하와 나라에 도(道)가 있어 공직에 나아가면 그에 걸맞은 말을 함
으로써 정사를 도모하는 것이 도리에 맞고, 천하와 나라에 도가 없
어 공직에 나아가지 않을 때는 정사와 관련된 발언을 해서는 안 된
다는 것이다. 그런데 정이천은 한 가지 예외를 덧붙인다. "지위에 있
지 않더라도 군주나 대부가 물으면 대답만 하는 경우는 있다."

그리고 자사의 스승인 증자는 이를 좀 더 구체적으로 풀이한다. 따
라서 자사는 공자와 증자의 말을 하나로 합쳐 그렇게 말했던 것이다.
'憲問 28'이다.
헌문

증자는 말했다. "군자는 생각하는 바가 그 지위를 벗어나서는 안
된다."

방금 한 공자의 발언에 대한 제자 증자의 보충설명이 이어진다.
신중한 언행으로 좋은 평판을 얻었던 증자는 이렇게 말한다. "군자
는 생각하는 바〔思〕가 그 지위를 벗어나서는〔出〕 안 된다." 증자의
사   출
이 말은 공자가 말한 "말이 그 지위를 벗어나서는 안 된다"보다 좀
더 근본적이라 할 수 있다. 생각이 벗어나면 말도 자연스레 벗어날

테고, 생각이 지위를 벗어나지 않으면 말 또한 벗어나지 않을 것이기 때문이다.

순서가 바뀌었지만 '憲問 29'는 앞서 본 제13장과 관련된다.
헌문

　공자는 말했다. "군자는 큰소리치는 것을 부끄러워하고 행실을 말보다 조금 더 나아가도록 처신한다."

　비슷한 맥락에서 공자는 다시 한 번 말과 행동의 관계와 관련하여 군자를 정의한다. 먼저 직역을 하면 "군자는 자신의 말을 부끄러워하고 행실을 말보다 더 한다〔君子恥其言而過其行〕"는 뜻이다. '치기언(恥其言)'은 정확히 '憲問 21'의 '그 말하는 바에 대해 부끄러워
군자 치 기 언 이 과 기 행   헌문
할 줄 모르면 그것을 행하는 것이 어렵다'와 통한다. 말하는 바를 부끄러워한다는 것은 실행할 수 없는 큰소리〔大言〕를 부끄러워한다
대언
는 것이다. '憲問 29'는 '憲問 21'보다 조금 나아간다. 큰소리치는 것
헌문   헌문
을 부끄러워하게 되면 자연스럽게 행실이 말보다 조금 더 나아가도록 처신한다는 것이다.
　기본적으로 『논어』에서 말하는 恥는 말이 행실보다 지나치는 것
치
을 부끄러워하는 것이다. '里仁 22'도 같은 맥락이다.
이인

　공자는 말했다. "옛날에 훌륭한 사람들이 말을 함부로 하지 않았던 것은 몸소 그 말을 실천하지 못하게 되는 것을 부끄러워해서였다."

　'憲問'의 경우 21부터 29까지가 말과 행동, 그리고 지위의 관계에 대
헌문

한 논의라는 점에서 지금 우리의 맥락과 밀접한 연관성을 갖고 있다.

이어 자사는 자신이 했던 말을 직접 상세하게 풀어낸다. 다만 『논어』에서는 지위(地位)를 정사와 결부 지었지만 여기서는 지위를 광범위하게 풀이한다는 점에서 차이가 있다. "부귀에서는 부귀를 행하고 빈천에서는 빈천을 행하고 오랑캐에서는 오랑캐대로 행하고 환난에서는 환난대로 행하니 군자는 (어느 지위에) 들어가서 스스로 얻지 못함이 없다." 어디에 처하건 본분에 맞춰 최선을 다한다는 뜻이다. 『논어』 '子罕 2'는 바로 이를 공자 자신이 보여준다.
_{자한}

달항(達巷)이라는 마을의 어떤 사람이 말했다. "크도다! 공자여! 널리 배웠구나. 하지만 이름을 이룬 바가 없었네."

공자는 이 말을 전해 듣고서 문하의 제자들에게 말했다. "내가 어느 하나에 전념해야 하겠는가? 말 모는 일에 전념해야 하겠는가? 활 쏘는 일에 전념해야 하겠는가? (굳이 하나를 골라야 한다면) 나는 말 모는 일에 전념하겠다."

'爲政 12'에서 공자는 "군자는 그릇이 아니다〔君子 不器〕"라고 말
_{위정}   _{군자 불기}
한다. 군자는 그릇처럼 특정한 한 가지 용도에 국한되지 않는다는 말이다. 따라서 우리는 공자의 반응을 이미 어느 정도까지는 예상할 수 있다. 공자는 두루 갖춘 인물이다. 그런데도 전문성이 부족하다는 지적을 받자 공자는 그 와중에도 겸손한 태도를 잃지 않는다. 말 모는 일은 다른 사람의 아래에서 하는 일이고, 활 쏘는 일은 자신이 직접 하는 것이다. 공자는 둘 중 하나를 선택하라면 말 모는 일을 선택하겠다고 말한다. 이는 공자가 실제로 그렇게 하겠다는 것

이 아니라 마음가짐이 항상 그렇다는 말이다. 여기서도 겸손의 문맥이 은근하게 이어지고 있다.

그러면서 동시에 공자는 설사 자신이 가장 미천한 말 모는 일을 하게 될 경우에라도 얼마 안 가서 그 분야의 최고가 되어 이름을 날리게 될 것임을 시사한다.

이어 이번에는 지위와 관련하여 보다 구체적으로 설명한다. "윗자리에 있으면 아랫사람을 업신여기지 않고, 아랫자리에 있으면 윗사람을 끌어내리려 하지 않는다. 자기를 바르게 하고 남에게 구하지 아니하면 곧 원망함이 없을 것이니, 위로는 하늘을 원망하지 아니하며 아래로는 다른 사람을 탓하지 않는다."

援은 당기다, 잡다, 취하다 등의 뜻을 갖고 있다. 이는 윗사람을 제
_원
대로 모시지 않고 모함이나 질투를 통해 어떻게든 끌어내리려 한다는 뜻이다. 즉 윗사람은 아랫사람을 예(禮)로써 대하고 아랫사람은 윗사람을 충(忠)으로 섬겨야 한다는 말이다.

그 다음 구절은 바로 『논어』 '里仁 12'와 통한다.
_{이인}

공자는 말했다. "자기 이익에 따라서만 행동할 경우 많은 사람들로부터 큰 원망을 듣게 될 것이다."

그리고 전반적인 내용, 그중에서도 특히 후반부와 관련해서는 '憲問 37'이 우리가 논의하는 내용과 겹친다.
_{헌문}

공자는 말했다. "나를 알아주는 이가 아무도 없구나!"

자공이 물었다. "어찌하여 스승님을 알아주는 이가 없다는 것입니까?"

공자는 말했다. "하늘을 원망하지 않았고 다른 사람을 탓하지 않았으며 아래로 인간사를 배우고 위로 하늘의 이치에 이르렀으니, 나를 알아주는 것은 바로 하늘뿐일 것이다."

공자는 탄식하듯 말한다. "나를 알아주는 이가 아무도 없구나!" 공자는 왜 이런 말을 했을까? 공자는 항상 "남이 나를 알아주지 못함을 걱정하지 말고 내가 남을 모르는 것을 걱정하라!"고 하지 않았는가?

당연히 제자들은 궁금증을 느낄 수밖에 없다. 그중 명민한 자공이 질문을 던진다. "어찌하여 스승님을 알아주는 이가 없다는 것입니까?" 자공은 공자로부터 남을 평하고 비교하기〔方人〕를 좋아한다
_{방인}
고 해서 지적을 받았던 인물이다. 따라서 자공으로서는 스승인 공자가 "나를 알아주는 이가 아무도 없구나!"라고 했을 때 은근히 "선생님도 누가 알아주기를 원합니까?"라고 묻고 싶었던 것이다.

이에 대한 공자의 대답은 다분히 추상적이다. "하늘을 원망〔怨〕
하지 않았고 다른 사람을 탓하지〔尤〕 않았으며 아래로 인간사(人間事)를 배우고 위로 하늘의 이치〔天理〕에 이르렀으니, 나를 알아주는 것은 바로 하늘뿐일 것이다〔不怨天 不尤人 下學而上達 知我者 其天乎〕." 그렇다. 공자가 50세에 이르렀다는 지천명(知天命)은 바로 이를 말한다.

"나를 알아주는 이가 아무도 없구나!"라는 공자의 탄식은 나를 알아달라는 뜻이 아니라 마침내 자신에게 주어진 천명(天命)을 알

게 되었다는 뜻이다.

자사는 이렇게 결론을 내린다. "군자는 평탄함에 머물러 천명을 기다리고, 소인은 위험을 행하여 요행을 구한다." 이에 대해서는 주희의 도움이 필요하다. "이(易)는 평지다. 평지(평탄함)에 거한다는 것은 현재 위치에 따라 행하는 것이요, 명을 기다린다는 것은 밖의 것을 원하지 않는 것이다. 요(徼)는 구함이고 행(幸)은 마땅히 얻어서는 안 될 것을 얻는 것을 말한다."

이렇게 말한 다음 자사는 공자의 말을 인용하여 결론을 내린다. "활쏘기는 군자와 같음이 있으니 저 정곡을 잃으면 (실패의 원인을) 돌이켜 그 자신에서 구한다." 이와 관련해서는 『논어』의 '八佾 16'을
팔일
살펴보는 것이 결정적이다.

공자는 말했다. "(주나라 때의) 활쏘기는 가죽 뚫기로 승부를 가리지 않았다. 왜냐하면 힘이 사람마다 다 달랐기 때문이다. 이것이 옛날의 활 쏘는 예법이다."

이에 대해서는 주희의 설명이 분명하다. 옛날, 즉 주나라 때는 활쏘기가 덕행을 관찰하는 하나의 방법이었다. 활쏘기도 일종의 예(禮)였다는 말이다. 『예기(禮記)』에도 '射者所以觀盛德也'라는 구절
사자 소이 관 성덕 야
이 있다. 활쏘기라는 것은 덕이 성한지를 관찰하는 방법이라는 것이다. 그 후에도 활쏘기를 관덕(觀德)이라고 부르는 것도 그 때문이다. 그래서 제주도를 비롯한 국내 곳곳의 관덕정(觀德亭)은 대부분 활터이다. 문무를 함께 단련하는, 관덕으로서의 활쏘기는 힘자랑

이 아니라 마음가짐의 경쟁이었다. 즉 가죽을 관통하는지의 여부가 아니라 가죽과녁의 정중앙, 즉 정곡(正鵠)에 적중(的中)시키는지의 여부로만 승부를 가렸다. 그리고 '憲問 35'도 같은 맥락에서 풀이할 수 있다.

헌문

공자는 말했다. "우리가 어떤 말을 준마(駿馬)라고 부르는 것은 그 힘을 지칭해서가 아니라 그 다움을 지칭해서다."

이 또한 힘센 말이 준마가 아니라 사람과의 호흡이 일치하는 말이 준마라는 것이다. 따라서 정곡을 잃었다는 말은 활쏘기의 덕(德, 다움)을 잃었다는 뜻이며, 그것은 우리가 힘을 키운다고 해서가 아니라 더욱 집중력을 높임으로써 개선될 수 있다. "(실패의 원인을) 돌이켜 그 자신에서 구한다"는 것은 바로 그런 의미다. 자신의 모자란 다움(德)을 더 높이고 쌓으려고 늘 애써야 한다는 말이다.

덕

제15장

君子之道 辟如行遠必自邇 辟如登高必自卑
군자지도 비여 행원 필 자 이 비여 등고 필 자 비

詩曰 妻子好合 如鼓瑟琴 兄弟旣翕 和樂且耽 宜爾室家 樂爾妻帑
시왈 처자 호합 여고 슬금 형제 기흡 화락 차 탐 의 이 실가 낙 이 처 노

子曰 父母其順矣乎
자왈 부모 기 순 의 호

군자의 도리란 비유해서 말하자면 멀리 여행을 하려 할 때는 반드시 가까운 곳부터 시작하는 것과 같고, 높은 곳을 오르려고 할 때 반드시 낮은 데서부터 시작하는 것과 같다.

『시경』에 이르기를 '처자식과 좋아서 화합하니 비파와 거문고를 타는 듯하고, 형제들과는 이미 하나가 되니 화락하며 즐긴다. 너의 집안을 마땅하게 하고, 너의 처자식을 즐겁게 하라!'고 하였다.

공자는 말했다. "(이렇게 하면) 너의 부모는 아마도 평안하실 것이다."

瑟琴 혹은 琴瑟은 흔히 부부 사이가 좋을 때 쓰이지만 넓은 의미에서 서로 화음을 이루듯 조화롭다는 뜻이기 때문에 여기서는 처자식과의 사이에도 사용됐다.

翕 또한 화합하다 조화롭다는 뜻이다. 이 단어는 중요하기 때문에 『논어』에서 관련구절을 살펴볼 필요가 있다. '八佾 23'이다.

공자는 노나라 태사에게 음악에 관해 말했다. "음악은 알 수 있는

것이다. 처음 시작할 때는 합하고〔翕〕 이어 조화시키고〔純〕 이어 각자가 살아나게〔皦〕 한 다음에 다시 모아들임〔繹〕으로써 음악은 완성된다."

공자의 말은 翕, 純, 皦, 繹 네 자만 알면 정확히 이해할 수 있다. 이 네 가지는 글의 구성을 이야기할 때 필수적인 기승전결(起承轉結)과 비슷한 것이다. 하나의 음악이 완결성을 갖추려면 이 네 가지는 필수적이다.

翕은 글자 모양 그대로 새가 날아오르다, 합하다, 화합하다, 많은 것이 한꺼번에 일어나다 등의 뜻을 갖고 있다. 대중들의 의사가 하나로 휩쓸리는 모양을 흡연(翕然)이라고 한다. 음악을 시작하며 다양한 요소들을 일단 한곳으로 모으는 단계라고 할 수 있다. 그 다음에는 순(純)과 교(皦)가 이어진다. 여기서의 純을 주희는 화(和)로 풀이한다. 이질적인 것들이 일단 한데 모였으니〔翕〕 이제 그것들을 조금씩 조화시켜가는 것이다. 문장에서 기(起)와 승(承)의 관계와 통한다.

皦는 원래 밝다, 깨끗이 나뉘다 등의 뜻을 갖고 있다. 純과 皦는 '화이부동(和而不同)'과 상통한다. 서로 조화를 이루면서도 각각의 개성이 살아 있다는 뜻이다. 그리고 끝으로 역(繹)이다. 繹은 풀어내다, 다스리다, 연결하다 등의 뜻을 갖고 있다. 이질적인 것들이 모여 조화를 이루고 다시 그것들이 조화 속에서도 개성이 살아 움직이다가 끝에 가서는 다시 하나로 엮인다는 뜻이다. 이렇게 하면 하나의 악장이 마무리〔成〕된다. 이런 점을 정확히 이해하고서 음악을 들을 때라야 '泰伯 8'에서 말한 "악에서 (어짊이) 이루어진다〔成於

184__

樂)"의 의미를 제대로 알 수 있다.
_악

耽은 즐기다, 爾는 너, 그리고 帑는 孥와 같은 뜻으로 자식을 의미
_탐　　　　　_이　　　　　_노
한다. 금고를 의미할 때 帑는 '탕'으로 읽는다. 궁중의 비자금을 뜻하
는 내탕금(內帑金)이 바로 그런 용법이다.

　결국 거창한 도를 이야기하기에 앞서 형제와 처자식에게 잘한다면
집안은 절로 다스려질 것이고, 이는 무엇보다 그 부모가 좋아할 것이
라는 뜻이다. 여기서 其는 乎와 어우러져 긍정적 의미에서 '아마도'를
　　　　　　　　_기　_호
뜻한다.

제16장

子曰 鬼神之爲德 其盛矣乎 視之而弗見 聽之而弗聞 體物而不可遺 使
자왈 귀신 지 위덕 기 성 의 호 시 지 이 불견 청 지 이 불문 체 물 이 불가 유 사

天下之人齊明盛服 以承祭祀 洋洋乎如在其上 如在其左右 詩曰 神之格
천하지인 재 명 성 복 이 승 제사 양 양 호 여 재 기 상 여 재 기 좌우 시왈 신 지 격

思 不可度思 矧可射思 夫微之顯 誠之不可揜 如此夫
사 불가 탁 사 신 가역 사 부 미 지 현 성 지 불가 엄 여차 부

공자는 말했다. "귀신(鬼神)이 (귀신)다움〔德〕을 이루는 것은 아마 성대하다고 할 것이다! (귀신은) 보려 해도 보이지 않으며 들으려 해도 들리지 않지만 이미 사물 속에 체화(體化)되어 있어 떼내어 버리는 것이 불가능하다. (귀신의 덕은) 세상 사람들로 하여금 재계(齋戒)하게 하고 (몸과 마음을) 깨끗이 하게 하며 제복을 제대로 갖추게 하여 그로써 제사를 받들게 하는도다! (그리하여 귀신은) 의기양양하게 제사 지내는 곳의 위에 있는 듯하고 또 제사 지내는 곳의 좌우에 있는 듯하다. 『시경』에 이르기를 '귀신이 강림하는 것은 헤아릴 수 없는데 하물며 싫어할 수 있겠는가?'라고 했다. 이는 무릇 은미함이 나타나는 것이니, 열렬함을 가릴 수 없음이 바로 이와 같다고 할 것이다."

여기서는 전체가 공자의 말이다. 먼저 공자는 말한다. "귀신(鬼神)이 다움〔德〕을 이루는 것은 아마 성대하다고 할 것이다!" 이것이 무슨 말인가? 그에 앞서 이 장은 제15장과 대비되는 내용이라는 점을 염두에 둘 필요가 있다. 앞 장에서는 가장 가까운 것에서의

도(道)를 이야기했다면 이 장에서는 성인(聖人)도 쉽게 감지하기 힘든 은미한 도를 이야기하기 때문이다. 귀신(鬼神)이 등장한 것도 그 때문이다.

그러면 귀신은 무얼 말하는가? 이런저런 풀이들이 있지만 이 또한 『논어』의 도움을 받는 것이 가장 믿을 만하다. 먼저 '先進 11'부터 보자.
선진

> 계로가 공자에게 귀신을 섬기는 것에 대해 묻자 공자는 이렇게 말했다. "사람을 제대로 섬길 수 없다면 어찌 귀신을 능히 섬기겠는가?"
>
> 계로가 "감히 죽음에 대해 묻겠습니다"고 하자 공자는 이렇게 말했다. "삶을 모르는데 어떻게 죽음을 알겠는가?"

계로(季路)는 자로(子路)를 말한다. 계로의 물음에 공자는 이렇게 답한다. "사람을 제대로 섬길 수 없다면 어찌 귀신을 능히 섬기겠는가?" 여기서 귀신이란 죽은 자를 말한다. 따라서 귀신을 섬긴다는 것은 제사를 모시는 것이다. 공자의 말뜻은 살아 있는 사람을 정성과 공경으로 모시지 못하면서 어찌 죽은 귀신을 정성과 공경으로 모시겠는가라는 반문이다.

이에 계로는 뭔가 부족하다고 생각했는지 평소의 직설적인 성품대로 "감히 죽음에 대해 묻겠습니다"고 말한다. 생과 사의 문제를 질문한 것이다. 이에 공자는 앞과 같은 맥락에서 이렇게 답한다. "삶을 모르는데 어떻게 죽음을 알겠는가?"

이에 대해서는 주희가 명석한 풀이를 하고 있다. "귀신을 섬김을 물은 것은 제사를 받드는 바의 뜻을 구한 것이요, 죽음은 사람에게 반드시 있는 것이니 알지 않으면 안 되니, 이는 모두 절실한 질문들이다. 그러나 정성과 공경이 사람을 섬기는 데 충분하지 못하면 반드시 귀신을 섬기지 못할 것이고, 처음을 더듬어 찾아 삶의 원리를 알지 못하면 끝을 돌이켜서 죽음의 원리를 알지 못할 것이다. 저승과 이승, 생과 사는 애당초 두 이치가 없으나 다만 배움에는 순서가 있어서 등급을 뛰어넘을 수 없다. 그러므로 공자께서 이와 같이 말씀해 주신 것이다."

여기서는 귀신이 어떤 존재라는 설명은 없다. 다만 죽은 자의 세계를 주재하는 자라는 정도의 의미는 추출해 낼 수 있다. '雍也 20'에서는 이렇게 말한다.
_{용야}

　번지가 안다는 것에 대해 묻자 공자는 말했다. "사람이라면 마땅히 지켜야 할 바에 힘쓰고, 귀신의 존재는 공경하는 마음으로 인정하면서도 그 실체를 알려고 애쓰지는 않는다면 인간사를 아는 경지에 이르렀다고 할 수 있다."

　귀신에 대한 인간의 태도가 어떠해야 하는지를 말하고 있다. 또 '泰伯 21'에서 공자는 이렇게 말한다.
_{태백}

　"우임금은 내가 흠 잡을 데가 전혀 없으시다. 음식을 간소하게 하시면서도 (제사 때에는) 귀신에게 지극 정성을 다하셨다."

『논어』에서 얻을 수 있는 도움은 여기까지다. 귀신(鬼神)에 대한 직접적인 정의는 사실상 불가능하다. 그러나 귀신의 여러 면모들에 대한 풀이가 곧바로 이어진다.

공자는 말한다. "(귀신은) 보려 해도 보이지 않으며 들으려 해도 들리지 않지만 이미 사물 속에 체화(體化)되어 있어 떼내어 버리는 것이 불가능하다." 말 그대로다. 이미 천지만물에 작용을 가하고 있지만 눈에 보이지 않고 귀에 들리지 않는다. 만일 어떤 사물에서 귀신을 떼내어 버리면 그 사물은 더 이상 그 사물로 존재할 수 없다. 귀신은 그런 식으로 만물에 작용하여 자신의 귀신다움〔德〕을 이루고 있다는 것이다. 앞서 제12장에서 보았던 '비이은(費而隱)'을 떠올리면 쉽게 이해할 수 있다.

공자의 말이 이어진다. "(귀신의 덕은) 세상 사람들로 하여금 재계(齋戒)하게 하고 (몸과 마음을) 깨끗이 하게 하며 제복을 제대로 갖추게 하여 그로써 제사를 받들게 하는도다! (그리하여 귀신은) 의기양양하게 제사 지내는 곳의 위에 있는 듯하고 또 제사 지내는 곳의 좌우에 있는 듯하다." 이런 귀신의 귀신다움을 받아들이는 사람과 그렇지 않은 사람의 태도는 확연히 다르다. '八佾 12'에서는 제사에 임하는 공자의 삼가는 모습을 볼 수 있다.

제사를 지낼 적에는 (선조가) 계신 듯이 하였으며, 신을 제사 지낼 적에는 신이 계신 듯이 하였다.

공자의 말에 대한 풀이로 딱 맞아떨어진다. 이어 공자는 『시경』을 인용한다. "『시경』에 이르기를 '귀신이 강림하는 것은 헤아릴 수 없는데 하물며 싫어할 수 있겠는가?'라고 했다." 格은 이르다〔至〕는 뜻이고, 세 차례 나오는 思는 특별한 의미가 없는 어조사다. 矧은 하물며

라는 뜻이고, 射는 여기서 쏘다가 아니라 싫어하다는 뜻이다. 앞서
말한 대로 귀신은 만물에 체화되어 있지만 그것이 만물에 강림한 것
을 알기는 어렵다. 그런데도 공자는 마치 귀신이 임해 있는 듯이 공경
하고 또 공경하였다. 그런데 어찌 귀신을 싫어하여 공경하지 않을 수
있겠는가라는 뜻이다.

　이 시의 의미를 공자는 이렇게 요약한다. "이는 무릇 은미함이 나타
나는 것이니, 열렬함〔誠〕을 가릴 수 없음이 바로 이와 같다고 할 것이
다." 지극 정성을 다하면 제 아무리 은미하여 숨어 있다 하여도 결국
은 (귀신의 덕을) 알아낼 수 있다는 것이다. 귀신의 덕을 알아차린다
는 것은 간접적으로나마 귀신의 존재에 대해 알게 되는 것이다. 그리
고 그런 귀신 내지 귀신의 작용〔德〕은 앞서 말했던 군자의 지극한 도
와 통한다.

　여기서 우리는 주희의 풀이 한 가지를 참고할 필요가 있다. 앞의 제
13장, 제14장, 제15장은 '비이은(費而隱)' 중에서 費의 작은 것〔小〕으로
써 말한 것이고, 뒤의 제17장, 제18장, 제19장은 費의 큰 것〔大〕으로써
말한 것이며, 바로 이 제16장은 費와 隱을 겸하면서 동시에 큰 것과
작은 것도 함께 포괄적으로 말하고 있다는 것이다. 유용한 지침이다.

　『중용』이라는 책은 중용(中庸) 못지 않게 성(誠)에 관한 이야기라고
해도 과언이 아니다. 그 성(誠)이 이제야 등장했다. 특히 귀신이 아무
리 은미하더라도 결국 열렬함〔誠〕이 극에 이를 경우〔至誠〕 그 작용이
나 권능은 숨길 수 없다는 것이다. 誠은 『논어』에서 공자가 말하는 애
씀〔文〕, 문질(文質)의 문(文)과 바로 통한다. '雍也 16'에서 문질의 문
제가 나오기 때문에 이에 관한 풀이를 함께 참조하면 文이 왜 誠과
직접 연결되는지를 알 수 있다.

공자는 말했다. "바탕이 꾸밈을 이기면 거칠고 꾸밈이 바탕을 이기면 번지레하니, 바탕과 꾸밈이 잘 어우러진 뒤에야 군자가 될 수 있다."

공자는 여기서 사람됨의 바탕[質]과 겉으로 드러난 면[文]을 비교하면서 군자를 정의한다. 공자는 質이 文보다 앞서면 거칠고[野] 文이 質을 누르면 번지레하다[史]고 말한다. 예를 들어 배우지 않고서도 선천적으로 어질고 선한 사람이 있다면 그는 촌스러운[野] 사람이다. 공자는 이런 사람일수록 배움이 더해져야 한다고 본다. 만일 이런 사람이 타고나기를 어질고 선하다고 하여 배우지 않는다면 결코 군자에 이를 수 없다. '學而 6'은 바로 이 점을 말한 것이었다.

공자는 말했다. "어린 사람들은 집에 들어오면 효도하고 밖에 나가면 공순하며, 행실을 삼가고 말에는 믿음이 담겨야 하며, 널리 사람들을 사랑하되 어진 이를 가까이 (하는 것을 배우려) 해야 한다. 이런 일들을 몸소 익혀 행하면서도 남은 힘이 있거든 그때 가서 문(文-애씀)을 배우도록 하라."

이 맥락에서 보면 '글을 배우도록 하라'보다는 문질(文質)의 맥락에서 말 그대로 '문(文)을 배우도록 하라'고 하는 게 더 적합한 듯하다. 공자가 말한 첫 문장이야말로 말 그대로 인간의 바탕[質]을 구체적으로 설명하는 대목이기 때문에 질(質)이 갖춰진 다음에 문(文)을 배우라는 뜻으로 볼 수 있다.

'學而 7'은 문(文)을 배워 익힌[學而時習] 사람의 모습이 어떠한 것인지를 보여주는 장으로 풀이할 수 있다.

　자하는 말했다. "어진 이를 어질게 여기기를 여색(女色)을 좋아하는 마음과 바꿔서 하고, 부모 섬기기를 기꺼이 온 힘을 다하며, 임금 섬기기를 기꺼이 온몸을 다 바쳐 하고, 벗과 사귀기를 일단 말을 하면 반드시 책임을 져 믿음을 주는 식으로 하는 사람이 있다면 그 사람이 비록 배우지 않았더라도 나는 반드시 그 사람이 (이미 문을) 배웠다고 말할 것이다."

　이중에서 '여색을 좋아하는 마음과 바꿔서 하고', '기꺼이 온 힘을 다하며', '기꺼이 온몸을 다 바쳐 하고', '반드시 책임을 져 믿음을 주는 식으로 하는' 등이 바로 문(文)이며 또한 성(誠)에 해당한다. 결국 '學而' 6과 7은 합쳐서 이미 질(質)과 문(文)을 알기 쉽게 설명해
학이
놓았던 것이다. 『논어』 편찬자의 치밀함에 다시 한 번 놀랄 뿐이다.
　'顔淵 8'에서는 문질(文質)의 문제를 보다 상세하게 다룬다.
안연

　극자성이 말했다. "군자라면 바탕만을 중시하면 되지 꾸밈은 어디에 쓰겠는가?"
　이에 자공이 말했다. "안타깝구나! 그대의 말이 군자답기는 하나 말조심하는 게 좋을 듯하다. 꾸밈은 바탕과 같고 바탕은 꾸밈과 같으니 호랑이나 표범의 생가죽이 개나 양의 생가죽과 같은 것이다."

　위(衛)나라 대부 극자성은 노골적으로 바탕[質]만을 강조한다.
질
'雍也 1'에서 보았던 자상백자와 같은 주장이다. 그러나 공자는 질
옹야

(質)이 문(文)과 잘 어우러져야 군자가 될 수 있다고 보았다.

문질(文質)이라는 척도는 사람을 판단할 때뿐만 아니라 사물을 판단할 때도 핵심적인 역할을 한다. 예를 들면 인(仁)이 질(質)이면 예(禮), 악(樂)은 문(文)이 된다. 그리고 예만 놓고 볼 때는 정성스러운 마음이 질(質)이라면 격식은 문(文)이 된다. 공자는 사람이건 사물이건 문질이 골고루[彬彬] 갖춰져야 가장 바람직하다고 보았지만 빈빈 군이 둘 중 하나를 선택하라면 조금은 질(質)에 우선을 두는 입장이었다. 문질의 틀을 통해 살필 수 있는 구절들은 『논어』에 수없이 많다. 그만큼 중요한 틀이다.

제 17장

子曰 舜其大孝也與 德爲聖人 尊爲天子 富有四海之內 宗廟饗之 子孫
자왈 순기 대효 야여 덕위 성인 존위 천자 부유 사해지내 종묘 향지 자손

保之 故 大德必得其位 必得其祿 必得其名 必得其壽 故 天之生物 必因
보지 고 대덕 필득 기위 필득 기록 필득 기명 필득 기수 고 천지 생물 필인

其材而篤焉 故 栽者培之 傾者覆之 詩曰 嘉樂君子 憲憲(顯顯)令德 宜民
기재 이 독 언 고 재자 배지 경자 복지 시왈 가락 군자 헌헌 현현 영덕 의민

宜人 受祿于天 保佑命之 自天申之 故 大德者 必受命
의인 수록 우천 보우 명지 자천 신지 고 대덕자 필 수명

공자는 말했다. "순임금은 아마도 큰 효심을 가졌던 분이라 할 수 있을 것이다. (임금)다움[德]은 성인(聖人)의 경지에 올랐고, 그 존귀함은 천자(天子)에 이르렀으며, 그 부는 사해(四海) 안의 모든 것을 소유하여 (죽은 뒤에는) 종묘의 제사를 받았고 자손들도 그 제사를 대대로 이어갈 수 있었다. 바로 그렇기 때문에 (순임금처럼) 큰 다움을 닦으면 반드시 그에 어울리는 지위를 얻을 것이고, 반드시 그에 어울리는 작록(爵祿)을 얻을 것이며, 반드시 그에 어울리는 이름을 얻고, 반드시 그에 어울리는 수명을 얻는다. 또 바로 그렇기 때문에 하늘이 사물이나 사람을 낼 때는 반드시 그 바탕과 재질에 맞춰 돈독하게 해준다. 그래서 (하늘은) 심은 것을 (잘 자라도록) 북돋워주고, 기울어진 것은 엎어버린다. 『시경』에 이르기를 '아름답고 화락한 군자여! 그 훌륭한 다움이 빛나게 드러나는도다! 백성들에게 화순하게 하고 관리들에게도 화순하게 하는구나. 작록은 하늘로부터 받거늘 하늘이 돕고 도와서 명(命)을 내리고 하늘로부터 거듭 돌봄을 받는구나!'라고 하였다. 그래서 큰 다움을 쌓는 사람은 반드시 (하늘로부터) 명을 받게 된다."

여기서도 其는 '그' 기가 아니다. 제6장에서 본 것과 마찬가지로 '其~與'의 문장 구조이므로 其는 아마도, 與는 ~일 것이다로 풀어야 한다. 그러므로 첫 문장을 기존 해설서들처럼 '순임금은 그 대효이구나!' 식으로 번역하는 것은 한마디로 오역이다. 그것으로 인해 생겨나는 문제는 제6장에서 자세히 살펴보았기 때문에 더 이상 언급하지 않겠다. 참고로 김용옥은 "순임금은 진실로 대효이시로다!"로 옮기고 있는데 이 또한 오역이다. 其를 '진실로'로 번역한 듯한데, 그렇게 하면 이 장 전체의 문맥을 놓치게 된다.

공자는 말한다. "순임금은 아마도 큰 효심을 가졌던 분〔大孝〕이라 할 수 있을 것이다." 제6장과 마찬가지로 공자는 이렇게 추정(推定)을 한다. 따라서 이어지는 문장은 이런 추정의 근거를 제시한 것이 된다.

공자는 그 근거를 이렇게 말한다. "그 다움〔德〕은 성인(聖人)의 경지에 올랐고, 그 존귀함은 천자(天子)에 이르렀으며, 그 부는 사해(四海) 안의 모든 것을 소유하여 (죽은 뒤에는) 종묘의 제사를 받았고 자손들도 그 제사를 대대로 이어갈 수 있었다." 여기서 핵심은 다움〔德〕이다. 나머지 존귀함〔尊〕이나 부유함〔富〕은 부차적인 것이다.

이런 천복(天福)을 누릴 수 있었던 것은 한마디로 순임금이 큰 효심을 갖고 있었기 때문이라고도 할 수 있다. 이 점을 좀 더 정확히 이해하려면 순임금의 불행했던 가족사를 살필 필요가 있다. 그래야 굳이 요임금도 우(禹)임금도 아닌, 순임금을 대효(大孝)라고 해서 이렇게 높이 찬양한 이유를 알 수 있다.

사마천(司馬遷)의 『사기(史記)』에 의하면, 순임금은 전욱(顓頊)의 6세손으로 그의 아버지 고수(瞽瞍)는 장님이었다. 일설에 따르면 실제 장님이라기보다는 하는 짓이 하도 포악스럽고 무지해 눈 뜬 장님과 같다고 해서 그렇게 표현했다고도 한다. 순(舜)이 어린 나이에 어머니가 죽자 아버지는 후처를 얻었다. 순은 계모와 이복동생 상(象)의 미움을 사 여러 가지 방법으로 살해 당할 뻔했지만 이를 슬기롭게 극복하며 효를 다하였다.

당시 임금이던 요(堯)는 순의 평판을 듣고 자신의 두 딸인 아황(娥皇)과 여영(女英)을 순에게 출가시키고 그를 등용하였다. 요임금이 두 딸을 준 이유는 자매의 갈등을 어떻게 다스리는지를 살펴 왕위를 전할지를 결정하기 위함이었다. 순이 가정을 잘 다스리자 일단 권한을 넘겨 섭정(攝政)토록 하였다. 요가 죽자 순은 요의 아들 단주(丹朱)를 즉위시키려 하였으나 천하의 인심이 이미 순에게 기울어졌기 때문에 마침내 순이 제위에 올랐다. 요와 마찬가지로 순이 통치하였던 치세에도 태평성대를 누렸으며 치수사업을 성공시켜 홍수 피해를 막았다. 순에게는 상균(商均)이라는 아들이 있었으나 현명하지 못하였기에 순은 아들에게 제위를 물려주지 않고 치수사업에 공적이 큰 우(禹)에게 이양하였다. 연이은 현자 선발에 의한 선위(禪位)였다. 그 후 순은 지방을 순행하다가 병을 얻어 죽었다고 한다. 만일 순이 무리하게 능력이 모자란 아들에게 왕위를 넘겼다면 권력은 다른 데로 넘어가 순임금도 종묘의 제향을 받지 못했을 것이고, 아들 손자들도 제사를 보존하지 못했을 것이다. 공자의 말은 바로 이런 내용을 담고 있다.

이어 공자는 순임금의 사례를 바탕으로 다음과 같은 일반적인 명제를 얻어낸다. "바로 그렇기 때문에 큰 다움〔大德〕을 닦으면 반드시 그에 어울리는 지위를 얻을 것이고, 반드시 그에 어울리는 작록(爵祿)을 얻을 것이며, 반드시 그에 어울리는 이름을 얻고, 반드시 그에 어울리는 수명〔壽〕을 얻는다." 여기서도 다움〔德〕이 핵심이다. 나머지는

다 절로 따라온다는 것이다.

공자는 그 이유를 다시 한 번 설명한다. "바로 그렇기 때문에 하늘이 사물이나 사람을 낼 때는 반드시 그 바탕과 재질에 맞춰 돈독하게 한다. 그래서 (하늘은) 심은 것은 북돋워주고 기울어진 것은 엎어버린다." 북돋는다는 것은 다움[德]을 닦아 키워가는 것이고, 엎어버린다는 것은 덕(德)을 닦는 것을 포기하고 고집불통[固]이나 자포자기(自暴自棄)에 머무는 것들에게는 단죄를 한다는 것이다.

이번에도 공자는 그에 어울리는 『시경』 '大雅 假樂' 편의 구절을 인용한다. 『시경』에 이르기를 '아름답고 화락한 군자여! 그 훌륭한 다움[令德]이 빛나게 드러나는도다! 백성들에게 화순하게 하고 관리들에게도 화순하게 하는구나. 작록은 하늘로부터 받거늘 하늘이 돕고 도와서 명(命)을 내리고 하늘로부터 거듭 돌봄을 받는구나!'라고 하였다."

군자의 군자다움[德]은 하늘의 명, 즉 천명(天命)과 연결되어 있다는 말이다. 이와 관련해서는 『논어』 '季氏 8'을 참조할 만하다.

공자는 말했다. "군자에게는 두려워해야 할 세 가지가 있다. 천명을 두려워해야 하고, 대인을 두려워해야 하고, 성인의 말씀을 두려워해야 한다. 소인은 천명을 알지 못하기 때문에 천명을 두려워하지 않는다. 게다가 대인을 (알아보지 못하고) 함부로 대하며 성인의 말씀을 우습게 여긴다."

이 또한 군자가 군자다움[德]을 닦고 쌓아가는 길이다. 여기서 공자는 군자라면 마땅히 두려워해야 할 세 가지를 말한다. "천명(天

命)을 두려워해야 하고, 대인(大人)을 두려워해야 하고, 성인(聖人)의 말씀을 두려워해야 한다." 그런데 앞의 장들과 달리 여기서는 소인(小人)을 등장시켜 약간의 보충설명을 가한다. "소인은 천명을 알지 못하기 때문에 천명을 두려워하지 않는다. 게다가 대인을 (알아보지 못하고) 함부로 대하며 성인의 말씀을 우습게 여긴다."

먼저 '외천명(畏天命)'을 살펴보자. 畏란 두려워하는 것이다. 이는 곧 '爲政 4'의 지천명(知天命)과 통한다. 천명을 안다는 것은 곧 천명을 두려워하는 것이다. 그 역도 마찬가지다. 천명이란 "(하늘의) 도를 따르면 길하고 도를 거스르면 흉하다"는 것이다.

정약용은 대인(大人)을 '군주'라고 보았다. 그리고 압대인(狎大人)에 대해서는 "총애를 받는 신하는 천지의 분수를 망각하기 때문에 버릇없이 친압하게 되는 것이다"고 풀이한다. 또 소인들이 성인의 말씀을 우습게 여기는 이유에 대해서는 "성인의 상서롭고 재앙이 되는 경계의 말은 반드시 오랜 뒤에 징험이 되기 때문에 소인이 이를 업신여기게 된다"고 풀이한다.

이 장의 총괄적인 내용설명도 정약용의 풀이가 정곡을 찌른다. "하늘이 내리는 재앙〔天命〕과 임금이 내리는 벌〔大人〕에서 그 구별되는 점은 은미하여 드러나지 않는 것과 환히 드러나는 것뿐이다. 그렇지 않다면 화(禍)와 재앙이 사람에게 와서 미치는 것은 거의 차이가 없기 때문에, 공자가 이를 같이 보고 다 함께 두려워할 만하다고 한 것이다. 천지신명의 마음과 인사성패(人事成敗)의 진리는 (소인은) 진실로 볼 수 없고, 오직 성인만이 이를 볼 수 있다. 성인이란 보통 사람이 보지 못하는 것을 보기 때문에 성인의 말은 또한 두려워할 만한 것이다."

정약용의 풀이를 보면 다시 '비이은(費而隱)'을 떠올리게 된다. 이제 공자는 이 장의 최종 결론을 내린다. "그래서 큰 다움을 쌓는 사람〔大德者〕은 반드시 (하늘로부터) 명을 받게 된다." 순임금이 바로 그런 경우다.

이 장에서 대효(大孝)의 표상으로서 순임금을 살폈다면 다음 장에서는 근심 없는 이〔無憂者〕의 표상으로서 주나라 문왕(文王)을 살핀다.

제18장

子曰 無憂者 其惟文王乎 以王季爲父 以武王爲子 父作之 子述之 武王
자왈 무우자 기유문왕호 이왕계위부 이무왕위자 부작지 자술지 무왕

纘太王王季文王之緒 壹戎衣而有天下 身不失天下之顯名 尊爲天子 富
찬 태왕 왕계 문왕 지서 일 융의 이유 천하 신 불실 천하 지 현명 존위 천자 부

有四海之內 宗廟饗之 子孫保之 武王末受命 周公 成文武之德 追王太王
유 사해지내 종묘 향지 자손 보지 무왕 말 수명 주공 성 문무지덕 추왕 태왕

王季 上祀先公以天子之禮 斯禮也 達乎諸侯大夫及士庶人 父爲大夫 子
왕계 상사 선공 이 천자지례 사 례야 달호 제후 대부 급사 서인 부위 대부 자

爲士 葬以大夫 祭以士 父爲士 子爲大夫 葬以士 祭以大夫 期之喪 達乎
위사 장이 대부 제이사 부위사 자위 대부 장이사 제이 대부 기지상 달호

大夫 三年之喪 達乎天子 父母之喪 無貴賤一也
대부 삼년지상 달호 천자 부모지상 무 귀천 일 야

공자는 말했다. "근심 없는 이는 아마도 문왕뿐일 것이다. 왕계(王
季)를 아버지로 삼았고 무왕을 아들로 하였으니, 아버지는 대업을 일
으켰고 아들은 그것을 계승하였다. 무왕은 태왕과 왕계와 문왕의 혈통
을 이어, 한 번 군복을 입자 천하를 다스리게 되었다. 몸은 천하에 드러
난 이름을 잃지 않아 그 존귀함은 천자(天子)에 이르렀으며 그 부는 사
해(四海) 안의 모든 것을 소유하여 (죽은 뒤에는) 종묘의 제사를 받았고
자손들도 그 제사를 대대로 이어갈 수 있었다. 말년에 명을 받으시니,
주공이 문왕, 무왕의 덕을 이루시어 태왕과 왕계를 왕(천자)으로 추존
하셨고, 위로는 선공(先公)들을 천자의 예로써 제사 지냈다. 이런 예는
제후와 대부 및 사(士-벼슬하지 못한 선비)와 서민들에게도 통용되니
아버지가 대부이고 아들이 사라면 장례는 대부의 예로 지내고 제사는
사의 예로 하며, (반대로) 아버지가 사이고 자식이 대부라면 장례는 선
비의 예로 지내고 제사는 대부의 예로 했다. 그리고 일년상은 (서민부터

사를 거쳐) 대부에까지 이르고, 삼년상은 (제후로부터) 천자에까지 이르니 부모의 상은 귀천이 없이 똑같았다."

이 장에서도 其는 '그' 기가 아니다. '其~乎'이므로 其는 '아마도'로 풀어야 한다. 먼저 주나라 임금 문왕이 근심이 없는 임금인 이유는 아버지의 왕통을 이었고, 그 왕통을 아들 무왕에게 아무 탈 없이 전해주었기 때문이라는 것이다. 이에 대해서는 별도의 풀이보다는 약간의 역사적 설명이 필요하다.

문왕(文王)의 이름은 창(昌)으로 계력(季歷) 혹은 왕계(王季)의 아들이며, 무왕(武王)의 아버지이다. 문왕은 상(商-은나라)에서 여러 제후들 중의 한 제후로서 크게 덕을 베풀고 강국으로서 이름을 떨친 계(季)의 업을 계승하여, 점차 인근 적국들을 격파하였다. 위수(渭水)를 따라 동진하여 지금의 서안(西安) 남서부 풍읍(豊邑), 즉 호경(鎬京)에 도읍을 정하였다. 상나라의 주왕(紂王)이 산동반도(山東半島)의 동이(東夷) 민족 정벌에 여념이 없는 틈을 타, 인근 제후의 지지를 받아 세력을 길러 황하(黃河)를 따라 동으로 내려가, 화북(華北) 평원으로 진출하였다. 그 도하점(渡河點) 맹진(孟津)을 제압하고, 상나라를 공격할 태세를 정비하였다.

만년에는 위수(渭水)에서 만난 현명한 재상 여상(呂尚-태공망 또는 강태공이라고도 함)의 도움을 받아 덕치(德治)에 힘썼다. 뒤에 상나라로부터 서방 제후의 패자(覇者)로서 서백의 칭호를 사용하도록 허락받았다. 상나라와는 화평주의적 태도를 취하였으며, 우(虞), 예(芮) 등

두 나라의 분쟁을 중재하여 제후들의 신뢰를 얻어 천하 제후들의 대다수가 그를 따랐다. 죽은 뒤 그의 아들 무왕이 상나라를 멸망시키고 주나라를 창건하였으며, 그에게 문왕이라는 시호를 추존하였다. 뒤에 유가(儒家)로부터 이상적인 성천자(聖天子)로서 숭앙을 받았으며, 문왕과 무왕의 덕(德)을 기리는 다수의 시가 『시경』에 수록되어 있다.

공자는 문왕을 숭배의 대상으로 생각했다. 『논어』 '子罕 5'에는 공자가 문왕을 어떻게 생각했는지를 단적으로 보여주는 일화가 나온다.

공자께서 광(匡)이라는 곳에서 두려워하는 마음을 품었다. 그때 공자께서 말했다. "문왕이 이미 세상을 떠나셨으나 문(文)이 이 몸에 있지 않겠는가? 하늘이 아마도 이 문을 없애려 했다면 뒤에 죽는 사람(공자 자신)이 이 문을 체득하지 못했을 것이다. (그런데 이미 나는 이 문을 체득하였으니) 하늘이 이 문을 없애지 않으려 하니 광 땅 사람들이 나를 어찌 하겠는가?"

'子張 22'도 참고할 만하다.

위나라의 공손조가 자공에게 물었다. "공자는 어떻게 배웠는가?"
자공은 다음과 같이 답한다. "문왕과 무왕의 도리는 아직 땅에 떨어지지 않아 사람들에게 (남아) 있다. 어진 자는 그 큰 것을 기억해 알고 있고, 그보다 못한 자도 그 작은 것을 기억해 알고 있어 문왕과 무왕의 도리가 여전히 남아 있으니, 공자께서 어찌 배우지 않으시며 또한 어찌 정해진 스승이 계시겠는가?"

'泰伯 20'에서는 "천하를 삼분(三分)하여 그 둘을 소유하고도 은(殷)나라에 복종하여 섬겼으니, 주나라(문왕)의 덕(德)은 지극한 덕이라고 이를 만하다"고 극찬한다.

그리고 '八佾 20'은 『시경』을 인용하여 문왕의 부부 사이까지 보여준다는 점에서 대단히 중요하다.

공자는 말했다. "『시경』의 '관저(關雎)'는 즐거우면서도 지나치지 않고 슬프면서도 화(和)를 해치지는 않는다."

이 구절은 우선 단어 하나하나부터 쉽지가 않다. 먼저 '관저(關雎)'는 『시경』의 첫 편이다. 관저(關雎)라는 노래는 크게 사구(四句)로 된 한 장과 팔구(八句)로 된 두 장으로 이뤄져 있지만 여기서는 첫 장만 보면 된다.

關關雎鳩 在河之洲 窈窕淑女 君子好逑
관관 저구 재 하지주 요조 숙녀 군자 호구

한문에는 같은 글자를 반복함으로써 어떤 모습을 나타내는 표현들이 있는데, 關關은 서로의 관계가 아주 화목하고 돈독하다는 뜻이다. 특히 남녀, 암수의 좋은 관계에 주로 쓴다. 雎鳩는 물수리라는 새로 왕저(王雎)라고도 한다. 洲는 서울의 여의도처럼 강 안에 있는 땅을 말한다. 窈와 窕는 둘 다 고요하다, 조용하다, 참하다는 뜻이다. 이 또한 글자는 다르지만 뜻이 같기 때문에 關關에 조응하는 반복적인 표현이다. 逑는 짝이나 모으다의 뜻이 있는데 여기서는 짝(couple)을 뜻한다.

일단 시를 풀이하면 '서로 정답고 화목한 물수리가 물 속 섬에 있고/얌전한 숙녀는 군자의 짝이구나' 정도로 볼 수 있다. 이 뜻만 놓고 보면 밋밋하기 그지없는 연시(戀詩)에 불과하다. 그런데『시경집전』에서 주희는 이 시에 나오는 군자는 주나라 문왕이고 숙녀는 그의 배필 사씨(姒氏)라고 하였다. 문왕은 성군(聖君)이지만 사씨도 일찍이 성녀(聖女)라는 평판이 자자했다고 한다. 사씨가 문왕에게 시집올 때 정숙하고 얌전하면서도 왕비로서의 풍모를 갖추고 있어 궁중의 사람들이 바로 이 시를 지어 문왕과 사씨의 부부금슬[夫婦之情]을 찬양했다는 것이다.

이어지는 '즐거우면서도 지나치지 않고 슬프면서도 화(和)를 해치지는 않는다[樂而不淫 哀而不傷]'는 관저(關雎)의 울음소리에 대한 평가인 동시에 문왕 부부가 보여준 모범적인 부부지정(夫婦之情)을 이야기하고 있는 것이다. 즐겁더라도 도에 지나치지 않았고 혹시 슬픈 일이 있더라도 서로 마음을 상할 정도에는 이르지 않았다는 것이다.

이어 무왕으로 넘어간다. 공자는 말한다. "무왕은 태왕과 왕계와 문왕의 혈통을 이어, 한 번 군복을 입자 천하를 다스리게 되었다." 纘은 잇는다, 緒는 실마리나 계통을 뜻한다. 즉 무왕이 태왕(계력의 아버지)과 왕계(계력), 그리고 문왕으로 이어지는 혈통을 이었다는 말이다. 그리고 한 번 군복을 입자 천하를 다스리게 되었다는 말은 무력을 통해 왕권을 장악했다는 말이다. 이에 대해서는 사전적 수준에서나마 약간의 역사적 배경 설명이 필요하다.

무왕의 성(姓)은 희(姬)이고 이름은 발(發)이다. 주 문왕 희창(姬昌)

의 둘째아들이므로 중발(仲發)이라고도 한다. 기원전 1050년 무렵부터 희창의 뒤를 이어 관중(關中) 평야에 중심지를 둔 주족(周族)을 이끌었으며, 서쪽 제후(諸侯)들을 규합해 상을 멸망시키고 주를 건국하였다. 엄밀한 의미에서 주나라의 건국자는 무왕이다.

상나라 말기에 주왕(紂王)은 연못을 술로 채우고 고기를 숲의 나뭇가지에 매달아 놓고 즐긴다는 '주지육림(酒池肉林)'이라는 말이 생길 정도로 사치스럽고 방탕하게 생활했으며, '녹대(鹿臺)'라는 궁궐을 짓느라고 무거운 세금을 부과하여 백성들의 원성도 높았다. 무왕은 상나라를 정벌하라는 희창의 유지(遺志)에 따라 태공망(太公望) 강상(姜尙)과 주공(周公) 희단(姬旦), 소공(召公) 희석(姬奭) 등을 중용(重用)하여 세력을 키웠다. 기원전 1048년 무렵에는 맹진(盟津)에서 800여 제후들의 회맹(會盟)을 이끌며 서쪽의 제후들을 규합하였고, 기원전 1046년에는 부패한 주왕을 토벌한다는 명분을 내세우며 촉(蜀), 강(羌), 무로(髳卢), 팽(彭), 복(濮) 등의 부족과 연합하여 상을 공격하였다. 300승(乘)의 전차(戰車)와 4만 5000명 정도의 병사를 거느린 주군(周軍)은 하남성(河南省)의 목야(牧野)에서 상의 70만 대군과 맞섰는데, 상군(商軍)의 대부분을 구성하고 있던 노예병들의 반란으로 큰 승리를 거두었다. 패배한 주왕은 녹대에서 자살하였고, 상은 주에 점령되어 멸망하였다.

무왕은 지금의 섬서성(陝西省) 서안(西安) 부근인 호경(鎬京)으로 도읍을 옮기고, 아버지인 희창에게 문왕(文王)이라는 시호(諡號)를 올렸다. 그리고 상의 주왕에게 간언(諫言)을 하다 살해된 비간(比干)의 장례를 다시 치르고, 유폐(幽閉)되어 있던 기자(箕子)를 풀어주었다. 그리고 상을 멸망시키는 데 공을 세운 부족이나 공신(功臣)들에게 대규모로 분봉(分封)하여 봉건제도(封建制度)를 실시하였다.

하지만 무왕은 주를 건국한 지 3년 만에 병사하였다. 그 뒤를 이은 아들 성왕(成王)은 아직 나이가 어렸으므로 무왕의 동생인 주공이 섭정(攝政)이 되어 통치하였다. 무왕은 아버지인 문왕과 함께 요(堯)나 순(舜), 하(夏)의 우(禹), 상(商)의 탕왕(湯王)과 더불어 후대에 성왕(聖王)으로 숭앙되었다.

이어 공자는 왕위에 오른 무왕의 덕업을 칭송한다. "몸은 천하에 드러난 이름(顯名)을 잃지 않아 그 존귀함은 천자(天子)에 이르렀으며 그 부는 사해(四海) 안의 모든 것을 소유하여 (죽은 뒤에는) 종묘의 제사를 받았고 자손들도 그 제사를 대대로 이어갈 수 있었다." 여기서 핵심은 그 몸이 천하에 드러난 이름을 잃지 않았다는 말이다. 제17장과 비교하면 이 부분만 다르고 나머지는 똑같다. 즉 그 몸이 이름을 잃지 않았다는 것은 군군(君君), 즉 임금이 임금다웠다는 말이다. 무왕의 경우 임금이 임금다웠기 때문에 천자의 자리를 지키고 부를 소유하고 죽어서도 종묘의 제사를 받고 자손을 길이 보존할 수 있었다는 것이다. 무왕은 그 자신이 임금다웠기에, 즉 군왕의 다움(德)을 잘 지켰기에 칭송받은 것이다.

우선 『논어』에 등장하는 무왕 관련 구절들을 보자. '泰伯 1'은 문왕과 무왕의 집안 내력과 연결된다.

공자는 말했다. "태백은 지덕(至德)한 인물이라고 부를 만하다. 세 번 천하를 사양하고도 백성들이 그 덕을 칭송할 수 없게 하였구나!"

공자는 여기서 태백(泰伯)이란 인물에 대해 한마디로 지극한 덕〔至德〕을 갖춘 인물이라고 평한다. 도대체 그가 어떤 인물이기에 인물평이 인색하기로 정평이 난 공자가 지덕한 인물이라고 평했을까?

주희의 풀이에 따르면 태백은 주나라 태왕(太王, 大王)의 세 아들 중 장남이다. 둘째는 중옹(仲雍), 셋째는 계력(季歷)이다. 주나라는 태왕 때 국력이 강해진 반면 상나라는 쇠락의 길에 접어들고 있었다. 이에 태왕은 상나라를 치려 하였다. 그런데 장남인 태백이 이를 반대했다. 태왕은 셋째 계력의 아들 창(昌)이 군왕의 자질을 갖추었다고 생각해 왕위를 계력에게 넘겨주기로 한다. 이를 알게 된 태백은 아우 중옹과 함께 형만(荊蠻)이란 곳으로 도망을 치고, 왕위는 결국 계력을 거쳐 창에게 이어지게 된다. 그가 바로 문왕(文王)이다. 그리고 문왕의 아들 발(發)이 즉위하여 마침내 상나라를 무너트리고 천하를 소유하니 그가 바로 무왕(武王)이다. 공자가 이상적인 인물로 추앙했던 주공(周公)은 바로 이 무왕의 아우로 무왕이 죽은 후 자신의 조카인 무왕의 아들 성왕(成王)을 도와 주나라 문물의 기반을 닦는다.

이 문맥 안에서 공자가 태백을 지덕하다고 극찬한 이유는 '세 번 천하를 사양했기〔三以天下讓〕' 때문이다. 그 구체적인 내용에 대해서는 이런저런 추정들이 있었지만 자세히 알 길은 없다. 그래서 주희도 풀이에서 두루뭉술하게 "상나라와 주나라의 교체시기를 당하여 진실로 제후들에게 조회를 받고 천하를 소유할 수도 있었는데, 마침내 버리고 취하지 않았다" 정도로만 표현하고 있다. 자기에게 올 수도 있는 왕위를 진심으로 세 번이나 사양했다면, 태백을 지덕하다고 한 공자의 말은 일단 크게 과장된 것은 아니라고 할 수 있다. 관직을 사양하는 것도 쉬운 일이 아닌데 왕위를 사양한다는 것은 평범한 사람으로서는 생각도 할 수 없는 경지인 것이다.

그런데도 사람들은 어떤 이유에서인지 그의 덕을 칭송할 수가 없게 되어버렸다. 그 이유는 주희에 따르면 "태백 스스로 자신의 자취를 민멸(泯滅)시켜 버렸기" 때문이다. 즉 큰 덕을 세 번이나 행하고서도 그 흔적마저 깨끗이 없애버린 태백이야말로 지덕의 표상이라는 것이다. 『논어』의 맥락에서 보자면 자신의 자취를 민멸시켜 버린 것은 남들이 알아주지 않아도 속으로 서운해 하지 않는 군자(君子)의 그것과 일맥상통한다는 점에서 지덕(至德)한 행위라 할 수 있다. 따라서 태백은 두말할 것도 없는 어진 군자요, 지덕자라는 것이다.

그리고 『논어』의 마지막 편인 '堯曰 1'에는 무왕의 모습을 보여주는
_{요왈}
구절들이 등장한다.

주나라에서 크게 하사하신 것이 있으니, 선인(善人)이 이에 부자가 되었다.

이 이야기는 주나라 무왕의 일이다. 주나라 무왕 때 대뢰(大賚)가 있었다는 말인데 뇌(賚) 자가 어렵다. 賚에는 주다, 위로하다, 하사한 물건 등의 뜻이 있지만 일상적으로는 거의 쓰지 않는다. 하사(下賜)하다와 같은 뜻으로 뇌사(賚賜)하다를 썼다고 하는데, 이 또한 거의 사용되지는 않는 말이다.

일단 그 뜻은 임금이 내려주는 물건과 관련이 있다. 따라서 대뢰란 황제나 임금이 내려준 큰 선물이나 하사품을 말한다. 결국 '주유

대뢰(周有大賚)'는 주나라 무왕 때 나라로부터 큰 하사품이 있었다는 말이다. 주희는 그 하사품을 "무왕이 상나라(혹은 은나라)를 이기시고 사해에 크게 내려준 것"이라고 풀이한다.

큰 하사의 결과는 '좋은 사람이 부유하게 되었다'이다. 물론 이를 억지로 해석할 수 없는 것은 아니다. 올바른 정치가 행해지지 않을 때는 좋지 않은 사람들이 힘으로 부유해졌지만, 올바른 정치가 사해에 퍼지면서 마침내 좋은 사람들이 부유하게 되었다고 볼 수 있기 때문이다.

그러면 이것으로 해석은 완성된 것인가? 무왕에 대해 좀 더 살펴보자.

비록 지극히 가까운 친척〔周親〕이 있으나 어진 사람만 못하며, 백성들의 과실은 (그 책임이) 나 한 사람에게 있다.

이는 『서경』 '주서(周書)'에 나오는 말이다. 여기서 周는 至와 같은 뜻으로 지극히라는 의미다. 따라서 周親은 지친(至親)이다. 나라를 유지하는 데 지친의 중요성은 예나 지금이나 현실적으로 강조된다. 그러나 그런 지친들이 (아무리 많이) 있다 하더라도 (나라를 제대로 다스리려면) 어진 사람만 못하다는 것이다. 그리고 백성들에게 과실이 있다면 (그 책임은) 오직 나 한 사람에게 있다는 것이다.

권(權)과 양(量)을 삼가고, 법도를 살피며, 폐지된 관직을 다시 닦으시니, 사방의 정치가 제대로 행해졌다. 멸망한 나라를 일으켜 주고, 끊어진 대를 이어주고, 숨은 사람을 등용하시자 천하의 민심이 돌아왔다.

우선 주희의 뜻풀이부터 보자. "권(權)은 저울추[錘]요 양(量)은 말[斗]과 섬[斛]이다." 요즘 식으로 하면 표준, 도량형이다. 아주 조심스럽게 표준을 사용했다는 것이다. 표준의 조심스러운 사용에 이어 법도(法度)를 세심하게 살폈다. 주희는 법도를 예악과 제도라고 본다. 이어 폐지된 관직을 다시 점검하여 회복하였다. 새로운 나라를 세우는 과정에서 이 세 가지를 차례로 추진하자, 마침내 정사가 정상을 되찾기 시작했다.

통상 새 나라를 세우면 과거의 역사는 지우기가 십상이다. 그러나 무왕은 그렇지 않았다. 주희는 '멸망한 나라를 일으켜주고, 끊어진 대를 이어준다[興滅國 繼絶世]'에 대해 이렇게 풀이한다. "황제(黃帝), 요(堯), 순(舜)과 하(夏), 상(商)의 후손들을 봉해준 것을 이른다." 또 '숨어 지내는 인사를 찾아내어 등용한다[擧逸民]'에 대해서는 "기자(箕子)를 석방시켜 주고, 상용(商容)의 지위를 회복시켜 줌을 이른다"고 풀이했다. 과거 왕조와의 진정한 화해는 세상 사람들이 원하던 바였기 때문에 천하의 백성들이 마음을 돌려 주 왕조를 받들게 되었다는 것이다.

소중히 여겼던 것은 백성의 식량과 상례(喪禮), 그리고 제사(祭祀)였다.

정치를 할 때 무왕이 중하게 여긴 것은 백성의 먹을 것과 상례(喪禮), 그리고 제례(祭禮)였다. 이 구절 또한 『서경』 '무성(武成)'에 나온다.

너그러우면 백성을 얻고, 믿음을 주면 백성들이 믿고 따르고, 일을 민첩하게 하면 큰 성과가 있고, 공정하게 일을 처리하면 백성들이 기뻐한다.

무왕의 정치하는 모습을 눈앞에서 보는 듯하다. 이어 그가 세상을 떠난 후 세상이 자리 잡혀가는 과정을 그려낸다. 공자가 무왕이나 주공을 높이 찬양하는 이유가 바로 이 때문이라는 점에서 대단히 중요하다. "말년에 명을 받으시니, 주공이 문왕, 무왕의 덕을 이루시어 태왕과 왕계를 왕(천자)으로 추존하셨고, 위로는 선공(先公)들을 천자의 예로써 제사 지냈다."

말년에 명을 받았다는 것은 세상을 떠났다는 뜻이다. 그리고 어린 아들 성왕이 뒤를 잇자 그의 아우인 주공이 섭정을 맡아 문왕과 무왕의 덕을 잇고, 조상인 태왕과 왕계는 뒤늦게 천자의 자리에 추존했다는 것이다. 선공은 태왕 이전의 조상들을 말하는데, 이들도 천자의 예를 갖춰 제사를 지냈다는 것이다. 이는 마치 조선에서 이성계 이전의 조상들을 임금의 예로 제사 지낸 것과 같다. 주공이 정치에 임하는 자세는 『논어』 '微子 10'에 나온다.
미자

주공이 아들 노공에게 말했다. "참된 군주는 그 친척을 버리지 않으며, 대신으로 하여금 써주지 않는 것을 원망하지 않게 하며, 선대왕의 옛 신하들이 큰 문제가 없는 한 버리지 않으며, 한 사람에게 모든 것이 갖춰져 있기를 바라지 않는다."

이 구절은 문왕과 무왕의 덕을 이었다는 것이 무슨 뜻인지를 잘 보여준다. 그리고 주공은 이 같은 왕실의 예법을 온 세상에 확대 적용하였는데 그 내용이 바로 다음에 나온다. "이런 예는 제후와 대부 및 사(士-벼슬하지 못한 선비)와 서민들에게도 통용되니 아버지가 대부이고 아들이 사(士)라면 장례는 대부의 예로 지내고 제사는 사의 예로 하며, (반대로) 아버지가 사이고 자식이 대부라면 장례는 선비의 예로 지내고 제사는 대부의 예로 했다. 그리고 일년상은 (서민부터 사를 거쳐) 대부에까지 이르고, 삼년상은 (제후로부터) 천자에까지 이르니 부모의 상은 귀천이 없이 똑같았다."

이에 대해서는 별도의 풀이가 필요 없다. 다만 맨 마지막 문장은 임금에게나 서민에게나 부모는 그만큼 소중한 것이어서 임금이 삼년상을 하게 되면 일반 서민도 삼년상을 하고, 임금이 일년상을 하게 되면 일반 서민도 일년상을 하도록 했다는 뜻이다. 부모의 비중이 얼마나 큰지를 잘 보여준다.

그리고 장례와 제사의 기준이 다른 이유는 장례는 죽은 자를 위한 것이고, 제사는 살아 있는 자손을 위한 것이기 때문에 그렇게 한 것이다.

제19장

子曰 武王周公 其達孝矣乎 夫孝者 善繼人之志 善述人之事者也 春秋
자왈 무왕 주공 기 달효 의호 부효자 선계 인지지 선술 인지사 자야 춘추

修其祖廟 陳其宗器 設其裳衣 薦其時食 宗廟之禮 所以序昭穆也 序爵
수 기 조묘 진 기 종기 설 기 상의 천 기 시식 종묘지례 소이 서 소목 야 서작

所以辨貴賤也 序事 所以辨賢也 旅酬下爲上 所以逮賤也 燕毛 所以
소이 변 귀천 야 서사 소이 변현 야 여수 하위상 소이 체천 야 연모 소이

序齒也 踐其位 行其禮 奏其樂 敬其所尊 愛其所親 事死如事生 事亡如
서치 야 천 기 위 행 기 례 주 기 악 경 기 소존 애 기 소친 사사 여 사생 사망 여

事存 孝之至也 郊社之禮 所以事上帝也 宗廟之禮 所以祀乎其先也 明乎
사존 효지지 야 교사지례 소이 사 상제 야 종묘지례 소이 사 호 기 선 야 명호

郊社之禮 禘嘗之義 治國 其如示諸掌乎
교사지례 체상지의 치국 기 여 시 제 장 호

공자는 말했다. "무왕과 주공은 아마도 달효(達孝)를 보여주었다고
할 수 있으리라! 무릇 효라는 것은 아버지의 뜻을 잘 계승하고 아버지
의 일을 (후대에) 잘 전하는 것이다. 봄가을로 조상의 묘를 손보고 대대
로 내려오는 소중한 기물들을 진열하며, 선대에 입었던 의상을 펴놓고
제철에 나오는 음식을 바친다. 종묘의 예(禮)는 소목(昭穆)의 차례를
세우는 것이고, 벼슬의 차례를 세우는 것은 귀천을 분별하는 것이며, 일
의 차례를 세우는 것은 현능한 이를 분별해 내는 것이다. 또 여럿이 술
을 마실 때 아랫사람이 윗사람을 위하는 것은 천한 사람에게도 미치는
바이고, 잔치하는 데 터럭을 따지는 것은 나이의 차례를 세우는 것이
다. 그 자리에 올라 그 예를 행하고, 그 음악을 연주하며 그 높이던 바
를 공경하고, 그 친애하시던 바를 사랑하며, 죽은 이를 섬기기를 살아
있는 이를 섬기듯 하고, 없는 이 섬기기를 있는 이 섬기듯 하는 것이 효
의 지극함이다. 교제(郊祭)와 사제(社祭)의 예는 하느님을 섬기는 것이

요, 종묘(宗廟)의 예는 그 선조를 제사 지내는 것이니, 교제와 사제의 예와 체제(禘祭)와 상제(嘗祭)의 뜻에 밝으면 나라를 다스리는 것은 그 손바닥을 보는 것과 같을 것이다."

이 장에서는 우선 무왕과 주공의 공통점을 이야기한다. "무왕과 주공은 아마도〔其〕 달효(達孝)를 보여주었다고 할 수 있으리_기라!" 여기서 달(達)의 의미를 주희는 통하다〔通〕로 풀었다. 즉 세상 모_통든 사람들이 공통적으로 칭찬할 수밖에 없는 그런 효가 바로 달효다. 대효(大孝)라고도 할 수 있겠지만 제17장에서 순임금을 대효라고 했기 때문에 여기서는 무왕과 주공을 조금 낮춰 달효라고 부른 것이다. 대효는 위대한 효, 달효는 대단한 효 정도가 되겠다. 공자는 요임금과 순임금, 무왕과 주공을 비교할 때 요순이 무왕이나 주공보다는 윗길이라고 보았다. 『논어』 '八佾 25'는 이 점을 간명하게 보여준다.
팔일

공자는 "순임금의 음악〔韶〕은 지극히 아름답고 또 지극히 좋다"
소
고 평하고, "무왕의 음악〔武〕은 지극히 아름답기는 하지만 지극히
무
좋지는 않다"고 평했다.

韶는 순임금의 음악이고 武는 무왕의 음악이다. 공자는 순임금의
소   무
음악은 지극히 아름답고 또 지극히 좋다고 평하고, 무왕의 음악에 대해서는 지극히 아름답기는 하지만 지극히 좋지는 않다고 평했다. 왜 공자는 둘 다 아름답다고 하면서 순임금의 음악은 지극히 좋은

〔善〕데 무왕의 음악은 지극히 좋지는 않다고 했을까? 사실 소(韶)와 무(武)를 전혀 모르는 상태에서 공자의 평을 제대로 이해한다는 것은 무리가 있다. 다만 음악에는 아름다움과 착함/좋음〔善〕이 함께 있어야 바람직한 것인데 무(武)는 착함이라는 점에서는 미진함이 있었다는 정도로만 이해하고 이 구절은 넘어가야 할 듯하다.

이와 관련해서는 주희도 음악 자체를 해설하기보다는 공자가 이런 상반된 평가를 내리게 된 정치적 상황을 보여주는 것으로 대신한다. "순임금은 요임금을 이어 훌륭한 정치를 이룩하였고 무왕은 상나라 주왕(紂王)을 정벌하여 백성을 구제하였으니, 그 공이 똑같다. 그러므로 그 음악이 모두 극진히 아름다운 것이다. 그러나 순임금의 덕은 천성대로 한 것이고 또 읍하고 사양함으로써 천하를 얻은 반면, 무왕의 덕은 천성을 되찾은 것이고 또 정벌하고 주살함으로써 천하를 얻었다. 두 임금 간에는 이런 차이가 있었다." 그래서 음악에서 선하고 선하지 못한 차이가 생겼다는 것이다.

음악과 정치적 사건을 통합적으로 해석하고 있다는 점에서는 정약용의 풀이가 압권이다. "미(美)는 일을 시작하는 것이 아름답고 성함을 이르고, 선(善)은 일을 끝마치는 것이 온전하고 좋은 것을 이른다. 순임금은 요임금의 뒤를 이어 이를 우임금에게 전수하면서 시종 아무런 결함이 없었기 때문에 그 음악이 진미(盡美)하고 진선(盡善)하였고, 무왕은 천하를 얻은 지 7년 만에 죽고 은나라 사람들의 완악스러움을 복종시키지 못했고 예악을 일으키지 못하였기 때문에 그 음악이 진미하기는 하였으나 진선하지는 못했다. 음악이란 공(功)이 이루어진 것을 형상화한 것이다. 그러므로 순임금의 음악은 아홉 곡으로 이루어진 구성(九成)인데 반해 무왕의 음악은 육

성(六成)이니, 이것이 이른바 '진선(盡善)에 이르지는 못했다'는 것이다."

이어 공자는 효(孝)의 본질에 대해 간략하게 설명한다. 앞서 말한 달효(達孝)에 대한 보충풀이인 셈이다. "무릇 효라는 것은 사람(선대 어른)의 뜻[志]을 잘[善] 계승하고 사람의 일[事]을 (후대에) 잘[善] 전하는 것이다." 여기서 무엇보다 주목해야 할 부분은 '잘[善]'이다. 지극한 열렬함[至誠]을 다하는 것이 바로 '잘' 하는 것이다. 대부분의 풀이는 이 점을 간과한다. 사실 뒤에 이어지는 내용도 바로 이 '잘'에 대한 해설이라고 봐야 한다.

그냥 하는 것이 아니다. 온갖 정성을 다하는 것이 바로 '잘' 하는 것이다. 이를 놓치면 공자의 핵심사상을 놓치는 것이다. 먼저 『논어』 '學而 7'을 보자.

자하는 말했다. "어진 이를 어질게 여기기를 여색(女色)을 좋아하는 마음과 바꿔서 하고, 부모 섬기기를 기꺼이 온 힘을 다하며, 임금 섬기기를 기꺼이 온몸을 다 바쳐 하고, 벗과 사귀기를 일단 말을 하면 반드시 책임을 져 믿음을 주는 식으로 하는 사람이 있다면 그 사람이 비록 배우지 않았더라도 나는 반드시 그 사람이 (이미 문을) 배웠다고 말할 것이다."

여기에 '잘'을 이해할 수 있는 단서가 들어 있다. 그냥 하는 것이 아니라 '여색을 좋아하는 마음과 바꿔서', '기꺼이 온몸을 다 바쳐', '일단 말을 하면 반드시 책임을 져 믿음을 주는 식으로' 하는 것이 바로 '잘' 하는 것이다. 『논어』에서 그것은 문(文)이라고 했다. 그것은 글도 아니고 문무(文武)할 때의 문도 아니고 문질(文質)이라고 할 때의 문이다. 이때의 문은 애쓰다 혹은 애씀에 가깝다. 이렇게 해두고 나서 '學而 6'을 다시 꼼꼼하게 읽어보자.
_{학이}

공자는 말했다. "어린 사람들은 집에 들어오면 효도하고 밖에 나가면 공순하며, 행실을 삼가고 말에는 믿음이 담겨야 하며, 널리 사람들을 사랑하되 어진 이를 가까이 (하는 것을 배우려) 해야 한다. 이런 일들을 몸소 익혀 행하면서도 남은 힘이 있거든 그때 가서 문(文)을 배우도록 하라."

여기에서 공자는 '잘'은 제쳐놓고, 어린 사람들이 익혀야 할 기본적인 바탕〔質〕에 대해서만 이야기한다. 그리고 이런 바탕이 몸에 익고 나면 "그때 가서 문을 배우도록 하라"고도 말한다. 즉 질(質)이 갖춰진 다음에 잘〔文〕 하려고 해야 한다는 것이다. 일단 '잘'에 대해서는 문질(文質)의 맥락에서 짧게나마 짚어보았다.

이번에는 "무릇 효라는 것은 사람(선대 어른)의 뜻〔志〕을 잘 계승하고 사람의 일〔事〕을 (후대에) 잘 전하는 것이다"라는 문장 전체를 다시 검토해 보자. 일단 이에 대한 실마리는 '學而 11'에서 찾을 수 있다.
_{학이}

공자는 말했다. "(어떤 사람을 관찰할 때에는) 그의 아버지가 살아 계실 때는 (아버지를 향한) 그 아들의 뜻을 살피고, 아버지가 돌아가신 경우에는 그가 하는 행동을 주의 깊게 지켜보아 삼 년이 지

나도록 아버지가 살아 있을 때 보여준 도리를 조금도 잊지 않고 따른다면 그것은 효라고 이를 만하다."

거의 같은 뜻이다. 이 구절은 '學而 9'로부터 연결된다. '學而 9'에서 증자가 했던 말이 서론 격이었다면 이것은 본론이다. 말 그대로 본론인 만큼 가능하다면 '學而 9'의 번역문이라도 간단히 읽은 다음 이 구절을 읽는 것이 좋을 듯하다.

증자는 말했다. "부모님의 상을 삼가서 치르고, 먼 조상까지도 잊지 않고 추모하면 백성의 백성다움도 두터워질 것이다."

이중에서 '먼 조상까지도 잊지 않고 추모하면'은 제18장에서 말한 '위로는 선공(先公-선왕)들을 천자의 예로써 제사 지냈다'와 통한다.

다시 '學而 11'의 공자의 말로 돌아간다. 우선 직역을 하면 '아버지 살아 계실 때는 그 뜻을 살피고 돌아가시고 나면 그 행실을 살핀다. (돌아가신 후에도) 삼 년 동안 아버지의 길을 고치지 않아야 [無改] 효(孝)라고 이를 만하다'가 된다. 그런데 여기서는 뜻[志]과 행실[行]이 누구의 것인가가 관건이 된다. 그것을 누구로 보느냐에 따라 해석이 완전히 달라질 수 있기 때문이다. 또 그에 따라 살핀다 [觀]의 주체(혹은 주어)도 완전히 바뀐다.
　먼저 주희를 비롯한 전통적 해석에서는 자식의 뜻과 행동으로 보기 때문에 그것을 살피는 주체(혹은 주어)는 제3의 관찰자가 된다. 일종의 객관적 관찰자의 입장이다. 이렇게 되면 이 구절의 해석은

'공자가 말했다. (어떤 사람을 관찰할 때에는) 그의 아버지가 살아 있으면 그 사람이 아버지를 대하는 뜻이 어떤지를 면밀하게 살펴보고, 그의 아버지가 돌아가신 경우에는 그가 하는 행동을 주의 깊게 지켜보아 삼 년이 지나도록 아버지가 살아 있을 때 보여준 도리를 조금도 잊지 않고 따른다면 그것은 효(孝)라고 할 만하다'가 된다.

반면 일본학자 미야자키처럼 살피다의 주체를 자식으로 보아 해석할 수도 있겠다. '아버지가 살아 계실 때는 그 의향[志]을 존중하고 아버지가 돌아가신 뒤에는 (생전의) 행위를 생각한다. 삼 년 동안 아버지가 걸어온 길을 바꾸지 않고 지킨다면 효(孝)라고 할 수 있으리라.' 여기서는 오히려 전통적 해석이 물 흐르듯 자연스럽다. 특히 미야자키의 해석을 받아들이면 이 구절은 마치 공자가 이런 식으로 효를 행하라고 도덕적 훈계를 하는 모양새가 된다. 반면 전통적 해석은 공자가 사람을 판별하는 방법[知人] 중의 하나를 효를 통해 보여주는 셈이다. 우리는 지인(知人)의 맥락에서 보려 한다.

여기서 공자는 어떤 사람을 판단하는 가장 중요한 척도로서 효(孝)를 꼽고서 그것을 살피는 일반적인 방법 한 가지를 제시한 것이다. 그러면 과연 공자가 생각한 효는 무엇인가? 물론 이에 대해 공자는 늘 그렇듯이 직접적인 정의(定義)를 내리지는 않는다. 다만 효를 행하는 사람들의 사례와 불효(不孝)를 저지르는 사람들의 사례를 통해 효의 실체 속으로 조금씩 접근해 갈 뿐이다.

이제 효(孝)와 관련된 『논어』 속의 언급들을 정리해 보자. 먼저 '學而 2'에서 공자의 제자 유자(有子)는 효는 공손[弟]과 더불어 인(仁)을 행하는 양대 근본이라고 말했다. 또 '學而 7'에서 자하(子夏)는 효와 관련해 "부모 섬기기를 기꺼이 온 힘을 다해서 하라[事父母

能竭其力"고 말했다. 효를 행할 때의 태도를 지적한 것이다.

또 '爲政 5'에서는 맹의자(孟懿子)라는 노(魯)나라의 대부가 효(孝)에 대해 묻자 공자는 '(인간의 도리를) 어기지 않는 것〔無違〕'이라고 간단하게 답한다. 여기서는 효에 관한 소극적인(negative) 일반 원칙을 말했다. 여전히 추상적이다. 다행스럽게도 '爲政' 5, 6, 7, 8은 주제가 모두 효에 집중돼 있다. 여기서 우리는 공자가 생각하는 효의 실마리나마 얻을 수 있다.

'爲政 5'에서는 번지라는 제자가 공자에게 왜 맹의자에게 '어기지 않는 것〔無違〕'이라고 답했는지, 즉 무엇을 어기지 말아야 하는 것인지를 묻는다. 이에 공자는 **"아버지 살아 계실 적에는 예로써 섬기고, 돌아가시면 예로써 장사 지내고, 예로써 제사를 지내는 것을 말한다"**고 답한다. 이런 경우 공자의 발언은 대개 맹의자가 그 아버지를 모시는 태도가 예(禮)에 합당하지 못했기 때문에 그 점을 지적하고 있다고 보아야 한다. 질문자가 처해 있는 구체적인 상황을 실마리로 삼아서 그에 적합한 답변을 주는 방식이다. 여기서 공자의 답은 간단하다. 아버지에 대한 예를 다하는 것이 바로 효(孝)라고 말하고 있다.

'爲政 6'에서 맹의자의 아들인 맹무백(孟武伯)이 효에 관해 묻자 공자는 **"부모는 오로지 자식이 병들면 어떻게 하나라는 것만을 걱정하신다"**라고 답한다. 일차적으로는 맹무백이라는 사람이 부모로 하여금 우리 자식 병나면 어쩌나라는 걱정을 하게 할 만큼 몸을 함부로 굴리며 살고 있는 것에 대한 경계(警戒)의 말로 읽힌다. 이어 그것을 조금만 확장하면 '부모의 마음이 어떤지를 헤아려 매사 행동을 할 때 조심하라'고 읽을 수 있다. 앞에서는 효를 그 직접 대상인 부(모)에게 어떻게 해야 하는지의 맥락에서 설명을 했다. 여기서는 자식의 중요한 행동과 마음가짐 자체가 부모의 걱정하는 마음과 직접 연결되어 있음을 보여줌으로써 효가 영향을 미치는 범위를 크게 넓힌다.

'爲政 7'에서는 자유(子游)라는 제자가 효(孝)에 관해 묻는다. 이에 공자는 **"오늘날의 효라는 것은 물질적으로 잘하는 것에만 그치고 있다. 개나 말도 모두 그런 정도는 챙길 줄 안다. 봉양하는 데만 힘쓰고 공경하는 마음이 없다면 무엇으로써 (개나 말과) 구별하겠는가?"**라고 직설적으로 답한다. 자유가 실제로 이런 잘못을 저질렀거나 평소의 성정으로 보아 그럴 가능성이 높다고 보고서 공자가 일깨움을 주기 위해 던진 답변이다. 이는 예(禮)의 문제에 그대로 적용된다. 예를 행함에 진정한 마음이 뒤따르지 않는다면 그것은 겉치레일 뿐 공자가 말하고자 하는 예일 수는 없다.

'爲政 8'에서는 제자인 자하(子夏)가 효(孝)에 관해 묻는다. 공자는 어버이를 섬길 때 **"얼굴빛을 온화하게 갖는 것이 어렵다〔色難〕"**고 답한다. 이것은 그 자체만으로 독립해서 해석해도 훌륭하지만 '爲政 7'과 연결해서 읽으면 그 뜻이 더 잘 살아난다. 즉 봉양에만 신경 쓰고 공경하는 마음이 함께 하지 않는다면 효를 제대로 다하고 있다고 할 수 없고, 또 봉양과 공경이 함께 하더라도 그런 공경의 마음이 얼굴에 제대로 나타나야지 (어쩔 수 없이 한다는 듯) 무뚝뚝한 표정으로 봉양과 공경을 해봤자 효에 이르렀다고 할 수 없다는 말이다.

충분하지는 않지만 일단 효(孝)에 관해 공자가 하고 싶은 말을 개략

적으로나마 살필 수 있었다. 결국 공자는 최선을 다할 것〔至誠=文〕을
지성 문
강조한다. '잘〔善=文〕' 하라는 것이다. 공자는 자신을 낳아준 부모에게
선 문
도 최선을 다하지 않는 자가 어찌 군주나 친구, 심지어 자식에게 최선
을 다할 것인가라고 따져 묻고 있는 것이다. 그렇다고 공자가 효자(孝
子)가 되라는 말만을 하고 있는 게 아니다. 사람을 판별함에 있어 그
사람이 어느 정도까지 효를 행하는지를 보면 그 사람의 나머지 인간됨
(예를 아는 인간인지의 여부)은 절로 알 수 있음을 이야기하고 있는 것
이다.

공자는 이처럼 중요한 효를 살피는 한 방도로서 제사를 지내는 경우
를 예로 든다. 공자의 말이 이어진다. "봄가을로 조상의 묘를 손보고 대
대로 내려오는 소중한 기물〔寶器〕들을 진열하며 선대에 입었던 의상을
보기
펴놓고 제철에 나오는 음식〔時食〕을 바친다." 이에 대해서는 주희의 풀
시식
이가 구체적이다. "선조의 사당은 천자는 7묘, 제후는 5묘이고 대부는
3묘이며 적사(適士)는 2묘, 관사(官師)는 1묘이다. 종기(宗器-제기)는 선
대로부터 소장해 온 귀한 물건들이니, 주나라의 적도(赤刀) 대훈(大訓)
천구(天球) 하도(河圖) 등이다. 상의(裳衣)는 선조가 남기신 의복이니
제사할 때에는 이것을 펼쳐놓아 시동(尸童)에게 준다. 시식(時食)은 사
시의 음식이 각기 있으니, 봄철에는 염소와 돼지를 쇠기름과 향으로 요
리하는 것과 같은 유가 이것이다."

여기서 적사(適士)란 아직 벼슬을 하지는 않았지만 벼슬을 준비하
는 선비를 말하고, 관사(官師)는 벼슬을 할 자격이 되지 않아 잡직에
종사하는 하급관리를 말한다. 그리고 적도(赤刀)는 무왕이 폭군 주왕
을 주벌할 때 썼던 칼이고, 대훈(大訓)은 문왕, 무왕이 천자가 되어 백
성들에게 내린 훈계를 적은 책이다. 천구(天球)는 보배로운 구슬이며,

하도(河圖)는 복희씨 때 황하에서 나온 용마의 등에 그려진 그림으로 복희씨가 이 하도의 원리를 깨닫고 팔괘를 그려『주역』이 전해지게 된다. 따라서 器는 그릇이 아니라 기물(器物)로 풀어야 한다.

이렇게 해서 제사준비를 마치면 보다 세세한 제례(祭禮)로 들어간다. 공자는 말한다. "종묘의 예(禮)는 소목(昭穆)의 차례를 세우는 것이고, 벼슬의 차례를 세우는 것은 귀천을 분별하는 것이며, 일의 차례를 세우는 것은 현능한 이를 분별해 내는 것이다. 또 여럿이 술을 마실 때 아랫사람이 윗사람을 위하는 것은 천한 사람에게도 미치는 바이고, 잔치하는 데 터럭[毛髮]을 따지는 것은 나이의 차례를 세우는 것이다." 내용이 쉽지가 않다. 하나씩 짚어보자.

먼저 소목(昭穆)이 중요하다. 소목이란 종묘(宗廟)에 신주(神主)를 모시는 차례다. 천자(天子)는 태조(太祖)를 중앙에 모시고, 2·4·6세는 소라 하여 왼편에, 3·5·7세는 목이라 하여 오른편에 모시어 삼소·삼목의 칠묘(七廟)가 되고, 제후(諸侯)는 이소·이목의 오묘(五廟)가 되며, 대부(大夫)는 일소·일목의 삼묘(三廟)가 된다.

벼슬의 차례를 세운다는 것은 살아생전에 했던 관작(官爵), 즉 벼슬의 순서대로 천자와 공(公), 후(候) 그리고 경(卿)과 대부(大夫)로 이어지는 벼슬의 순서대로 세운다는 말이다.

일이란 종묘제사에서 각자 맡은 바의 일을 의미한다. 주희는 이를 "축관(祝官), 집사자(執事者), 유사(有事)가 맡은 바"라고 말한다. 평소의 정사뿐만 아니라 제례를 지낼 때도 각자의 능력에 맞춰 일을 맡긴다는 뜻이다.

그리고 두 가지를 말한다. 첫째, "여럿이 술을 권하는 예에 빈객의 아우와 아들, 형제의 아들들이 각각 술잔을 어른에게 들어 올리고 여럿이 서로 술을 권하니, 대개 종묘의 가운데에는 일을 맡는 것을 영화로 여긴다. 그러므로 천한 자에게까지 이르러 또한 그 공경을 거듭하게 한다." 둘째, "연모는 제사를 마치고 잔치를 하게 되면 모발의 색깔로 어른과 어린 사람을 분별하여 앉는 차례를 정하는 것이다. 치(齒)는 나이다." 공자도 향당(鄕黨-시골마을)에서는 자신의 학식이 아니라 나이를 존중했다. '鄕黨 10'의 일부다.
향당

고향 혹은 시골 사람들이 술을 마실 때 노인이 나가면 따라 나갔다.

고향 혹은 시골사람[鄕人]들이 술을 마실 때 지팡이를 든 사람
향인
[杖者]이 나가면 따라 나갔다. 杖者란 60세 이상의 노인을 말한다.
장자   장자
굳이 시골을 언급한 것은 공자가 신분이나 지위의 고하를 막론하고 노인을 공경하는 마음을 잃지 않았음을 강조하기 위함이다. 주희의 풀이다. "노인이 나가기 전에는 감히 먼저 나가지 못하고, 이미 나간 뒤에 감히 남아 있지 않았다는 것이다."

효(孝)에 관한 일반론이 반복된다. 공자는 말한다. "그 자리에 올라 그 예를 행하고, 그 음악을 연주하며 그 높이던 바를 공경하고, 그 친애하시던 바를 사랑하며, 죽은 이를 섬기기를 살아 있는 이를 섬기듯 하고, 없는 이 섬기기를 있는 이 섬기듯 하는 것이 효의 지극함이다." 여기서 그[其]란 모두 선왕(혹은 아버지)을 의미한다. 따라서 그 자리
기
에 올라 그 예를 행한다는 것은 선왕이 계시던 자리(왕위)에 올라 아버지가 생전에 행했던 예를 행한다는 뜻이다. 나머지도 똑같다. 이는

곧 앞서 말한, "무릇 효라는 것은 사람의 뜻을 잘 계승하고 사람의 일을 (후대에) 잘 전하는 것이다"를 다시 한 번 강조한 것이다.

이제 제사의 의미를 설명한다. 공자는 말한다. "교제(郊祭)와 사제(社祭)의 예는 하느님[上帝]을 섬기는 것이요, 종묘(宗廟)의 예는 그 선조를 제사 지내는 것이니, 교제와 사제의 예와 체제(禘祭)와 상제(嘗祭)의 뜻에 밝으면 나라를 다스리는 것은 그 손바닥을 보는 것과 같을 것이다."

교제는 하늘에, 사제는 토지신에게 제사를 지내는 것이다. 종묘의 예는 선조에게 제사를 지내는 것이고, 체제는 봄에 천자가 수도의 남쪽 근교에서 제사를 지내는 것이며, 상제는 가을제사를 말한다. 『주례(周禮)』에 따르면 봄제사는 사(祠), 여름제사는 약(禴), 가을제사는 상(嘗), 겨울제사는 증(烝)이다.

마침 『논어』에도 손바닥 뒤집기처럼 쉽다는 표현이 나오므로 참고해 보자. '八佾 11'은 이 내용과 딱 맞아떨어진다.

어떤 사람이 체제(禘祭)의 핵심내용이 무엇이냐고 물었다. 공자는 말했다. "알지 못하겠다. 다만 그 핵심내용을 아는 사람이 천하를 다스린다면 그것은 여기에다 올려놓고 보는 것과 같을 것이다." 그러면서 손바닥을 가리켰다.

어떤 사람이 체제(禘祭)의 핵심내용이 무엇이냐고 묻는다. 하지만 공자는 물러서며 "모르겠다[不知]"고 답한다. 대신 "그 핵심내용을 아는 사람이 천하를 다스린다면 그것은 여기에다 올려놓고 보는 것과 같을 것이다"고 말하며 손바닥을 가리킨다. 즉 체제(禘祭)

를 제대로 파악해 그 본뜻에 맞게 제사를 지낼 정도의 정신적 깊이
와 삼가는 마음자세를 가진 인물이 만일 천하를 다스린다면 손바
닥 들여다보듯 쉽게 다스릴 수 있다는 것이다. 둘 사이에는 체제의
공통점까지 있다.

제20장

哀公 問政 子曰 文武之政 布在方策 其人存則其政擧 其人亡則其政息
애공 문정 자왈 문무지정 포재방책 기인존즉기정거 기인망즉기정식

人道敏政 地道敏樹 夫政也者蒲盧(蘆)也 故 爲政在人 取人以身 修身以
인도 민정 지도 민수 부정야자포로 로 야 고 위정 재인 취인 이신 수신 이

道 修道以仁
도 수도 이인

仁者人也 親親爲大 義者宜也 尊賢爲大 親親之殺 尊賢之等 禮所生也
인자인야 친친 위대 의자의야 존현위대 친친 지쇄 존현 지등 예소생 야

〈在下位 不獲乎上 民不可得而治矣〉故 君子不可以不修身 思修身 不可
재 하위 불획호상 민불가 득 이치의 고 군자 불가 이불 수신 사 수신 불가

以不事親 思事親 不可以不知人 思知人 不可以不知天
이불 사친 사 사친 불가 이부 지인 사 지인 불가 이부 지천

天下之達道五 所以行之者三 曰 君臣也 父子也 夫婦也 昆弟也 朋友之
천하 지 달도 오 소이 행지자삼 왈 군신 야 부자야 부부야 곤제야 봉우지

交也 五者天下之達道也 知仁勇三者 天下之達德也 所以行之者一也 或
교야 오자 천하 지 달도 야 지인용 삼자 천하 지 달덕 야 소이 행지자 일야 혹

生而知之 或學而知之 或困而知之 及其知之 一也 或安而行之 或利而行之
생이지지 혹 학이지지 혹 곤이지지 급 기 지지 일야 혹 안이행지 혹 이이행지

或勉强而行之 及其成功 一也
혹 면강이행지 급 기 성공 일야

子曰 好學近乎知 力行近乎仁 知恥近乎勇 知斯三者 則知所以修身 知
자왈 호학 근호지 역행 근호인 지치 근호용 지사 삼자 즉지 소이 수신 지

所以修身 則知所以治人 知所以治人 則知所以治天下國家矣 凡爲天下
소이 수신 즉지 소이 치인 지 소이 치인 즉지 소이 치 천하 국가 의 범 위 천하

國家 有九經 曰 修身也 尊賢也 親親也 敬大臣也 體群臣也 子庶民也 來
국가 유 구경 왈 수신 야 존현 야 친친 야 경 대신 야 체 군신 야 자 서민 야 내

百工也 柔遠人也 懷諸侯也 修身則道立 尊賢則不惑 親親則諸父昆弟
백공 야 유 원인 야 회 제후 야 수신 즉 도립 존현 즉 불혹 친친 즉 제부 곤제

不怨 敬大臣則不眩 體群臣則士之報禮重 子庶民則百姓勸 來百工則財用
불원 경 대신 즉 불현 체 군신 즉 사지 보례 중 자 서민 즉 백성 권 내 백공 즉 재용

足 柔遠人則四方歸之 懷諸侯則天下畏之
족 유 원인 즉 사방 귀지 회 제후 즉 천하 외 지

齊明盛服 非禮不動 所以修身也 去讒遠色賤貨而貴德 所以勸賢也 尊
재 명 성복 비례 부동 소이 수신 야 거참 원색 천화 이 귀덕 소이 권현 야 존

其位 重其祿 同其好惡 所以勸親親也 官盛任使 所以勸大臣也 忠信重祿
기 위 중기록 동기호오 소이 권 친친 야 관성임사 소이 권 대신 야 충신 중록

所以勸士也 時使薄斂 所以勸百姓也 日省月試 既稟稱事 所以勸百工也
소이 권사 야 시사 박렴 소이 권 백성 야 일성 월시 기품 칭사 소이 권 백공 야

送往迎來 嘉善而矜不能 所以柔遠人也 繼絶世 舉廢國 治亂持危 朝聘以
송왕영래 가선 이 긍 불능 소이 유 원인 야 계 절세 거 폐국 치난 지위 조빙 이

時 厚往而薄來 所以懷諸侯也
시 후왕 이 박래 소이 회 제후 야

凡爲天下國家 有九經 所以行之者 一也 凡事豫則立 不豫則廢 言前定
범 위 천하 국가 유 구경 소이 행지자 일야 범사 예즉립 불예 즉폐 언 전정

則不跲 事前定則不困 行前定則不疚 道前定則不窮 在下位 不獲乎上 民
즉 불겁 사 전정 즉 불곤 행 전정 즉 불구 도 전정 즉 불궁 재 하위 불획 호상 민

不可得而治矣 獲乎上有道 不信乎朋友 不獲乎上矣 信乎朋友有道 不順
불가 득 이 치의 획 호상 유도 불신 호 붕우 불획 호상 의 신 호 붕우 유도 불순

乎親 不信乎朋友矣 順乎親有道 反諸身不誠 不順乎親矣 誠身有道 不明
호 친 불신 호 붕우 의 순 호 친 유도 반 제신 불성 불순 호 친 의 성신 유도 불명

乎善 不誠乎身矣
호 선 불성 호 신 의

誠者天之道也 誠之者人之道也 誠者 不勉而中 不思而得 從容中道
성자 천지도 야 성지자 인지도 야 성자 불면 이중 불사 이득 종용 중도

聖人也 誠之者 擇善而固執之者也 博學之 審問之 愼思之 明辨之 篤行之
성인 야 성지자 택선 이 고집 지자야 박학 지 심문 지 신사 지 명변 지 독행 지

有弗學 學之弗能弗措也 有弗問 問之弗知弗措也 有弗思 思之弗得弗措
유 불학 학지 불능 불조 야 유 불문 문지 불지 불조 야 유 불사 사지 불득 불조

也 有弗辨 辨之弗明弗措也 有弗行 行之弗篤弗措也 人一能之己百之 人
야 유 불변 변지 불명 불조 야 유 불행 행지 불독 불조 야 인 일능지 기 백지 인

十能之 己千之 果能此道矣 雖愚必明 雖柔必強
십 능지 기 천지 과 능 차도 의 수 우 필명 수 유 필강

노나라 애공이 정치하는 도리에 대해 묻자 공자는 말했다. "문왕과
무왕의 정사가 역사서에 널리 기록돼 있으니 (역사서에 따르면) 그에
맞는 사람이 있으면 바른 정사가 일어나고 그에 맞는 사람이 없으면 바

른 정사는 그치게 됩니다. 사람의 도리는 정치에 빠르게 나타나고 땅의 도리는 나무에 빠르게 나타나니, 무릇 정치라는 것은 (그에 맞는 사람만 쓸 줄 안다면) 빨리 자라는 창포나 갈대와 같을 것입니다. 그러므로 (제왕이) (좋은) 정치를 하는 것은 사람(을 얻는 것)에 (달려) 있으니, 사람을 취할 때 (임의대로 할 것이 아니라) 임금다움으로써 판단하고 뽑아 써야 하고, 그 임금다움은 도리로써 닦고 그 도리는 사람을 사랑하는 마음으로써 닦아야 합니다.

인(仁)이라는 것은 사람다움이니 부모님을 비롯한 혈육(친척)을 내 몸과 같이 여김이 가장 중요하고, 의(義)라는 것은 마땅함이니 뛰어난 이를 높임이 가장 중요합니다. 혈육을 내 몸과 같이 여기는 것의 줄여 나감과 뛰어난 이를 높이는 것의 차례를 정하는 것이 예의 시작입니다. (중복문은 생략) 그러므로 군자는 (우선) 몸을 삼가 닦지 않을 수 없고, 수신(修身)을 하려고 생각한다면 어버이를 제대로 섬기지 않을 수 없고, 사친(事親)을 하려고 생각한다면 사람을 아는 것을 생각해야 하고, 지인(知人)을 하려고 생각한다면 하늘의 이치를 알지 않으면 안 됩니다.

천하에 두루 지켜져야 하는 도가 다섯이고 그 도를 행할 수 있게 해주는 것은 셋입니다. 곧 군신과 부자와 부부와 형제와 친구의 관계가 다섯으로 천하의 두루 지켜져야 하는 도이고, (그 다섯 가지 도를 행할 수 있게 해주는) 지(知) 인(仁) 용(勇) 셋은 천하의 두루 닦아야 하는 덕이니, 지(知) 인(仁) 용(勇) 셋을 행하는 것은 (결국) 하나입니다. 어떤 이는 나면서부터 달도를 알고, 어떤 이는 배워서 그것을 알며, 어떤 이는 애써서 겪고 나서야 그것을 알게 되지만 마침내 그들이 (결국) 그것을 알게 된다는 점에서는 차이가 없습니다. 어떤 이는 편안하게 받아들이며 그것을 행하고, 어떤 이는 이롭게 여겨 그것을 행하며, 어떤 이는 겪고 나서야 그것을 행하지만 마침내 그들이 성공에 이른다는 점에서는 차이가 없습니다."

(공자는 말했다.) 배우기를 좋아하는 것은 지(知)에 가깝고 행하기를 힘쓰는 것은 인(仁)에 가깝고 부끄러움을 아는 것은 용(勇)에 가깝다. (따라서) 이 세 가지를 알면 곧 몸을 닦는 길을 알게 될 것이요, 몸을 닦는 길을 알게 되면 사람을 다스리는 길을 알게 되고, 사람을 다스리는 길을 알면 곧 천하와 국가를 다스리는 길을 알게 될 것이다. 천하와 국가를 다스리는 데는 아홉 가지 법도가 있다. 첫째는 자신의 몸을 닦는 것이고, 둘째는 뛰어난 이를 그에 걸맞게 대우하는 것이고, 셋째는 혈육을 내 몸처럼 여기는 것이고, 넷째는 대신을 존중하는 것이고, 다섯째는 여러 신하들을 마음으로써 보살피는 것이고, 여섯째는 일반 백성들을 자식처럼 사랑하는 것이고, 일곱째는 세상의 각종 전문가가 모여들게 하는 것이고, 여덟째는 먼 나라 사람들도 찾아오고 싶도록 품어 안는 것이고, 아홉째는 여러 제후들이 자발적으로 따르게 만드는 것이다.

몸을 닦으면 도가 서고, 뛰어난 이를 그에 걸맞게 대우하면 불혹(不惑)하게 되고, 혈육을 내 몸처럼 여기면 아버지의 형제들인 숙부(叔父)들이나 친형제들이 원망하지 않게 되고, 대신을 존중하면 현혹되지 않고, 여러 신하들을 마음으로써 보살피면 선비들이 임금에게 보답하려는 예(禮)가 두텁게 되고, 일반 백성들을 자식처럼 사랑하면 백성들이 부지런해지고, 세상의 각종 공인들이 모여들면 재물의 쓰임이 풍족하게 되고, 먼 나라 사람들도 찾아오고 싶도록 품어 안으면 사방에서 찾아오게 되고, 여러 제후들이 앞다투어 자발적으로 따르게 만들면 천하가 두려워하게 될 것이다.

재계하여 몸과 마음을 깨끗이 하며 성복을 갖춰 입고서 예가 아니면 움직이지 않는 것이 몸을 닦는 것이다. 참소하는 자를 물리치고 여색을 멀리하며, 재물을 가벼이 여기고 덕(德)을 귀하게 여기는 것은 뛰어난 이를 진정으로 권면하는 것이다. 그의 자리를 높이고, 그의 녹을 두텁게 하며 그의 좋아하고 싫어함을 함께하는 것은 혈육을 내 몸과 같이 여김을 권면하는 길인 것이다. 부하관리들을 많이 두어 마음껏 부리게 함은 대신을 권면하는 길이다. 진실한 믿음으로 대우해 주고 녹(祿)을 충분히 주는 것은 낮은 직급의 관리들을 권면하는 길이다. 때에 맞춰 부리고 세금을 가볍게 해주는 것이 백성들을 권면하는 길이다. 날마다 살피고 다달이 시험하여 그에 맞게 급여를 주어 일에 어울리게 하는 것이 공장들을 권면하는 길이다. 가는 것을 보내고 오는 것을 맞이하며 잘하는 것을 칭찬해 주고 못하는 것을 불쌍히 여기는 것이 먼 나라 사람들을 부드럽게 하는 길이다. 끝으로 끊어진 세대를 이어주고 피폐한 나라를 일으켜주며, 어지러움을 다스리어 위태로움을 붙들어주고 조회(朝會)와 빙례(聘禮)를 때에 맞춰 하고 보내주는 것을 두터이 하고 가져오는 것을 가벼이 하는 것이 제후들을 품어 안는 길이다.

이처럼 천하와 국가를 다스리는 데에는 아홉 가지 법도가 있으나 총괄적으로 보자면 그것을 행하는 것은 결국 하나이다. 모든 일이란 것이 앞서 대비하면 제대로 서고, 대비하지 않으면 무너지니, 말도 사전에 그 방향을 정하면 넘어지지 않고, 일도 사전에 정하면 곤경에 빠지지 않는다. 또 행동을 사전에 정하면 병들지 않고 길도 미리 정하면 막히지 않게 된다. 아랫자리에 있으면서 윗사람으로부터 (믿음을) 얻지 못하면 백성을 다스릴 수 없게 될 것이다. 윗사람으로부터 믿음을 얻는 데에는 길이 있으니, 먼저 벗으로부터 믿음을 얻지 못하면 윗사람으로부터도 얻지 못할 것이다. 벗으로부터 믿음을 얻는 데도 길이 있으니, 어버이에게 순하지 못하면 벗으로부터 믿음을 얻지 못할 것이다. 어버이에게 순하는 데에도 길이 있으니, 자신의 몸을 돌이켜보아 매사에 열렬하지 못하면 어버이에게 순할 수 없다. 자기 자신에게 열렬하게 하는 데에도 길이 있으니, 선(善)에 밝지 못하면 자기 자신에게 열렬할 수 없다.

열렬함〔誠〕이라는 것 자체는 하늘의 도(道)요, 열렬함에 이르려는 것은 사람의 도(道)다. 열렬함이라는 것은 굳이 애쓰지 않아도 중도(中道)에 맞고 힘써 생각하지 않아도 얻게 되어 조용히 도에 적중하니 이를 갖춘 사람은 성인(聖人)이고, 열렬함에 이르려는 것은 선(善)을 잘 가려내어 그것을 굳게 잡는 것이다. 그것을 널리 배우고, 그것을 따져가며 깊이 묻고, 그것을 신중하게 생각하고, 그것을 밝게 가려내며, 그것을 독실하게 행해야 한다. 배우지 않는 것이 있을지언정 일단 배우기 시작하면 능해지지 않고는 그만두지 않는다. 묻지 않음이 있을지언정 일단 묻기 시작하면 알지 않고는 그만두지 않는다. 생각하지 않음이 있을지언정 일단 생각하기 시작하면 도를 얻는 차원에 이르지 않고는 그만두지 않는다. 가려내지 않음이 있을지언정 일단 가려내기 시작하면 밝히지 않고서는 그만두지 않는다. 행하지 아니함이 있을지언정 일단 행하게 되면 독실해지지 않고서는 그만두지 않는다. 남이 한 번에 능하거든 자신은 백 번을 하고, 남이 열 번에 능하거든 자기는 천 번을 할 일이다. 과감히 (노력하여) 이 도에 능해진다면 그 사람이 비록 머리가 나쁘다 해도 반드시 밝아질 것이며, 비록 마음이 유약하다 해도 반드시 강해질 것이다.

방책(方策)에 대해 주희는 "방(方)은 판자요, 책(策)은 대나무쪽"이라고 풀이한다. 오늘날의 책, 그중에서도 역사책이라 할 수 있다. 그리고 정사의 기본은 사람임을 강조하고 있다.

『논어』에도 애공(哀公)이 공자에게 정치하는 방도에 대해 묻는 장면〔問政〕들이 있다. 그 부분들을 먼저 점검한 다음에 이 장을 읽어나 가면 훨씬 수월할 것이다. '爲政 19'는 이 장을 읽어가는 지침이 된다.

노나라 군주 애공이 물었다. "어떻게 하면 백성들이 복종을 하는가?"

공자가 대답했다. "곧은 사람을 뽑아서 쓰고, 나머지 굽은 사람들은 그에 맞는 자리에 두면 백성들이 마음에서 우러나서 따를 것이고, 그 반대가 되면 백성들은 복종하지 않을 것입니다."

애공은 노나라의 임금으로 이름은 장(蔣)이다. 정공(定公)의 아들로 공자가 많은 기대를 가졌던 임금이다. 공자는 곧은 사람〔直〕과 굽은 사람〔枉〕의 대조를 통해 간명하게 답한다. 곧은 사람을 뽑아서 쓰고 나머지 굽은 사람들은 그에 맞는 자리에 두면 백성들이 마음에서 우러나서 따를 것이고, 그 반대가 되면 백성들은 복종하지 않을 것이라는 말이다. 한마디로 인사(人事)가 만사(萬事)라는 뜻이다. 이 장에서 사람을 강조하는 것과 정확히 맥이 통한다.

이어 공자는 좀 더 구체적으로 이야기한다. "사람의 도리〔人道〕는 정치에 빠르게 나타나고 땅의 도리〔地道〕는 나무에 빠르게 나타나니, 무릇 정치라는 것은 (그에 맞는 사람만 쓸 줄 안다면) 빨리 자라는 창포나 갈대와 같을 것입니다."

내용이 비유적이라 이해하기가 쉽지 않다. 이에 대해서는 주희의 도움이 필요하다. "민(敏)은 빠름〔速〕이다. 창포와 갈대는 잠겨 보여 부들갈대가 된다 하니 옳다. 사람으로서 정사를 세우는 것이 마치 땅에 나무를 심는 것과 같아 그 이루어짐이 빠르며, 갈대는 또 쉽게 자라는 식물이니 그 이루어짐이 더욱 빠르다. 사람이 있어서 정사가 거행되는 것이 그 쉽고 빠름이 이와 같음을 말씀하신 것이다." 앞의 내용에 이어진다. 즉 마땅한 사람을 얻어 적재적소에 배치하면 성공적인 정치를 하는 것은 너무나도 쉬운 일일 수 있다는 말이다. 그런데 애공은 인재를 보는 눈도 없었고, 인재를 적재적소에 배치할 수 있는 안목도 없는 인물이었다. 먼저 『논어』 '雍也 2'를 보자.
용야

애공이 물었다. "제자들 중에서 누가 배우는 것을 좋아하는가?"
공자는 말했다. "안회라는 자가 있어 배우기를 좋아하여 분노를 다른 데로 옮기지 않고 잘못을 두 번 다시 반복하지 않았는데 불행하게도 명이 짧아 죽었습니다. 지금은 그가 가고 없으니 배우기를 좋아하는 자를 들어보지 못했습니다."

이런 경우 십중팔구 공자의 대답은 애공의 단점을 우회적으로 지적하는 것이다. 즉 애공은 배우기를 좋아하지 않았고 분노를 다른 데로 옮겼으며 잘못을 거듭 반복하였던 것이다. 애공은 '잘못이 있으면 고치기를 꺼리지 않는다〔過則勿憚改〕'는 공자의 근본적인 가르침과는 정반대되는 인물이었던 것이다.
과즉물탄개

계속해서 공자는 사람의 중요성을 강조한다. "그러므로 (제왕이) (좋은) 정치를 하는 것은 사람(을 얻는 것)에 (달려) 있으니, 사람을 취할 때 (임의대로 할 것이 아니라) 임금다움으로써〔以身〕 판단해 뽑아써야 하고, 그 임금다움은 도리로써〔以道〕, 그 도리는 사람을 사랑하는 마음으로써〔以仁〕 닦아야 합니다." 즉 제왕이나 군주는 자신의 사람됨, 임금다움〔德〕에 입각해 좋은 사람을 쓰고 그 다움은 도리로써 닦아야 하며, 나아가 그 도리는 사람을 사랑하는 마음〔仁〕으로써 닦아야 한다는 것이다. '爲政 1'이 바로 이 내용이다.

공자가 말했다. "정치를 다움〔德-빼어남〕으로 하는 것은 비유컨대 북극성이 자기 자리에 머물러 있으면 뭇별들이 그것에게로 향하는 것과 같다."

'爲政 1'에 나오는 덕(德)은 탁월(卓越), 특출(特出), 출중(出衆)과 통한다. 우리말로는 빼어남이다. '~다움'이 바로 빼어남이다. 인간이 인간답다는 말은 인간으로서 빼어난 경지에 이른다는 것이고, 군주가 군주답다는 것도 군주로서 빼어난 경지에 이른다는 것이며, 신하가 신하답다는 것도 신하로서 빼어난 경지에 이른다는 것이다. 덕은 빼어남이다. 덕치(德治)는 자연스레 솔선수범(率先垂範)에 의한 정치로 해석할 수 있다.

따라서 그 빼어남은 타고나는 것이 아니라 끊임없이 갈고닦아야 하는 것이다. 조금이라도 방심하거나 교만하거나 소홀히 하면 빼어남, 다움은 사라져버린다. 『서경(書經)』에 '덕일신(德日新)'이란 말이 나오는데, 그것은 곧 빼어나기 위해서는, 또 어렵사리 갖추게 된 그 빼어남을 지속적으로 유지하기 위해서는 '나날이 새로워지려는 노력〔日新又日新〕'을 한시도 멈춰서는 안 된다는 것을 강조하는 것이다. 결국 '정치를 다움으로 한다〔爲政以德〕'에서 다움〔德〕은 군주로서의 빼어남을 말한다.

따라서 "그 임금다움〔身=德〕은 도리로써〔以道〕 닦고, 그 도리는 사람을 사랑하는 마음으로써〔以仁〕 닦아야 합니다"라는 부분은 보다 구체적으로 다움〔德〕을 닦고 지키는 방법을 말하고 있는 것으로 볼 수 있다.

그러면 역순으로 인(仁)이 무엇인지를 알아야 인으로써 도리〔道〕를 닦을 수 있다. 공자는 바로 그 점을 언급한다. "인(仁)이라는 것은 사람다움〔人〕이니 부모님을 비롯한 혈육(친척)을 내 몸과 같이 여김〔親親〕이 가장 중요하고, 의(義)라는 것은 마땅함이니 뛰어난 이를 높임〔尊賢〕이 가장 중요합니다." 그리고 나서 공자는 예(禮)가 시작되는 뿌리 내지 원천으로서 혈육을 내 몸과 같이 여기는 것의 줄여나감〔殺〕과 뛰어난 이를 높이는 것의 차례〔等〕를 꼽는다. 즉 줄여나간다〔殺〕는 것은 부모가 가장 가깝고 형제, 삼촌, 사촌 순으로 사랑의 강도가 줄어든다는 것이다. 반면 뛰어난 이를 높이는 것은 그 뛰어남의 순서나 서열〔等〕에 따라 그에 맞도록 대함으로써 예가 생겨난다는 것이다.

여기서 잠깐, 김용옥의 번역에 드러나는 문제점 한 가지를 지적해야겠다. 대단히 중요한 대목이자 치명적인 오역이기 때문이다. 김용옥은 親親을 그냥 '가장 친근한 사람을 친하게 하는 것'이라고 옮긴다. 앞의 동사 親과 뒤의 명사 親의 무궁무진한 역동성을 이해하지 못한 결과이다. 親親은 부모님에게는 그에 걸맞은, 형제에게는 그에 걸맞은, 삼촌·사촌·오촌…… 등에게는 그에 걸맞은, 내 몸과 같이 여김〔親〕을 보여주라는 뜻인데, 그냥 '가장 친근한 사람을 친하게 하는 것'이라고 옮기고 있는 것이다. 이것만 놓고 보면 직역이긴 해도 오역이라고는 하기 힘들다. 그러나 이어지는 줄여나감〔殺〕을 '무등급성'이라고 옮긴 것에서는 오역이라는 혐의를 피하기 어렵다. 아마도 뒤에 나오는 차례매김〔等〕 때문에 그렇게 한 듯한데 親도 일종의 등급성이다. 다만 혈육과 그렇지 않은 사람들의 구분과 서열은 다를 뿐이다. 그런데 김용옥은 친족의 서열을 오히려 무등급성이라고 옮긴 것이다. 그리고 尊賢을 '현인을 객관적으로 존중한다'라고 옮겼는데 도대체 무슨 말인지 모르겠다. 늘 서양식 동양철학 연구를 비판하면서도 '객관적'이라는 낯선 표현에서 오히려 김용옥의 서양 편향이 드러난 듯하여 씁쓸하다. 이 또한 親親처럼 뛰어난 인재들을 그 능력에 맞게 발굴하고 대우하고 가까이한다고 번역하면 그만이다.

그 다음 구절은 잘못 끼어든 구절이라고 전문가들은 생각한다. 뒤에 다시 그 구절이 나오기 때문이다. 그리고 건너뛴 문장이 바로 연결된다. 따라서 우리도 건너뛰기로 한다.

공자는 앞의 문장을 보충설명한다. "그러므로 군자는 (우선) 몸을 삼가 닦지 않을 수 없고〔修身〕, 수신(修身)을 하려고 생각한다면 어버이를 제대로 섬기지 않을 수 없고〔事親〕, 사친(事親)을 하려고 생각한다면 사람을 아는 것을 생각해야 하고〔思知人〕, 지인(知人)을 하려고 생각한다면 하늘의 이치〔天=天命=天理〕를 알지 않으면 안 됩니다."

따라서 순서로 보자면 하늘의 이치 혹은 도〔天道〕에 대한 깊은 인식을 갖지 못하면 지인을 할 수 없고 사친을 할 수 없으며 수신도 어려워진다는 뜻이다. 이제 다음에 나올 내용은 예측할 수 있다. 당연히 하늘의 도〔天道〕에 관한 언급이다. 그런 점에서 天을 그냥 '하느님'으로 옮긴 김용옥의 번역은 생뚱맞기까지 하다. 다음으로 넘어가자.

"천하에 두루 지켜져야 하는 도가 다섯이고, 그 도를 행할 수 있게 해주는 것은 셋입니다. 곧 군신과 부자와 부부와 형제와 친구의 관계가 다섯으로 천하의 두루 지켜져야 하는 도〔達道〕이고, (그 다섯 가지 도를 행할 수 있게 해주는) 지(知), 인(仁), 용(勇) 셋은 천하의 두루 닦아야 하는 덕〔達德〕이니, 지(知), 인(仁), 용(勇) 셋을 행하는 것은 (결국) 하나입니다."

우선, '두루 지켜져야 하는 도〔達道〕'에 대해 약간의 설명이 필요하다. 『논어』 '顔淵 20'은 달(達)의 의미뿐만 아니라 공자의 이 말 전반에 대한 풀이가 될 수 있다는 점에서 크게 도움이 된다.

자장이 물었다. "선비는 어떠해야 경지에 이르렀다〔達〕 할 수 있습니까?"

공자가 되물었다. "무슨 말인가? 네가 말하는 달(達)이란 것이."

자장이 답했다. "나라에 있어도 반드시 그의 명예에 관한 소문이 나며, 집 안에 있어도 반드시 소문이 나는 것입니다."

공자는 말했다. "그것은 소문이 나는 것〔聞〕이지 통달한 것〔達〕이 아니다. 무릇 통달한 사람이란 바탕이 곧고 의리를 좋아하며, 남의 말을 가만히 살피고 얼굴빛을 관찰하며, 사려 깊게 몸을 낮추는 것이니, 나라에 있어도 반드시 이르게 되고, 집 안에 있어도 반드시 이르게 된다. (이에 반해) 무릇 소문만 요란한 사람이란 얼굴빛은 어진 듯하나 행실이 어질지 못하고, 머물러 있으며 자신의 행실에

대해 아무런 의문도 던지지 않으니, 나라에 있어도 반드시 소문이
나고, 집 안에 있어도 반드시 소문이 난다."

　독특한 질문을 자주 하는 제자 자장(子張)이 이번에는 "선비[士]
는 어떠해야 경지에 이르렀다[達] 할 수 있습니까?"라고 묻는다. 이
역시 쉽게 던지기 힘든 질문이다. 자기수련에 충실해야 할 때인데도
성급하게 높은 경지[達]에 자꾸 관심을 갖는 자장이 공자로서는 영
달갑지 않았을 것이다.

　그래서 공자는 은근슬쩍 이렇게 묻는다. "무슨 말인가? 네가 말
하는 달(達)이란 것이." 선비가 통달의 경지에 이른 것이 다름 아닌
군자(君子)이다. 주희의 풀이대로 "덕(德)이 남에게 믿음을 얻어, 행
함에 얻지 못하는 것이 없는 경지"가 바로 달(達)이기 때문이다. 과
연 자장은 공자의 유도심문에 뭐라고 답할 것인가?

　"나라에 있어도 반드시 그의 명예에 관한 소문이 나며, 집 안에
있어도 반드시 소문이 나는 것입니다."

　문맥으로 볼 때 여기서 나라에 있다는 것은 관직에 나아간 것을
말한다. 벼슬을 할 때건 하지 않을 때건 그의 이름이 널리 들리게
되는 것[聞]이 달(達)이라고 답한 것이다. 이에 대한 공자의 지적은
통렬하다. "그것은 문(聞)이지 달(達)이 아니다."

　이어 공자는 달(達)과 문(聞)의 차이를 극명하게 보여줌으로써
자장의 얕은 생각을 가차 없이 비판한다. "무릇 통달한 사람[達]이
란 바탕이 곧고 의리를 좋아하며, 남의 말을 가만히 살피고 얼굴빛
을 관찰하며, 사려 깊게 몸을 낮추는 것이니 나라에 있어도 반드시
이르게 되고, 집 안에 있어도 반드시 이르게 된다. (이에 반해) 무릇

소문만 요란한 사람〔聞〕이란 얼굴빛은 어진 듯하나 행실이 어질지
못하고, 머물러 있으며 자신의 행실에 대해 아무런 의문도 던지지
않으니 나라에 있어도 반드시 소문이 나고, 집 안에 있어도 반드시
소문이 난다.”

이에 대해서는 주희의 짧은 평이 적확하다. “이는 실제에 힘쓰지
않고 오로지 이름을 구함에 힘쓰는 자이다. 그러므로 헛된 명예가
비록 높으나 실제 덕(德)은 병든 것이다.” 정이천의 풀이도 참고할
만하다. “지금의 배우는 자들은 대부분 명예를 위하니, 명예를 위함
과 이익을 위함은 비록 청탁(淸濁)의 차이는 있으나 이익을 탐하는
마음은 똑같은 것이다.”

여기서 공자는 다섯 가지의 달도(達道)와 세 가지의 달덕(達德)을
이야기했다. 공자가 말하는 천하의 달도 다섯 가지란 군신(君臣), 부자
(父子), 부부(夫婦), 곤제(昆弟=兄弟), 붕우(朋友) 다섯 가지다. 이는 세
상이 어떻게 되건 반드시 지켜야 할 도리의 다섯 가지 근본이다. 공자
의 이 언급에 대해서는 『맹자』를 인용한 주희의 풀이가 도움이 된다.
즉 오륜(五倫)이다.

“『맹자』에 이른 바 ‘아버지와 자식은 내 몸같이 여김이 있어야 하고
〔父子有親〕, 임금과 신하는 의리가 있어야 하고〔君臣有義〕, 남편과 아
　　　부자유친　　　　　　　　　　　　　　　　　　군신유의
내는 분별이 있어야 하고〔夫婦有別〕, 어른과 아이는 차례가 있어야 하
　　　　　　　　　　　부부유별
고〔長幼有序〕, 벗과 벗 사이에는 믿음이 있어야 한다〔朋友有信〕’고 했
　장유유서　　　　　　　　　　　　　　　　　　　붕우유신
는데 바로 이것이다. 지(知)는 이것을 아는 것이요, 인(仁)은 이것을 체
득하는 것이요, 용(勇)은 이것에 힘쓰는 것이다.”

특히 지(知), 인(仁), 용(勇)에 대한 통합적 풀이가 그럴듯해 보인다.

252___

그러나 이것이 딱 들어맞는 것은 아니다. 왜냐하면 당장 뒤에 이어지는 내용을 보면 공자는 이 셋을 (도를 지키는) 각기 다른 방법으로 이야기하고 있기 때문이다. 주희는 뭔가 잘못 이해하고 있는 것이다. 그렇기 때문에 주희는 이어지는 공자의 언급을 풀이하며 결정적인 잘못을 저지른다. 『논어』를 바탕으로 하지 않으면 완전히 옆길로 샐 수 있는 큰 오류다. 여기까지의 내용이 바로 공자가 하늘의 도리〔天〕를 알아야 한다고 한 자신의 말에 대한 보충이었다. 참고로 그 天은 김용옥이 옮긴 하느님이 아니라 하늘의 도리이다. 그리고 공적인 세계의 도리〔公義〕이기도 하다.

이제 하늘의 도리를 알았으면 사람을 아는 문제〔知人〕로 나아갈 차례다. 여기서 우리는 주희의 거대한 오류와 직면하게 된다. 그것도 아주 일관된 오류이다. 먼저 공자의 발언부터 보자.

"어떤 이는 나면서부터 그것을 알고, 어떤 이는 배워서 그것을 알며, 어떤 이는 애써서 겪고 나서야 그것을 알게 되지만 마침내 그들이 (결국) 그것을 알게 된다는 점에서는 차이가 없습니다.

어떤 이는 편안하게 받아들이며 그것을 행하고, 어떤 이는 이롭게 여겨 그것을 행하며, 어떤 이는 애써서 겪고 나서야 그것을 행하지만 마침내 그들이 성공에 이른다는 점에서는 차이가 없습니다."

두 문장은 각각 앞에서 말한 달도(達道)와 달덕(達德)에 각각 걸린다. 달도 다섯 가지는 알아야 하는 것이고, 달덕 세 가지는 행해야 하는 것이다. 그런데 그 다섯 가지 달도를 아는 데 세 가지 종류가 있다. 하나는 태어날 때부터〔生〕 자연스럽게 알고 있는 것이고, 또 하나는 배워서〔學〕 아는 것이고, 마지막 하나는 겪고 나서야〔困〕 아는 것이다. 그러나 최종적으로 알게 되는 단계에 이르면 이들 간의 차이는 없다는 것이 공자가 말하고자 하는 요지다. 그런데 바로 이 구절은 『논어』 '季氏 9'에 거의 그대로 있다.
계씨

공자는 말했다. "나면서 아는 자는 최고요, 배워서 아는 자는 다음이요, 겪고 나서야〔困〕 그것을 배우는 자는 그 다음이요, 겪고 나
곤
서도 배우려 하지 않으면 사람으로서 최하가 된다.

여기서 안다는 것은 지식보다는 세상사나 인간됨(천하의 달도)을 아는 것이다. 나면서 아는 자란 사람이나 세상사를 보는 안목을 타고났다는 뜻이다. 그것은 결코 지식이 될 수 없다. 중국학자 윤돈 같은 이는 '나면서부터 알 수 있는 것은 의리〔義〕뿐'이라고 했지만 그것은 억지다. 오히려 사람을 보는 법〔知人〕의 맥락에서 보면 그
지인
뜻은 더욱 분명해진다. 따라서 '季氏 9'를 지인(知人)의 맥락을 강
계씨
화해 좀 더 쉽게 풀어보면 이렇게 된다. "날 때부터 어진 사람을 알아볼 줄 아는 자가 최고요, 배워서 어진 사람을 알아볼 줄 아는 자는 다음이요, 겪고 나서 어진 사람을 알아볼 줄 아는 사람은 다음이요, 겪고 나서도 어진 사람을 알아보는 법을 배우지 못하면 사람으로서 최하가 된다." 어진 사람은 달도를 알고 달덕을 행하는 사람이기 때문이다. 이런 풀이는 우리가 다루고 있는 공자의 발언 중 첫 번째 문장에 그대로 적용할 수 있다.

그 다음에는 달도(達道)를 행하는 세 가지 방법을 이야기한다. 첫째는 그것을 편안하게 받아들이며 행하는 것〔安而行之〕이다. 즉 이는
안 이 행 지
나면서 아는 것〔生而知之〕과 통하며 그런 사람이 바로 인자(仁者)이
생 이 지 지

다. 둘째는 그것을 이롭게 생각하고서 행하는 것〔利而行之〕이다. 즉 이는 배워서 아는 것〔學而知之〕과 통하며 그런 사람이 바로 지자(知者)다. 다시 한 번 이 두 가지를 『논어』를 통해 확인해 둘 필요가 있다.

공자는 말했다. "어질지 못한 사람은 (인이나 예를 통해 자신을) 다잡는 데 (잠시 처해 있을 수는 있어도) 오랫동안 처해 있을 수 없고, 좋은 것을 즐기는 데에도 (조금 지나면 극단으로 흘러) 오랫동안 처해 있을 수 없다. 어진 자는 어짊을 편안하게 여기고〔安仁〕 지혜로운 자는 어짊을 이롭게 여긴다〔利仁〕." ('里仁 2')

공자나 유학의 텍스트에서 지자(智者 혹은 知者)는 인자(仁者)보다 한 수 아래다. 지자는 인(仁)을 이롭게 여긴다〔利仁〕는 것은 인이 어떠하다는 것을 머리로는 알지만 스스로 몸에 체득하여 실행에 옮기지는 못하고 늘 생각에 생각을 거듭해야 겨우 제대로 행한다는 뜻이다. 반면에 인을 편안하게 여긴다〔安仁〕는 머리가 아니라 몸으로 인을 체득하여 자연스럽게 인을 행하는 경지이다.

다시 인자와 지자의 관계에 대한 공자의 언급 몇 가지를 『논어』에서 끌어와 보자. '雍也 20'에서 제자 번지가 지(知/智)에 관해 묻자 공자는 이렇게 답한다. "사람이라면 마땅히 지켜야 할 바〔義〕에 힘쓰고 귀신의 존재는 공경하는 마음으로 인정하면서도 그 실체를 알려고 애쓰지는 않는다면 인간사를 아는 경지〔知〕에 이르렀다고 할 수 있다." 연이어 인(仁)에 관해 묻자 공자는 이렇게 답한다. "어려운 일을 먼저 하고 얻는 것을 뒤에 하니, 어질다〔仁〕고 할 수 있다." 이것은 일단 지(知)에 관한 공자의 생각을 전한 다음 지

보다는 한 단계 뛰어난 인(仁)을 설명하는 방식이라고 볼 수 있다. 즉 지는 분별력이기 때문에 높이 평가할 만하지만 '얻는 것'을 우선으로 하는 반면 인은 쉽고 어려움을 가리지 않고 오히려 어려운 일도 얼마든지 감수하는 태도라는 것이다.

다시 '顏淵 22'에서 번지가 인(仁)에 관해 묻자 공자는 "사람을 사랑하는 것〔愛人〕"이라고 답하고 지(知)에 관해 묻자 "사람을 아는 것〔知人〕"이라고 답한다. 지금 우리가 논의하고 있는 바로 그 문맥이다. 그리고 '雍也 21'에는 유명한 구절이 나온다.

공자는 말했다. "지혜로운 자는 물을 좋아하고 어진 자는 산을 좋아하니, 지혜로운 자는 동적이고 어진 자는 정적이다. 또 지혜로운 자는 즐길 줄 알고 어진 자는 오래간다."

이 문장에는 지(知)와 인(仁)을 보다 정확하게 이해할 수 있는 중요한 실마리들이 대거 들어 있다. 특히 주목해야 할 점은 '지혜로운 자는 즐길 줄 안다〔知者樂〕'고 한 대목이다. 지(知)와 낙(樂)은 밀접한 관계를 갖고 있는 것이다.

다시 인(仁)과 지(知)의 관계다. '子罕 28'에서 공자는 "사람을 볼 줄 아는 사람〔知者〕은 (사리를 알기 때문에 불필요한) 불혹(不惑)하고, 어진 사람〔仁者〕은 (세상 이치를 알아 사리사욕에 꺾이지 않으니) 근심하지 않는다"고 말한다. 같은 내용이 '憲問 30'에도 나온다. 공자가 나이 40에 불혹(不惑)이라고 했던 것도 이때쯤에는 지자(知者)의 단계를 넘어서거나 적어도 그 경지에는 이르러야 한다는 말이다.

'衛靈公 32'에서 공자는 보다 구체적으로 둘의 관계를 설명한다.

"앎〔知〕이 도(道)에 미치더라도 어짊〔仁〕이 그것을 뒷받침해 줄 수 없다면 설사 도를 얻었다 하더라고 결국 자기 것이 되지 못하고 반드시 잃게 된다."

공자의 제자 중에서는 안회가 바로 안인(安仁)의 경지에 이른 사람이다. 오랫동안 자신을 다잡으면서도 힘들어하지 않고 오히려 마음속으로부터 편안하게 받아들인 인물이기 때문이다. 반면에 이인(利仁)은 인(仁)이 좋다는 것을 알고 인자(仁者)가 되려고, 혹은 인자를 찾아 애쓰지만 아직 인을 자기 몸에 다잡는 데 오랫동안 처하지 못하고 편안하지도 않은 단계이다. 공자의 제자 중에서는 자공이 바로 그런 단계에 이른 인물이다. 그래서 안회와 자공의 차이는 인자(仁者)와 지자(知者)의 차이이기도 하다.

다시 본문으로 돌아가자. 셋째는 부지런히 힘써서 그것을 행하는 것〔勉强而行之〕이다. 즉 이는 겪고 나서 알게 되는 것〔困而知之〕과 통하며 그런 사람이 바로 용자(勇者)이다. 행하여 마침내 일을 이루는 것이 성공(成功)이다. 『논어』 '憲問 30'에서 공자는 이렇게 말한다.

"군자의 길에는 세 가지가 있는데 나는 그 어느 것에도 능하지 못하니 어진 사람〔仁者〕은 근심하지 않고, 지혜를 가진 사람〔知者〕은 감정에 휩쓸리지 않고, 용기를 가진 사람〔勇者〕은 두려워하지 않는다."

이로써 우리의 풀이는 끝났다. 이제 이에 대한 주희의 풀이를 살펴볼 차례다. 주희는 믿기지 않을 정도로 큰 과오를 범하고 있다. 그리고 이런 과오는 지금도 우리 동양철학계에 고스란히 전수되고 있다.

"아는 자의 알아야 할 바와 행하는 자의 행해야 할 바를 달도(達道)라 한다. 그것을 나누어 말하면, 알아야 할 것〔所以知者〕은 지(知)요,
<small>소이 지 자</small>
행해야 할 바는 인(仁)이요, 알아서 성공에 이르러서는 하나로 똑같다는 것은 용(勇)이며, 그 등급으로써 말하면, '생지안행(生知安行)'은 지요, '학지이행(學知利行)'은 인이요, '곤지면행(困知勉行)'은 용이다."

처음에는 달도를 아는 세 가지 유형을 제시했고, 다음에는 달도를 행하는 세 가지를 이야기했다. 그런데 주희는 어떻게 된 이유인지 아는 것을 지, 행하는 것을 인이라고 풀이한 다음 '알아서 성공에 이르러서 하나'까지를 용이라고 푼다. 즉 세 가지 유형의 앎은 마지막에 이르게 되면 차이가 없고 다 똑같다는 뜻이다. 당혹스러울 정도로 잘못된 풀이다.

이런 오류는 다음 문장에서 절정에 이른다. 문제가 되는 부분은 "'생지안행(生知安行)'은 지(知)요, '학지이행(學知利行)'은 인(仁)이요" 이다. 정확히 뒤집어져 있다. 앞에서 『논어』의 사례들을 통해 살펴본 대로 '생지안행'은 지가 아니라 인이고 '학지이행'은 반대로 인이 아니라 지이다. 아마도 공자가 말한 앞의 원문에서 인지용(仁知勇) 삼자(三者)라 하지 않고 지인용(知仁勇) 삼자라 했기에 고지식하게 그 순서대로 풀이하다 보니 이렇게 된 듯한데 그렇다 해도 이 오류는 치명적이다. 언어의 천재라는 주희답지 않은 수준 이하의 실수이다.

이런 맥락에서 다시 '알아야 할 것〔所以知者〕은 지(知)요 행해야 할
<small>소이 지 자</small>
바는 인(仁)이요'를 정밀하게 검토해 보면 잘못된 것임을 알 수 있다.

알아야 할 것도 달도요, 행해야 할 것도 달도이다. 지인용(知仁勇)은 그 행하는 방식을 나눈 것일 뿐이다. 왜냐하면 아는 것에도 인지용(仁知勇)이 있고 행하는 데도 인지용이 있기 때문이다.

그러면 주희는 왜 이런 어이없는 오류를 저지른 것일까? 단순한 실수일까? 필자는 그렇지 않다고 본다. 필자는 이미 『논어』를 『논어』로 푸는 '이론해론(以論解論)'의 작업을 하면서 주희가 풀어놓은 집주(集註)는 도움이 되기도 하지만, 그릇된 풀이로 이끄는 역할도 적지 않게 하고 있음을 알게 됐다. 이런 오류가 생기는 이유 중 하나는 주희가 지나치게 지(知)를 지식으로만 풀어내려 하는 데 있다. 사실 『논어』에 등장하는 지(知/智)는 대부분 사람을 아는 것〔知人〕으로 풀이해야만_{지인} 문장의 생생한 의미와 공자가 말하고자 하는 의미가 정확하게 드러나곤 했다. 그런데 주희의 집주는 오히려 지를 지인(知人)으로 해석하는 데 처음부터 끝까지 방해물로 작용한다. 그 결과 그의 집주에 의존해 『논어』를 읽어갈 경우 『논어』는 한 덩어리의 책이 아니라 듬성듬성 이해할 수밖에 없는 잠언집으로 전락할 수밖에 없다. 그렇기 때문에 『중용』을 풀이하는 과정에서 지(知)와 관련하여 저지른 주희의 오류는 실수라기보다는 주희가 『논어』를 보는 시각 자체가 가진 문제점을 그대로 드러내주는 결정적인 증거라고 봐야 한다고 필자는 생각한다. 때문에 주희의 도움을 받되 끊임없이 그의 집주를 의심해 가며 공자의 텍스트를 읽어내야 한다.

주희의 오류에 대한 비판은 이 정도로 하고 다시 공자의 발언으로 돌아가보자. 이제 공자는 자신이 조금 전에 했던 말을 다음과 같이 요약한다. 그래서 이 문장 이전까지는 공자가 애공에게 한 말이고, 이 문장 이후부터는 공자가 다른 자리에서 했던 말을 여기에 이어 붙인 것으로 본다. 그러므로 지금부터는 경어가 아니라 평어로 옮긴다. 내용은 일관된다.

"배우기를 좋아하는 것은 지(知)에 가깝고 행하기를 힘쓰는 것은 인(仁)에 가깝고 부끄러움을 아는 것은 용(勇)에 가깝다."

부끄러움을 뜻하는 恥는 恥의 속된 표현으로 같은 뜻이다. 묘하게도 주희의 오류는 이 발언에 대한 풀이에서도 다시 반복된다. 심지어 여기서는 주희가 왜 실수가 아니라 편향된 사고로 인해 그처럼 어이없는 잘못을 저지르게 되었는지가 적나라하게 드러난다. 이번에는 주희의 풀이를 먼저 본 다음 그것이 왜 잘못되었는지를 『논어』로 『논어』를 풀다〔以論解論〕'에 입각해 따져보는 방식으로 공자의 이 발언을 풀어보겠다. 그만큼 중요한 대목이기 때문이다.

먼저 주희는 공자의 이 발언을 "달덕(達德-知仁勇)에 이르지 못하여 덕(德)에 들어가기를 구하는 일을 말씀한 것"이라고 풀이한다. 그런데 이것은 近의 의미를 너무 중시한 데서 비롯된 오해로 보인다. 그 이유는 곧바로 드러난다. 이어지는 주희의 풀이다. "윗글의 삼지(三知-生知, 學知, 困知)는 지(知)가 되고 삼행(三行-安行, 利行, 勉行)은 인(仁)이 되는 것과 통한다고 볼 때 이 세 가지 가까움은 용(勇)의 다음이다." 여기에서도 지인용(知仁勇)이 마구 뒤엉키고 있다. 이는 주희가 지(知)를 제대로 이해하지 못한 데서 비롯된 오해다. 삼지(三知)는 그 자체가 각각 인(仁-生知), 지(知-學知), 용(勇-困知)이지 삼지에 지가 있다고 해서 삼지를 지로 보는 것은 범주적 오류를 저지른 것이다. 이 또한 추측건대 앞에서 지적한 대로 주희가 지를 지나치게 학술적 의미의 지로만 파악하려 했기 때문에 나타난 오류로 보인다. 삼행(三行)도 마찬가지다.

여기서 공자는 지, 인, 용을 조금 다른 각도에서 설명한 것일 뿐이다. 지(知)에 대해 공자는 배우기를 좋아하는 것〔好學〕이라고 말한다. 그것은 바로 배워서 아는 것〔學知〕과 통한다. 공자의 제자 중에는 자공이 바로 배우기를 좋아하는 지자(知者)다.

그런데 공자가 말하는 호학(好學)에는 두 가지 의미가 있다. 말 그대로 배우기를 좋아하는 호학과 배운 것을 행하기를 좋아하는 호학이 그것이다. 여기에서는 배우기를 좋아한다는 뜻으로 호학이 사용되었다. 참고로 배운 것을 행하기를 좋아한다는 의미의 호학은 『논어』'學而 14'에 나온다.

공자는 말했다. "무릇 군자가 되려고 하는 자는 먹을 때 배부름을 구하지 않고 거처할 때 편안함을 구하지 않으며, 또 일을 할 때는 민첩하게 하고 말은 신중하게 하며, 이어 도리를 갖추고 있는 사람에게 찾아가 잘잘못과 옳고 그름을 바로잡는다면 (설사 그가 문을 아직 배우지 않은 사람이라 하더라도 문을) 배우기를 좋아하는 사람이라고 이를 수 있다."

이런 의미의 호학을 한 대표적인 제자는 인자(仁者)인 안회(顏回)다. '雍也 2'에 이런 문답이 나온다.

애공이 물었다. "제자들 중에서 누가 배우는 것을 좋아하는가?"
공자는 말했다. "안회라는 자가 있어 배우기를 좋아하여 분노를 다른 데로 옮기지 않고 잘못을 두 번 다시 반복하지 않았는데 불행하게도 명이 짧아 죽었습니다. 지금은 그가 가고 없으니 배우기를 좋아하는 자를 들어보지 못했습니다."

또 '先進 6'에도 비슷한 문답이 나온다.
　선진

**계강자가 물었다. "제자들 중에서 누가 배우기를 (가장) 좋아합니까?"
공자는 말했다. "안회가 배우기를 좋아했는데 불행하게도 명이
짧아 일찍 죽었습니다. 지금은 (그만한 사람이) 아무도 없습니다."**

억지로 좋게 보아주자면 주희는 바로 이런 점들 때문에 호학(好學)
과 학지(學知) 그리고 지(知)의 연관성을 간과했는지 모른다. 그러나
여기서 호학은 말 그대로 배우기를 좋아한다는 의미이다.

공자는 오히려 두 번째, 즉 인(仁)에 대해서는 행하기를 힘쓰는 것
〔力行〕이라고 말한다. 조금 전에 말한 호학의 두 번째 의미, 즉 안회가
　역행
보여준, 배운 바를 행하기를 좋아한다는 의미의 호학이 바로 역행(力
行)이다. 따라서 '學而 14', '雍也 2', '先進 6'은 모두 역행에 대한 풀이
　　　　　학이　　　용야　　　선진
로 읽을 수 있다.

이어 공자는 용(勇)에 대해 부끄러움〔恥〕을 아는 것이라고 말한다.
　　　　　　　　　　　　　　　　　치
주희는 부끄러움에 대해 여씨(呂氏)의 말을 인용하여 "나약한 자는
남의 아래가 되기를 좋아하고 사양하지 않는다"고 풀이한다. 부끄러
움을 비굴와 관련지어 설명하고 있는 것이다. 그러나 이 또한 『논어』
에서 말하는 '치(恥)'의 문맥으로 풀이해 보면 공자의 생각과는 완전
히 동떨어진 설명이 되고 만다.

우선 '學而 13'에서 공자의 제자 유자가 치(恥)와 관련해서 했던 말
　　　학이
은 여씨나 주희의 풀이와는 정반대다.

"공손한 태도가 예에 가까우면 치욕(恥)을 당할 일은 멀어진다."
<small>치</small>

이 말은 개인(아랫사람)과 개인(윗사람) 사이에 이루어지는 공손한 태도가 공적인 룰이라고 할 수 있는 예(禮)에 가까우면 그런 태도는 치욕(恥辱)과는 거리가 먼 것이 될 수 있다는 것이다. 뒤집어 생각하면 예에서 동떨어져 아랫사람이 아무런 원칙도 없이 윗사람에게 공손하게 한답시고 굽실거릴 경우 그것은 곧바로 치욕의 일종인 자괴감(自愧感)으로 이어진다는 말이다. 그러나 『논어』 전반에 걸쳐 공자가 수없이 언급하는 치(恥)는 이보다 훨씬 근본적인 의미를 가지며, 예보다는 용(勇)과 관련된다는 점에서 우리의 논의에 직접적인 도움을 준다. 그것은 염치나 수줍음을 의미하기보다는 언행불일치(言行不一致)에 대한 부끄러움과 관련된다. 그 대표적인 것이 '里仁 22'다.
<small>이인</small>

공자는 말했다. "옛날에 훌륭한 사람들이 말을 함부로 하지 않았던 것은 몸소 그 말을 실천하지 못하게 되는 것을 부끄러워해서였다."

일단 언행불일치에 대한 부끄러움을 의미하는 치(恥)의 사례를 모아본다.

공자는 말했다. "교언영색을 너무 지나치게 하는 과공(過恭)을 옛날 좌구명이 부끄러워하였는데 나도 그것을 부끄러워한다." ('公冶長 24')
<small>공야장</small>

공자는 말했다. "그 말하는 바를 부끄러워할 줄 모른다면, 그것을 실천하는 것은 어렵다."('憲問 21')
헌문

공자는 말했다. "군자는 큰소리치는 것을 부끄러워하고 행실을 말보다 조금 더 나아가도록 처신한다."('憲問 29')
헌문

따라서 여기서 공자가 부끄러움을 아는 것이 용(勇)이라고 말한 것은 자신이 한 말을 실천하지 못하는 것을 부끄러워할 줄 아는 것이 바로 용기라는 뜻이다. 즉 이런 부끄러움을 아는 자라야 용기 있게 실천할 수 있다는 뜻이다. 이 점은 공자의 제자 중에서 용자 (勇者)를 대변하는 자로와 관련된 일화에서 더욱 분명해진다. 먼저 '公冶長 13'을 보자.
공야장

자로는 좋은 말을 듣고서 아직 그것을 실행하지 못했으면 혹시라도 다른 좋은 말을 듣게 될까봐만 두려워하였다.

자로는 의리〔義〕 앞에서 용감하기로는 둘째가라면 서러운 제자였
의
다. 그러나 공자의 척도로 보자면 인(仁)의 안회나 지(知)의 자공에는 미치지 못한다. 그럼에도 불구하고 자로는 분명 뛰어난 제자 가운데 한 명이다. 여기서는 아마도 『논어』의 편찬자가 지나치게 자로가 폄하되는 것을 경계하여 그의 긍정적인 모습 하나를 던져놓은 듯하다.

사실 이 말은 공자가 한 말인지 동료나 후대의 사람이 한 말인지 불분명하다. 자로의 경우 뭔가 좋은 말을 듣고서도〔有聞〕 아직 그것
유문

을 행동에 옮기지 못하였을 때는 혹시라도 또 다른 좋은 말을 듣게 될까봐만 두려워하였다는 것이다. 그 두려움은 곧 용기이다. 그만큼 말과 행동에서 행동이 따르지 않는 말을 하거나 듣는 것을 경계하였다는 뜻이다. 언행일치(言行一致)의 맥락에서는 극찬이라 할 수 있다. 공자는 '爲政 24'에서 이렇게 말했다.
위정

"의로움을 보고서도 행동하지 않는다면 그것은 용기라 할 수 없다."

이 말에 딱 들어맞는 제자가 바로 자로였다. 이 점을 공자는 분명히 높이 평가했고, 이 장은 바로 그 부분을 지적하는 내용이다. 그러나 동시에 공자는 '泰伯 2'에서 **"용맹하되 예가 없으면 위아래 없**
태백
이 문란해질 수 있다〔勇而無禮則亂〕"라고 말한다. 자로를 염두에
용 이 무례 즉 란
둔 걱정이다. 또 '陽貨 8'에서는 자로를 불러 여섯 가지 폐단을 말하
양화
는데 그중 다섯 번째가 바로 자로를 향한 것이었다. **"용맹을 좋아하**
기만 하고 배우기를 좋아하지 않으면 그 폐단은 어지러워진다는
것이다〔好勇不好學 其蔽也亂〕." 둘은 사실상 같은 이야기다. '陽貨
호용 불호학 기 폐야 란   양화
23'에서는 용맹과 관련한 자로의 질문에 공자가 답하고 있다.

자로가 묻는다. "군자라면 용맹을 숭상해야 합니까?"
공자는 말했다. "군자라면 의를 높게 받들어야 한다. 군자가 용맹만 있고 의가 없으면 난을 일으키고, 소인이 용맹만 있고 의가 없다면 도둑질을 한다."

결국 자로는 난(亂)에 연루돼 비명횡사했다.

이제 공자의 다음 언급으로 넘어가보자.

"(따라서) 이 세 가지를 알면 곧 몸을 닦는 길을 알게 될 것이요, 몸을 닦는 길을 알게 되면 사람을 다스리는 길을 알게 되고, 사람을 다스리는 길을 알면 곧 천하와 국가를 다스리는 길을 알게 될 것이다."

다시 앞에서 말했던 "그러므로 군자는 (우선) 몸을 삼가 닦지 않을 수 없고〔修身〕, 수신(修身)을 하려고 생각한다면 어버이를 제대로 섬기지 않을 수 없고〔事親〕, 사친(事親)을 하려고 생각한다면 사람을 아는 것을 생각해야 하고〔思知人〕, 지인(知人)을 하려고 생각한다면 하늘의 이치〔天〕를 알지 않으면 안 됩니다"로 돌아갔다. 말하고자 하는 바를 표현을 조금 달리하여 다시 한 번 강조하고 있는 것이다.

그러면 천하와 국가를 다스리려면 어떻게 해야 하는가? 공자는 곧장 새로운 이야기를 시작한다.

"천하와 국가를 다스리는 데는 아홉 가지 법도〔九經〕가 있다. 첫째는 자신의 몸을 닦는 것이고, 둘째는 뛰어난 이를 그에 걸맞게 대우하는 것이고, 셋째는 혈육을 내 몸처럼 여기는 것이고, 넷째는 대신을 존중하는 것이고, 다섯째는 여러 신하들을 마음으로써 보살피는 것이고, 여섯째는 일반 백성들을 자식처럼 사랑하는 것이고, 일곱째는 세상의 각종 전문가〔百工〕가 모여들게 하는 것이고, 여덟째는 먼 나라 사람들도 찾아오고 싶도록 품어 안는 것이고, 아홉째는 여러 제후들이 자발적으로 따르게 만드는 것이다."

여기에서 중요한 것은 아홉 가지 법도의 순서다. 먼저 나오는 것이 그만큼 우선순위를 갖는다는 뜻이다. 전체적으로 보면 『대학』에 나오는 수신제가치국평천하(修身齊家治國平天下)를 풀이해 놓은 듯하다.

첫째, 자신의 몸을 닦는 수신(修身)이다. 모든 것의 출발점은 바로 수신이다. 몸을 닦는 것이란 예(禮)로써 자기 자신을 다잡는[約] 것이다. 『논어』 '雍也 25'에서 공자는 수신하는 방법에 대해 말한다.

공자는 말했다. "군자가 되고자 하는 사람은 문(文)을 통해 널리 배우고, 그 배운 바를 예(禮)로써 다잡아 몸에 익힌다면 이 또한 (인이나 도에서) 벗어나지 않을 것이다"

이는 곧 극기복례(克己復禮)와도 통한다. 이 문제는 잠시 후에 종합적으로 정리할 것이기 때문에 풀이는 여기서 그친다.

둘째, 현명한 이를 그에 걸맞게 대우하는 것이다. 그러려면 현명한 이를 알아보는 눈이 있어야 한다. 사람 보는 눈[知人之鑑]이 뛰어나야 한다는 말이다. 존현(尊賢)은 곧 현명한 이를 현명한 이로 알아보는 현현(賢賢)과 통한다.

셋째, 공자는 혈육을 내 몸처럼 여기라고 말한다. 친친(親親)의 출발점은 당연히 부모이고, 다음이 형제이며, 이어 촌수별로 나아간다. 이 점은 앞에서 살펴본 바 있으며 앞으로도 계속 반복될 것이다. 이는 집안을 가지런히 다스리는 제가(齊家)와 통한다.

넷째부터 아홉째까지는 별도의 설명이 필요하지 않다. 치국(治國) 및 평천하(平天下)와 통한다.

이어서 공자는 이런 구경(九經)을 바로 했을 경우 어떤 효과가 나타나는지를 하나씩 설명한다.

"몸을 닦으면 도가 서고, 뛰어난 이를 그에 걸맞게 대우하면 불혹(不惑)하게 되고, 혈육을 내 몸처럼 여기면 아버지의 형제들인 숙부(叔父)들이나 친형제들이 원망하지 않게 되고, 대신을 존중하면

(國事가) 현혹되지 않고〔不眩〕, 여러 신하들을 마음으로써 보살피면
선비들이 임금에게 보답하려는 예(禮)가 두텁게 되고, 일반 백성들을
자식처럼 사랑하면 백성들이 부지런해지고, 세상의 각종 공인들이 모
여들면 재물의 쓰임이 풍족하게 되고, 먼 나라 사람들도 찾아오고 싶
도록 품어 안으면 사방에서 찾아오게 되고, 여러 제후들이 자발적으
로 따르게 만들면 천하가 두려워하게 될 것이다."

　　첫째, 수신을 하면 도가 선다〔道立〕고 말한다. 수신의 결과 내지 효
과를 말하는 것이다. 문제는 '도가 선다'는 것의 의미를 보다 명확하게
이해하는 일이다. 이는 예(禮)와 관련된다. 이를 제대로 풀이하는 단
서는 『논어』의 '泰伯 8'에 있다.

　　공자는 말했다. "시에서 일어나고, 예에서 서며, 악에서 이룬다."

　　우리의 관심은 '예(禮)에서 선다〔立於禮〕'이지만 시(詩)나 악(樂)
의 문제도 함께 살피는 것이 훨씬 도움이 된다. 이 구절은 그냥 풀
어보면 시에서 (도를 향한) 흥이 일어나고〔興於詩〕, 예에서 (도가)
서게 되며〔立於禮〕, 악에서 (도를) 이룬다〔成於樂〕는 정도의 뜻이다.
대부분의 번역서나 해설서는 이 대목을 간략하게 풀이하고 그냥 넘
어간다. 그런데 흥(興)과 시(詩), 입(立)과 예(禮), 성(成)과 악(樂) 여
섯 자 각각의 뜻과 둘 사이의 관계 그리고 '흥어시(興於詩)', '입어예
(立於禮)', '성어악(成於樂)' 셋의 관계를 짚어가면 훨씬 놀라운 공자
의 가르침이 펼쳐지게 된다.

　　먼저 주희는 흥(興)을 불러일으킴〔興起〕이라고 풀이한다. 興에는
일다, 일어나다, 일으키다 등의 뜻이 있으니 불러일으킨다는 주희

의 풀이는 별로 문제가 없어 보인다. 그런데 중요한 것은 '무엇이' 일어나는가이다. 일단 이는 시(詩)와 관련지어 설명하는 것이 불가피하다. 다시 주희의 풀이다. "시는 성정(性情)에 근본을 두고 있어 그 릇됨[邪]도 있고 바름[正]도 있어 그 말한 것이 이미 알기 쉽고 읊는 사이에 억양(抑揚)하고 반복하여 사람을 감동시킴이 또 들어가기 쉽다. 그러므로 배우는 자가 초기에 착함을 좋아하고 악함을 미워하는 마음을 흥기하여 스스로 그치지 않게 하는 것을 반드시 이 시에서 얻게 된다." 그래서 이런 의미의 선함을 흥기시키는 데 좋은 시를 3백 편 모은 것이 『시경』이라고 할 수 있다.

공자가 말한 "시(詩)에서 일어나고, 예(禮)에서 서며, 악(樂)에서 이룬다"는 말은 무엇보다 한 사람이 군자(君子)가 되어가는 과정이나 단계와 연결돼 있다. 먼저 『논어』 '述而 6'부터 보자.
술이

공자는 말했다. "도(道)에 뜻을 두었고, 덕(德)을 쌓았으며, 인(仁)에 의지하고, 예(藝)에서 노닐었다."

여기에서 주목해야 할 구절은 '예(藝)에서 노닐었다[游於藝]'다.
유 어 예
예(藝)란 예(禮) 악(樂) 사(射) 어(御) 서(書) 수(數)의 육예(六藝)를 말한다. 즉 '시에서 (도를 배우겠다는) 뜻이 일어나고, 예에서 (몸이 바로) 서며, 악에서 (인격의 완성을) 이룬다'는 말은 '예(藝)에서 노닐었다[游於藝]'에 대한 상세한 풀이가 되는 것이다. 그래서 '術而 6'과
술이
'泰伯 8'을 합쳐보면 이렇게 된다.
태백

'도(道)에 뜻을 두었고 덕(德)을 쌓았으며 인(仁)에 의지하고,' '시

(詩)에서 흥이 일어나고 예(禮)에서 서며 악(樂)에서 이룬다.'

둘 다 제자가 아니라 공자가 한 말이기 때문에 이 같은 조합은 큰 문제가 없을 것이다. 이렇게 조합한 문장은 일단 한 인간의 생애를 놓고 보더라도 훨씬 긴 기간을 포함한다. 그러면 이제 조합한 문장을 공자가 말한 자신의 일생과 비교해 보자. '爲政 4'에서 공자는 15세에 '지우학(志于學)', 즉 학문(배움)에 뜻을 두었다고 했다. 주희는 이 학(學)을 '대학지도(大學之道)'라고 풀이한 바 있다. 그러나 그것은 좀 더 정확하게는 문(文), 즉 옛 현인들의 도(道)를 배우는 데 뜻을 두 었음을 뜻한다고 봐야 한다. 따라서 '爲政 4'의 지우학은 '述而 6'의 '지어도(志於道)'와 같다. 그리고 30세의 '이립(而立)'과 40세의 '불혹(不惑)'은 '덕(德)을 쌓았으며'와 조응한다. 그리고 50세의 '지천명(知天命)'은 '인(仁)에 의지하고'에 해당하고 '이순(耳順)'을 넘어서게 되 면서부터 '예(藝)에서 노닐었다〔游於藝〕'

인(仁), 예(禮), 악(樂)의 관계에 대해서는 '八佾 3'에서 공자가 이 렇게 말한다. **"사람이 어질지 못한데 예를 행한들 무엇할 것이며, 사람이 어질지 못한데 음악을 행해서 무엇할 것인가?"** 여기서는 인(仁)이 바탕〔質〕이고 예악(禮樂)이 애씀〔文〕이다.

『예기』의 '공자한거(孔子閒居)'를 보면 공자가 이룩한 지극한 다섯 가지〔五至〕가 나온다. "뜻〔志〕은 지극한 바에 이르렀다. 시 또한 그 러했는가? 시도 지극한 바에 이르렀다. 예 또한 그러했는가? 예도 지극한 바에 이르렀다. 악 또한 그러했는가? 악도 지극한 바에 이르 렀다. 애(哀) 또한 그러했는가?" 여기에서는 말년의 애(哀-슬퍼함)가 새롭게 추가돼 있다.

따라서 사람의 한 생애를 놓고 보면 지(志=道)가 가장 앞서고, 시와 예를 거쳐 덕(德)과 인(仁)을 닦는 30~50대를 지나 예(藝)에 이르게 되고, 마침내 죽음의 문제(哀)가 나온다. 이런 총괄적인 인식을 바탕으로 해서 다시 하나씩 검토해 보자.

먼저 '흥어시(興於詩)'다. 시를 배워 알게 되면 무엇이 일어나는 것일까? 주희는 선악의 마음(好善惡惡)이라 했는데 『논어』의 맥락에서 보면 그보다는 훨씬 넓은 뜻 같다. '學而 15'에서 공자는 제자 자공이 자신의 질문에 『시경』을 끌어들여 답하자 이렇게 칭찬한 적이 있다. "비로소 (너와) 더불어 시를 말할 수 있게 되었다." 그리고 그 이유를 이렇게 말한다. "이미 지나간 것을 일깨워주자 앞으로 올 것도 아는구나(告諸往者而知來者)!" 작은 것을 말하면 벌써 큰 것을 알고, 큰 것을 이야기할 때도 작은 것을 놓치지 않는 태도를 칭찬한 것이다.

'爲政 2'에서 공자는 『시경』에 실린 시 300편을 한 마디로 하자면 '사무사(思無邪)', 즉 생각에 사특함이 없다라고 말했다. '주일무적(主一無適)' 또한 같은 뜻이다. 邪를 간사함으로 해석하는 것은 지나친 윤리적 해석으로 보인다.

다음은 '입어예(立於禮)'다. 우선 주희의 풀이부터 참고해 보자. "예(禮)는 공경과 사양을 근본으로 삼고 절문(節文)과 도수(度數)의 상세함이 있어서, 사람의 살의 모임과 힘줄의 묶임을 견고하게 할 수 있다. 그러므로 배우는 자가 중간에 탁연히 자립하여 사물에 흔들리고 빼앗김을 당하지 않는 것을 반드시 이 예(禮)에서 얻게 된다."

예(禮)로써 우리는 우리의 몸을 다잡는다(約). '學而 12'에서 유자(有子)는 예의 쓰임과 관련해 중요한 발언을 했다. "예(禮)의 쓰임

〔用〕은 화기(和氣)를 귀하게 여긴다. 옛 임금들의 도리도 바로 이런 예의 화기를 중요하게 생각했으니 상하가 통용되어 행해졌다. (그러나) 해서는 안 되는 일이 있다. 화기만을 알아서 조화나 화합에만 힘쓰고 예로써 그것을 절제하지 않는다면 그 또한 역시 행할 수 없다."

더불어 우리는 서다〔立〕에 주목할 필요가 있다. '學而 2'에서 유자는 이렇게 말했다. "군자는 근본에 힘쓰니, 근본이 서야〔本立〕 도(道)가 생겨난다. 효(孝)와 제(弟)라는 것은 인을 행하는 근본이라 할 만하다." 여기서 말하는 근본은 바로 예다. 예로써 근본을 세우는 것이다. '爲政 4'에서 공자가 30세에 이립(而立)했다고 하는 것도 막연하게 자립했다는 뜻이라기보다는 예로써 스스로를 다잡아서〔約之以禮〕 마침내 사람으로서의 근본을 세우게 되었다〔本立〕는 말로 봐야 한다. 공자는 그 모습을 '爲政 5'에서 번지가 효(孝)에 관해 질문을 했을 때 명료하게 보여주었다.

"(부모가) 살아 계실 적에는 예로써 섬기고, 돌아가시면 예로써 장사 지내고, (그 후에는) 예로써 제사를 지내는 것을 말한다."

끝으로 '성어악(成於樂)'이다. 여기서 관심은 성(成-이루다, 끝내다, 완성하다)이다. 이때의 성(成)은 다움〔德〕의 완성을 의미한다. 주희의 풀이도 같은 맥락이다. "음악은 사람의 성정을 함양하여 간사하고 더러운 것을 깨끗이 씻어내고 찌꺼기를 말끔히 녹여낸다. 그러므로 배우는 자가 마지막에 의(義)가 정밀해지고 인(仁)이 완숙해져서 저절로 다움〔德〕의 화순(和順)함에 이르는 것은 반드시 이 악(樂)에서 얻게 되니 이는 배움의 완성이다."

이어 공자는 두 번째 효능과 관련해 "뛰어난 이를 그에 걸맞게 대우하면 불혹(不惑)하게 된다"고 말한다. 존현(尊賢)은 귀귀(貴貴)와 짝을 이룬다. 아랫사람이 윗사람을 그에 걸맞게 존중하는 것이 귀귀(貴貴)라면 존현(尊賢)은 윗사람이 아랫사람의 뛰어남을 알아보고서 그 사람을 그에 걸맞게 대우하는 것을 말한다. 지금 공자의 문맥은 애공을 염두에 둔 것이기 때문에 아랫사람 중에서 뛰어난 이를 잘 알아보고서 그를 그에 적합한 자리에 쓰라는 것이다. 그렇게 한다면 혹(惑)하는 일이 없을 것이라는 말이다.

이제 이 혹(惑)의 뜻만 풀면 된다. 『논어』에서 혹(惑)은 사람을 보는 지(知)나 지인(知人)의 문제와 연결돼 있다. 이는 '爲政 4'에서 공자가
말한 서른에 이립(而立)하고 마흔에 불혹(不惑)한다는 말과도 통한다. 따라서 바로 앞의 맥락과 연결해서 보기 위해 이립과 불혹을 함께 풀어보자.

『논어』의 '雍也 28'에서 공자는 인(仁)과 관련된 자공의 질문을 받고서 이렇게 말한다.

"인자(仁者)는 자신이 서려고 함에 남도 서게 한다."

뭔가 파편처럼 돼 있는 이립(而立)이라는 말은 어쩌면 '자신이 서려고 함에 남도 서게 한다〔己欲立而立人〕'의 축약인지도 모른다. 나
혼자 일어서는 것이 아니라 남도 함께 일어서게 해준다는 것이다. 그래야 而라는 연결사도 보다 구체적인 의미를 가질 수 있다.

'泰伯 8'에서 공자는 "예(禮)에서 선다〔立於禮〕"라고 말했다. 앞에
서 보았듯이 입(立)은 예(禮)와 관계되는 것이다. 즉 공자가 입(立)

이라고 할 때는 인(仁)이나 예의 세계를 체득했다는 뜻이다. 이렇게 되면 『논어』에 나오는 안연(顏淵)의 말이 쉽게 이해된다. 그는 공자가 자신을 이끌어준〔道〕 방법을 '子罕 10'에서 이렇게 말한다.

"문(文)으로써 나를 넓혀주시고 예(禮)로써 나를 다잡아주셨다."

즉 공자는 자신이 열다섯 살 때와 서른 살 때 깨우친 바를 제자의 교육방법으로 삼았던 것이다. 실제로 공자 자신도 '雍也 25'와 '顏淵 15'에서 **"군자가 되고자 하는 사람은 문(文)을 통해 배움을 넓히고, 그 배운 바를 예로써 다잡는다"**고 말하고 있다.

이번에는 '顏淵 1'에서 안연이 공자에게 인을 묻자 '극기복례(克己復禮)'라고 대답한 대목을 짚어볼 필요가 있다. 선다는 것은 이처럼 사사로움을 벗어나〔克己〕 공적인 예로 돌아가는 것이고, 그것이 바로 인을 행하는 것〔爲仁〕이다. 극기(克己)는 곧 '입기(立己)', 즉 자신의 몸을 예로써 세우는 것이다.

공자는 『논어』의 결론에 해당하는 '堯曰 3'에서 이를 다음과 같이 요약한다. "예(禮)를 알지 못하면 설 수 없다." 이는 자연스럽게 도립(道立)에 대한 보충설명이 되었을 것이다. 이제 본격적으로 불혹(不惑)과 지(知)의 문제를 짚어보자.

마흔에는 어디에도 혹(惑)하지 않는다, 또는 혹하지 않았다〔不惑〕고 했다. 그것은 뒤집어 말하면 마흔 무렵에는 온갖 유혹이나 미혹(迷惑) 등이 가장 성할 때이므로 그것을 경계해야 한다는 의미이다. 저절로 불혹의 경지에 들어가게 되는 것은 아니라는 뜻이다.

이는 열다섯 살의 지우학(志于學)과 서른 살의 이립(而立)의 맥락에서 살펴야 한다. 뜻을 세워 학문을 넓히고 마침내 예로써 몸과 마음을 다잡는 경지에 이르렀다고 하더라도 그것을 시종일관 유지하기란 거의 불가능하다. 주변에서는 여성의 유혹이 있었을 것이고 부와 명예에 대한 유혹 또한 쉽게 뿌리치기 힘들었을 것이다. 여기까지가 기존의 해석이다.

그러나 공자가 말하는 불혹(不惑)의 의미를 명확하게 하려면 역시 『논어』에서 사용되는 혹(惑)의 맥락부터 살펴야 한다.

불혹이란 말은 '子罕 28'에 다시 보인다.
자한

공자는 말했다. "사람을 볼 줄 아는 사람은 불혹(不惑)하고, 어진 사람은 근심하지 않고, 용기를 가진 사람은 두려워하지 않는다."

이 구절은 '憲問 30'에서도 반복된다. 여기서 불혹은 자연스럽게
헌문
지(知), 부지(不知)의 문제와 연결된다. '顏淵 21'에서는 번지라는 제자
안연
가 혹(惑)에 관해 묻자 공자는 좋은 질문이라고 평한 다음 이렇게 말한다.

"하루아침의 분노로 자신을 망각해 그 (화가) 부모에게까지 미치게 하는 것이 혹(惑) 아니겠는가?"

그리고 '顏淵 22'에서 안연이 지(知)가 무엇인지를 묻자 **"사람을**
안연
아는 것〔知人〕"이라고 답한다. 결국 사람을 제대로 알지 못해 타인
지인
과의 관계에서 화(禍)를 빚어내는 것이야말로 혹(惑)에 관한 공자의 정의라고 할 수 있다. 불혹은 이를 멀리한다는 것이다. 결국 불

혹은 지인(知人)이다. 사람을 제대로 파악하면 사람이나 일을 판단하는 데 흔들리지 않기 때문이다. 마흔에 지인하고 오십에 지천명(知天命)하는 것이다. '陽貨 26'에서는 40세와 불혹, 그리고 지인의 문제를 한 문장으로 압축해 보여준다.

공자는 말했다. "나이 사십이 되어서도 미움을 받으면 그대로 끝날 뿐이다."

이제 임금이나 지도자가 "뛰어난 이를 그에 걸맞게 대우하면 불혹(不惑)하게 된다"는 말의 의미는 충분히 이해되었을 것이다. 자신이 사람을 제대로 볼 줄 알아서 적재적소에 쓰게 될 경우 불필요하게 그 사람을 의혹하는 일은 없어질 것이고 따라서 불안해 할 일도 없어진다는 의미다.

셋째, 공자는 "혈육을 내 몸처럼 여기면[親親] 아버지의 형제들인 숙부(叔父)들이나 친형제들이 원망[怨]하지 않게 된다"고 말한다. 그것은 반대로 혈육을 소홀히 하면 가까운 피붙이들로부터 원망을 사게 된다는 말이기도 하다. 여기서 주목해야 할 단어는 원망[怨]이다.
공자는 『논어』의 '里仁 12'에서 원망이 생겨나는 근본적인 이유에 대해 이렇게 말한다.

"자기 이익에 따라서만 행동할 경우 많은 사람들로부터 큰 원망을 듣게 될 것이다."

반대로 '里仁 18'에서는 이렇게 말한다.
이인

"부모를 섬기되 (부모의 잘못이 있을 때) 조심조심 간해야 하니, 부모의 뜻이 내 말을 따르지 않음을 보더라도 더욱 공경하고 어기지 않으며, 수고로워도 원망하지 않아야 한다."

정리하자면 내 몸과 가장 가까운〔親〕 부모에 대해서는 결코 원망하지 말 것이며, 그 다음으로 가깝다고 할 수 있는 아버지(와 어머니)의 형제나 자신의 형제에 대해서도 늘 자신의 몸과 같이 대함으로써 원망을 듣지 말아야 한다는 것이다.

넷째, 공자는 "대신을 존중하면 현혹되지 않는다〔不眩〕"고 말한다. 불현
이는 믿음〔信〕의 문제다. 이에 대해서는 주희의 풀이가 정곡을 찌른신
다. "현혹되지 않는다는 것은 일이 혼미한 상태에 이르지 않는다는 뜻이다. 즉 대신을 진실로 공경할 경우 신임이 빈틈이 없고 두터워 신하〔小臣〕들이 이간질을 할 수 없다." 이에 대해서는 『논어』를 통한 풀소신
이가 필요 없을 듯하다. 뜻 그대로이기 때문이다.

다섯째, 공자는 "여러 신하들을 마음으로써 보살피면 선비들이 임금에게 보답하려는 예(禮)가 두텁게 된다"고 말한다. 여기서 여러 신하들〔群臣〕은 대신 아래의 여러 소신(小臣)들을 말한다. 이들에 대해군신
서도 임금이 늘 신경을 쓰고 있다는 점을 몸소 깨우쳐줘야만 그들도 마음속에서 우러나는 충심(忠心)으로 임금을 대하게 될 것이라는 것이다. 이 또한 추가적인 풀이가 필요 없다.

여섯째, 공자는 "일반 백성들을 자식처럼 사랑하면 백성들이 부지런해진다"고 말한다. 子란 여기서는 자식처럼 대하다라는 뜻이다. 『논자

어』'學而 5'는 자연스럽게 이에 대한 풀이가 된다.

공자는 말했다. "(제후의 나라인) 천승지국을 다스릴 때라도 매사에 임할 때 공경하는 마음으로 일관함으로써 백성들의 믿음을 얻어내고, 재물을 쓸 때는 절도에 맞게 하여 사치를 멀리함으로써 백성들을 사랑해야 하며, (어쩔 수 없이) 백성들을 (공역 등에) 부려야 할 경우에는 때에 맞춰 (농사일을 하지 않는 농한기 때 시키도록) 해야 한다."

일곱째, "세상의 각종 공인들[百工]이 모여들면 재물의 쓰임이 풍족하게 된다." 현대적으로 풀자면 공인들은 분야별 전문가들이라고 해도 된다. 공인들은 정치가 안정되고 세상에 도(道)가 있는 곳을 찾아다닐 수밖에 없다. 따라서 이 글은 오히려 "(앞서 말한 여섯 가지가 모두 잘 이뤄져서 나라가 안정되고 세상에 도가 있게 될 경우 자연스럽게) 세상의 각종 공인들이 몰려들어 재물이 풍요롭게 된다"는 뜻에 가깝다.

그럴 경우 나머지 여덟째와 아홉째도 비슷하게 풀이할 수 있다. "먼 나라 사람들도 찾아오고 싶도록 (정치를 잘하여) 품어 안으면 사방에서 찾아오게 되고, 여러 제후들이 자발적으로 따르게 만들면 천하가 두려워하게 될 것이다." 이처럼 한다면 그 나라가 강성해질 것은 불을 보듯 뻔하니 천하가 두려워할 수밖에 없다는 말이다.

그리고 공자는 보다 구체적으로 구경(九經)을 하는 법을 하나씩 풀어낸다. 구경의 효과를 먼저 말해 놓고 그런 효과를 얻으려면 어떻게 해야 하는지를 말해 주려는 것이다.

"재계하여 몸과 마음을 깨끗이 하며 성복을 갖춰 입고서 예가 아니면 움직이지 않는 것이 몸을 닦는 것〔修身〕이다. 참소하는 자를 물리치고 여색을 멀리하며, 재물을 가벼이 여기고 덕(德)을 귀하게 여기는 것은 뛰어난 이를 진정으로 권면하는 것〔勸賢=尊賢=賢賢〕이다. 그의 자리를 높이고, 그의 녹을 두텁게 하며 그의 좋아하고 싫어함을 함께 하는 것은 혈육을 내 몸과 같이 여김〔親親〕을 권면하는 길인 것이다. 부하관리들을 많이 두어 마음껏 부리게 함은 대신을 권면하는 길이다. 진실한 믿음으로 대우해 주고 녹(祿)을 충분히 주는 것은 낮은 직급의 관리들을 권면하는 길이다. 때에 맞춰 부리고 세금을 가볍게 해 주는 것이 백성들을 권면하는 길이다. 날마다 살피고 다달이 시험하여 그에 맞게 급여를 주어 일에 어울리게 하는 것이 공인들을 권면하는 길이다. 가는 것을 보내고 오는 것을 맞이하며 잘하는 것을 칭찬해 주고 못하는 것을 불쌍히 여기는 것이 먼 나라 사람들을 부드럽게 하는 길이다. 끝으로 끊어진 세대를 이어주고 피폐한 나라를 일으켜 주며, 어지러움을 다스리어 위태로움을 붙들어주고 조회(朝會)와 빙례(聘禮)를 때에 맞춰 하고 보내주는 것을 두터이 하고 가져오는 것을 가벼이 하는 것이 제후들을 품어 안는 길이다.”

첫째, 공자는 몸을 닦는 것을 “재계하여 몸과 마음을 깨끗이 하며 성복을 갖춰 입고서 예가 아니면 움직이지 않는 것”이라고 말한다. 먼저 재(齋/齊)다. 『논어』 ‘述而 12’를 보자.

공자가 늘 삼가고 조심하였던 세 가지는 재계와 전쟁, 그리고 질병이었다.

여기에서는 일단 재계〔齋=齊〕만을 보자. 공자는 ‘述而 9’에서 상

을 당한 사람(有喪者)을 대하는 태도를 보여주었고, '述而 10'에서
는 전쟁에서 군사를 부리는 자세에 대해 언급한다. 여기서는 좀 더
나아가 공자가 늘 삼가며 조심했던 것으로 세 가지를 꼽는다. 첫째
는 재(齊/齋)다. 齊란 재계(齋戒), 즉 제사를 지내기에 앞서 그 마음
가짐을 삼가는 것을 말한다. 제사를 지낼 때 공자는 삼가는 마음자
세를 잃지 않았다는 것이다. 자칫 제사는 외형적인 격식으로 끝날
수 있다. 그러나 공자는 마치 귀신이 앞에 살아 있는 듯 지극 정성
을 다해 제사를 지냈다. 그것이 바로 겉과 속이 다 조화를 이룬다
는 문질빈빈(文質彬彬)이다. 더불어 타인의 생명도 똑같이 중시했기
에 '述而 9'와 같은 삼가는 태도를 자발적으로 보여줄 수 있었다. 그
것이 사람을 사랑하는 것(愛人)이고, 따라서 인(仁)이다.

그리고 또 한 가지, 『논어』 '鄕黨 7'은 재계하는 공자의 모습을 생
생하게 묘사하고 있다. 그중 이런 구절이 나온다.

재계를 할 때는 반드시 명의(明衣)를 입었는데 베로 만들었다.

여기서 중요한 것은 재계를 할 때는 반드시 베로 만든 명의(明衣)를
입었다는 말이다. 이것은 우리의 문맥에서 나오는 명(明)을 제대로 풀
이할 수 있는 단서를 제공하고 있다. '재명성복(齊明盛服)'에서 명(明)
을 그냥 기존의 해석대로 '깨끗이 한다'로 할 것인지 '명의를 입는다'
고 해야 할 것인지가 문제다. 즉 재계를 하면서 명복을 입고 나서 성
복을 하는 것으로 보는 것은 어떨까 하는 것이다. 그러나 일단 여기서
는 그냥 '몸과 마음을 깨끗이 하며'로 풀었다. 근본 취지는 비슷할 것
이기 때문이다. 성복(盛服)은 여기서는 말 그대로 깨끗한 몸과 마음

이 옷에 그대로 표현될 만큼 잘 차려 입은 복장이라고 옮긴다. 원래 성복은 귀한 신분을 나타내는 옷이다. 임금은 임금다운 옷을, 대신은 대신다운 옷을 입는 것이 바로 성복하는 것이다. 이처럼 몸과 마음을 바로 하고 옷을 잘 갖춰 입은 다음 밖으로 나갔을 때 예가 아니면 그 것을 행하지 않는 것〔非禮不動〕까지 제대로 해야만 몸이 닦아졌다고 할 수 있다. 여기서 말하는 비례부동(非禮不動)은 『논어』 '顔淵 1'에 상세하게 풀이되어 있다.

안연이 어짊에 관해 묻자 공자는 말했다. "자기(의 사사로운 바)를 이겨내고 예로 돌아가는 것이 곧 인(을 행하는 것)이니, 단 하루라도 극기복례를 행한다면 천하도 그런 사람을 인하다고 인정해 줄 것이 다. 인을 행하는 것은 자기 자신에서 비롯되는 것이지 어찌 남에게서 비롯되겠는가?"

안연은 이 점에 대해 보다 구체적인 사항들을 쉽게 설명해 줄 것을 정중하게 청한다. 이에 공자는 다음과 같이 말했다. "예가 아니면 절 대 보지도 말고 듣지도 말며 말하지도 말고 움직여서도 안 된다." 이 에 안연이 말했다. "회(回-안연)가 비록 불민하지만 그 말씀을 따르 도록 노력하겠습니다."

비례부동(非禮不動)은 곧 공자가 말한, "예가 아니면 절대 보지 도 말고 듣지도 말며 말하지도 말고 움직여서도 안된다〔非禮勿視 非禮勿聽 非禮勿言 非禮勿動〕"는 것이다.

둘째, 뛰어난 이를 존중하는 것, 즉 뛰어난 이를 권면(勸勉)하는 것 을 공자는 "참소하는 자를 물리치고 여색을 멀리하며, 재물을 가벼이 여기고 덕(德)을 귀하게 여기는 것"이라고 말한다.

　그런데 왜 현현(賢賢) 혹은 존현(尊賢)하는 일이 참소나 여색, 재물이나 덕과 관련이 될까? 그것은 공명정대한 인사를 펴는 데 가장 결정적인 3대 요인이 참소와 여색 그리고 뇌물을 멀리하는 것이기 때문이다. 이는 『논어』에서 딱 한 번 등장하는 명(明)의 풀이와 직접 관련된다. '顔淵 6'에서 자장이 밝다〔明〕는 것은 무엇이냐고 묻자 공자는
_{안연}　　　　　　　　_명
이렇게 대답한다.

　　"서서히 젖어드는 참소(讒訴)와 피부에 와 닿는 하소연이 행해지지 않는다면 그 정사는 밝다고 이를 만하다. 그런 참소와 하소연이 행해지지 않는다면 멀다고 이를 만하다."

　자장은 특이하게도 밝음〔明〕에 관해 질문을 던졌다. 쉽지 않은 질
　　　　　　　　　　　_명
문이다. 우선 明의 사전적인 뜻을 살펴보자. 明에는 참으로 많은 뜻
　　　　　_명　　　　　　　　　　　_명
이 있다. 밝다, 밝히다, 날새다, 나타나다, 명료하게 드러나다, 똑똑하다, 깨끗하다, 결백하다, 희다, 하얗다, 질서가 서다, 갖추어지다, 높이다, 숭상하다, 존중하다, 맹세하다, 밝게, 환하게, 확실하게, 이승, 현세(現世), 나라 이름, 낮, 주간(晝間), 밖, 겉, 밝고 환한 모양, 밝은곳, 양지(陽地), 밝음, 빛, 광채(光彩), 새벽, 성(盛)한 모양 등등. 여기에서는 무엇보다 公과 같은 뜻이다.
　　　　　　　　_공
　자장의 물음에 공자는 이렇게 답했다. "서서히 젖어드는 참소(讒訴)와 피부에 와 닿는 하소연〔愬〕이 행해지지 않는다면 그 정사는
　　　　　　　　　　　　　　_소
밝다〔明〕고 이를 만하다." 군주의 경우 신하들의 정적(政敵)에 대한
　　_명
교묘한 참소와 정당한 비판을 구별하기 어려우며, 동시에 부인을

비롯한 주변 친지의 애절한 민원(民願)과 간특한 청탁을 구별하기 또한 어렵다. 군주가 아무리 공명정대(公明正大)하려는 뜻을 갖고 있더라도 실제로 이 둘을 구분하지 못한다면 암군(暗君)이 될 가능성이 높다. 명군(明君), 혹은 명정(明政-바른 정치)의 길을 물은 것이다. 공자의 답은 이런 맥락에서 보아야 한다. 이는 군주뿐만 아니라 정사를 맡아 하는 사람이라면 다 경계해야 할 일이다.

자장은 진(陳)나라 사람으로 공자의 제자이며 이름은 사(師)이다. 공자로부터 "(매사에) 지나치다"는 평을 들었을 만큼 다소 극단적이고 편벽된 인물이었다. 공자보다 나이가 48세나 적었다고 하니 젊어서 보여준 병폐였을 것이다.

그런데 공자는 왜 명(明)을 밝히는 이유와 똑같은 이유로 멀다〔遠〕고 한 것일까? 이에 대해 주희는 직접 풀이하지는 않고 양시(楊時)의 풀이를 싣는 것으로 대신하고 있다. "멀다는 것은 밝음이 지극한 것이다. 『서경(書經)』의 '태갑(太甲)'에 이르기를 '먼 곳을 본다는 것은 오직 밝음이다〔視遠惟明〕'라고 했다." 당장의 이해관계보다는 멀리 있는 나라의 이익을 앞에 세우면서 사리사욕에서 나오는 것들을 제대로 물리쳐야 한다는 것이다. 사(私)는 가깝고 공(公)은 멀다. 가까운 것〔利〕은 어둡고〔暗〕 먼 것〔義〕은 밝다〔明〕. 공간적 의미에서의 멀다나 멀리하다를 제외한 공도(公道)로서의 원(遠)이라는 뜻으로 사용된 것이 분명한 사례 몇 가지를 『논어』에서 살펴보는 것으로 원(遠)에 대한 풀이를 대신하겠다. 먼저 '衛靈公 11'을 보자.

공자는 말했다. "사람이 멀리 내다보는 생각이 없으면 반드시 가까운 데서 근심이 있다."

멀리 내다보다는 것은 개인의 이익이 아니라 국가와 공의(公義)의 차원에서 문제를 바라본다는 뜻이다. 이는 '里仁 16'과 통한다.

공자는 말했다. "군자는 의리에 깨닫고, 소인은 이익에 깨닫는다."

즉 의리(義)는 멀고 이익(利)은 가깝다. '子張 4'의 원(遠)도 공(公)과 연관된다.

자하는 이렇게 말한다. "비록 작은 도라 하더라도 반드시 보아줄 만한 것이 있겠지만 원대함(遠)에 이르는 데 장애물이 될까 두렵다. 바로 이 때문에 군자는 작은 도는 하지 않는 것이다."

원대함이란 공의(公義)다.

셋째, 공자는 "그의 자리를 높이고, 그의 녹(祿)을 무겁게 하며, 그의 좋아하고 싫어함을 함께 하는 것"이 친친(親親)을 권면하는 길이라고 말한다. 임금이 자신의 친족들의 자리를 높여주고 작록(爵祿)을 두터이 해주며 그들의 취향을 감안해 줘야 한다는 것이다. 이는 일단 『논어』 '微子 10'에서 주공이 아들에게 했다는 말의 일부와 연결된다.

주공이 아들 노공에게 말했다. "참된 군주는 그 친척을 버리지 않으며, 대신으로 하여금 써주지 않는 것을 원망하지 않게 하며, 선대왕의 옛 신하들이 큰 문제가 없는 한 버리지 않으며, 한 사람에게 모든 것이 갖춰져 있기를 바라지 않는다."

그렇다고 해서 이 말을 임금은 무조건 친척들에게 잘해야 한다는 식으로 받아들여서는 안 된다. 이는 '泰伯 2'와 연결해서 받아들일 때 제대로 그 의미를 알게 된다.

공자는 말했다. "공손하되 예가 없으면 수고롭고, 삼가되 예가 없으면 두렵고, 용맹하되 예가 없으면 위아래 없이 문란해질 수 있고, 곧되 예가 없으면 강퍅해진다. 임금이 친족들에게 돈독히 하면 곧 백성들 사이에서 어진 마음과 행동이 자연스레 생겨나고, 또 (새로 등극한) 임금이 옛 친구, 즉 선왕의 옛 신하들을 버리지 않으면 백성들이 배반과 같은 각박한 짓을 하지 않는다."

바로 이런 맥락에서 임금은 누구보다도 친족들에게 돈독히 해주어야 한다는 말이다. 그래서 우선순위도 세 번째일 것이다.

넷째, 공자는 "부하 관리들을 많이 두어 마음껏 부리게 하는 것〔官盛任使〕"은 대신을 중하게 여기는 것이라고 말한다. 이에 대해 주희는 "대신은 마땅히 세세한 일을 친히 할 수 없기 때문에" 이처럼 부릴 수 있는 신하들을 충분히 배치하여 마음껏 일을 할 수 있도록 해주는 것이 중요하다고 하였다.

다섯째, 공자는 "진실한 믿음으로 대우해 주고 녹(祿)을 충분히 주는 것"이 낮은 직급의 관리들을 권면하는 것이라고 말한다. 즉 그것이 '체군신(體群臣)'하는 방법이라는 것이다. 그 이하 네 가지는 별도의 보충이 필요 없을 만큼 설명이 상세하다. 여섯째는 때에 맞춰 부리고 세금을 가볍게 해주는 것이 백성들을 권면하는 것이고, 일곱째는 날마다 살피고 다달이 시험하여 그에 맞게 급여를 주어 일에 어울리게 하는 것이 공장들을 권면하는 것이며, 여덟째는 가는 것을 보내고 오는 것을 맞이하며 잘하는 것을 칭찬해 주고 못하는 것을 불쌍히 여기는 것이 먼 나라 사람들을 부드럽게 하는 것이며, 끝으로 끊어진 세대를 이어주고 피폐한 나라를 일으켜주며, 어지러움을 다스리어 위태로움을 붙들어주고 조회(朝會)와 빙례(聘禮)를 때에 맞춰 하고 보내주는 것을 두터이 하고 가져오는 것을 가벼이 하는 것이 제후들을 품어안는 것이다.

이제 구경(九經)에 대한 총괄적인 결론이다.

"이처럼 천하와 국가를 다스리는 데에는 아홉 가지 법도가 있으나 총괄적으로 보자면 그것을 행하는 것은 결국 하나이다."

이에 대해서는 주희의 풀이를 참고한다. "하나[一]라는 것은 열렬함[誠]이다. 한 가지라도 열렬하지 못함이 있다면 이 아홉 가지 법도는 모두 헛소리가 된다. 이것이 바로 아홉 가지 법도의 실상이다." 아홉 가지건 백 가지건 간에 하나하나에 모두 열렬함을 다해야만 그 아홉 가지 법도가 효과를 발휘하게 된다는 뜻이다. 주희가 이렇게 자신 있게 그 하나를 열렬함[誠]이라고 집약한 이유는 이제부터는 주제가 성(誠)으로 바뀌기 때문이다. 공자는 말한다.

"모든 일이란 것이 앞서 대비하면 제대로 서고, 대비하지 않으면 무너지니, 말도 사전에 그 방향을 정하면 넘어지지 않고, 일도 사전에 정하면 곤경에 빠지지 않는다. 또 행동을 사전에 정하면 병들지 않고 길[道]도 미리 정하면 막히지 않게 된다."

먼저 공자는 매사에 미리 대비하면[豫] 다 이루어지고 그렇지 않으면 엉망이 된다고 말한다. 여기서 豫는 '미리 ~하다'는 뜻이다. 跲은 넘어지다, 헛디디다 등을 뜻하고, 疚는 지병이나 심한 병 혹은 오래된

병을 뜻한다.

이 글은 잘 읽어보아야 한다. 상당히 『논어』적인 방식으로 열렬함〔誠〕을 풀어내고 있기 때문이다. 우선 '『논어』적인 방식'이 무엇인지는 '學而' 6과 7을 통해 알 수 있다. 중요성으로 인해 다시 한 번 반복한다.

공자는 말했다. "어린 사람들은 집에 들어오면 효도하고 밖에 나가면 공순하며, 행실을 삼가고 말에는 믿음이 담겨야 하며, 널리 사람들을 사랑하되 어진 이를 가까이 (하는 것을 배우려) 해야 한다. 이런 일들을 몸소 익혀 행하면서도 남은 힘이 있거든 그때 가서 문(文-애씀)을 배우도록 하라." ('學而 6')

자하는 말했다. "어진 이를 어질게 여기기를 여색(女色)을 좋아하는 마음과 바꿔서 하고, 부모 섬기기를 기꺼이 온 힘을 다하며, 임금 섬기기를 기꺼이 온몸을 다 바쳐 하고, 벗과 사귀기를 일단 말을 하면 반드시 책임을 져 믿음을 주는 식으로 하는 사람이 있다면 그 사람이 비록 배우지 않았더라도 나는 반드시 그 사람이 (이미 문을) 배웠다고 말할 것이다." ('學而 7')

공자의 제자 자하의 말부터 하나하나 분석해 보자. 그는 다음과 같은 네 가지 유형의 사람들에 대해서는 설사 그 사람이 배우지 않았다 하더라도 반드시 배웠다고 할 것이라고 말한다. 그 네 가지를 하나씩 살펴본다.

첫째, 현현역색(賢賢易色)이다. 먼저 현현(賢賢)은 '현자를 현자로 알아보고 그에 걸맞게 예우하는 것'이다. 공자가 늘 강조하는 친인

(親仁-어진 사람을 가까이 하고 배운다)이 어쩌면 현현과 같은 뜻인지 모른다. 역색(易色)은 "어진 이를 어질게 여기기를 여색(女色)을 좋아하는 마음과 바꿔서[易] 하며"라는 뜻이다. 어진 이를 어진 이로 알아보고 좋아하기를 여색을 좋아하듯이 하라는 뜻이다. 여기서 강조할 부분은 '여색을 좋아하듯이'이다.

둘째, 부모 섬기기를 기꺼이[能] 온 힘을 다하여야[竭力] 한다고 했다. 그만큼 자발적이고 적극적으로 하라는 뜻이다. 능갈력(能竭力)이 직설법이라면 역색은 비유법으로 둘 다 뜻은 전심전력을 기울인다는 뜻이다. 부모 섬기기에 대해서는 '里仁 18'에 보다 상세한 내용이 나온다. 공자의 말이다. "부모를 섬기되 (부모의 잘못이 있을 때) 조심조심 간해야 하니, 부모의 뜻이 내 말을 따르지 않음을 보더라도 더욱 공경하고 어기지 않으며, 수고로워도 원망하지 않아야 한다." 바로 능갈력의 풀이다. 여기서 강조할 부분은 물론 '기꺼이 온 힘을 다하여'이다.

셋째, 임금을 섬기기를 기꺼이 온몸을 다 바쳐[致身] 하라고 한 것도 같은 뜻이다. 여기서 강조점은 '온몸을 다 바쳐'이다.

넷째, 뜻이 같은 벗과 사귀기를 일단 말을 하면 반드시 책임을 지는[言而有信] 것도 결국은 성심성의를 다해 벗과 사귀어야 한다는 것이다. 여기서 강조점은 '일단 말을 하면 반드시 책임을 지는 것'이다.

그리고 이런 네 가지 강조점을 감안해 가면서 그 네 가지 행위를 정성껏 행하는 사람이 있다면 그 사람이 애쓰는 법[文]을 배우지 않았더라도 자하는 "그 사람이야말로 (문을) 배운 사람"이라고 자신 있게 단언할 수 있다고 말한다.

정약용은 『논어고금주』에서 이 구절의 의미를 열렬함[誠]과 연결

지어 이렇게 풀이한다. "역색(易色)은 어진 이를 존경하는 데 열렬히 하는 것이요, 갈력(竭力)은 어버이를 친애하는 데 열렬히 하는 것이요, 치신(致身)은 높은 지위에 있는 이를 높이는 데 열렬히 하는 것이요, 유신(有信)은 벗을 사귀는 데 열렬히 하는 것이다. 네 가지는 모두 열렬함〔誠〕이니 학(學)이 어떻게 이에 더 보탤 것이 있겠는가?"

즉 '學而 6'은 인간으로서의 근본바탕〔質〕만을 이야기했고, '學而 7'은 그에 더해져야 할 인간으로서의 노력, 즉 열렬함〔誠〕을 이야기하고 있는 것이다. 그래서 '學而 6'의 끝부분에서 "그때 가서 애씀〔文〕을 배우도록 하라"고 말한 것은 역으로 보면 '學而 6'에서 언급한 효(孝)도 공순, 삼감, 믿음 등이 근본바탕〔質〕임을 이야기한 것이고 이런 것이 갖춰진 후에야 애씀, 애쓰는 법〔文〕을 배우라는 것이다. 그리고 '學而 7'에서는 정약용이 열렬함〔誠〕이라고 말한 역색(易色), 능갈력(能竭力), 치신(致身), 유신(有信)을 이미 행하는 사람이 있다면 그런 사람은 이미 배웠다고 할 만하다고 자하는 말한다. 그것은 곧 매사에 애씀, 애쓰는 법〔文〕을 배웠다고 할 만하다는 것이다. 이렇게 해서 '學而' 6과 7은 간접적인 방식으로 문질(文質)의 문제를 보여주었다. 그리고 정약용의 풀이대로 문(文)은 문무(文武)의 문이 아니라 문질의 문으로서 열렬함과 통하게 된다. 결과적으로 '學而' 6과 7은 우리의 문맥인 열렬함과도 직접적으로 연결된다. 『논어』에서 열렬함〔誠〕은 곧 문이기 때문이다.

다시 본문으로 돌아가서 그것이 어떻게 『논어』적인 방식으로 열렬함〔誠〕을 풀어내고 있는지를 살펴보자. 일단 우리의 관심은 예(豫)와 전정(前定)에 두어야 한다. 둘은 거의 같은 뜻이기 때문이다. 豫는 '미리 ~하다'이고, 前定은 한자 그대로 '사전에 정하다'이다.
전정

우선 예(豫)/불예(不豫)를 통해 어떤 일이 미리 대비를 하면 서게 되고 미리 대비하지 않으면 무너져 내린다고 밝힌 다음, 보다 구체적으로 말과 일 그리고 행동과 길〔道〕 네 가지 모두 그에 해당된다는 점을 강조한다. 내용은 간단하다. 말을 하기 전에 반드시 준비하고, 일이나 행동을 할 때나 어떤 길을 가려 할 때도 항상 사전에 생각에 생각을 거듭한 다음 조심스럽게〔愼〕해야 한다는 것이다. 그것은 곧 하나하나를 다 열렬하게〔誠〕해야 좋은 결실을 얻을 수 있다는 말이다.
신
성

이를 전형적으로 보여주는 『논어』의 구절은 '衛靈公 15'이다.
위령공

공자는 말했다. "어떻게 할까 어떻게 할까라고 말하지 않는 사람은 나도 어떻게 할 도리가 없다."

이에 대한 주희의 풀이부터 보자. "여지하(如之何) 여지하(如之何)는 깊이 생각하고〔熟思〕살펴서 대처하는 말이다. 이와 같이 하지
숙사
않고 함부로 행동한다면 비록 성인(聖人)이라도 어찌할 수가 없다."

어떻게 할까라고 고민하는 것은 긍정적 의미다. 심사숙고(深思熟考)하는 것이다. 일을 대할 때 쉽게 생각하지 않고 오히려 어렵게 생각할 때 올바른 해법을 찾을 수 있다. 그런 점에서 이는 『시경』에도 나오고 '泰伯 3'에도 등장하는 전전긍긍(戰戰兢兢)과 연결된다. 전
태백
전긍긍에 대한 사전적 풀이부터 살펴보자. "戰 : 싸울 전, 兢 : 삼갈 긍. 전전(戰戰)이란 겁을 집어먹고 떠는 모양을, 긍긍(兢兢)은 몸을 삼가고 조심하는 것을 말한다. 『시경』 '小雅 小旻' 편에서 찾을 수
소아 소민
있다.

감히 맨손으로 범을 잡지 못하고	不敢暴虎
감히 걸어서 황허강을 건너지 못한다	不敢憑河
사람들은 하나는 알지만	人知其一
그 밖의 것들은 알지 못한다	莫知其他
두려워서 벌벌 떨며 조심하기를	戰戰兢兢
마치 깊은 연못에 임한 것같이 하고	如臨深淵
살얼음 밟듯이 해야 하네	如履薄氷

이것은 악정(惡政)을 한탄한 시이다. 이 시가 지어진 시기는 서주(西周) 말기였다. 당시는 씨족 봉건사회가 붕괴되고 왕정이 쇠락하여 주공(周公)의 법이 제대로 지켜지지 않던 때로 천하가 위험한 시기였다. 따라서 대부분의 사람들은 눈앞의 이득과 손해에만 매달려 그것이 뒤에 큰 재앙이 될 것을 알지 못했다. 다만 조심성 있는 사람들만이 그 악정 속을, 깊은 연못가에 있는 것처럼 또는 살얼음을 밟는 것처럼 불안에 떨며 조심한다는 뜻이다.

『논어』 '泰伯' 편에도 이 시구가 인용된다. '증자가 병이 있어 제자
_{태백}
들을 불러 말하였다. 내 발을 펴고 내 손을 펴라. 『시경』에서는 '두려워서 벌벌 떨며 조심하기를, 마치 깊은 연못에 임한 것같이 하고, 살얼음 밟듯이 해야 하네'라고 했다. 지금 이후로 나는 그것을 면함을 알겠다.' 『시경』과 『논어』의 전전긍긍은 스스로가 자신을 반성하며 두려워하는 좋은 의미의 두려움이었다. 그러나 이것이 요즈음에는 그 뜻이 전이되어 부정적 의미로 이해된다. 즉 죄나 잘못을 저질러놓고 그것이 발각될까봐 두려워한다거나 어떤 사건의 여파가 자신에게 미칠까 불안에 떠는 경우 등에 흔히 쓰인다."

여기서의 설명 그대로다. '어떻게 할까 어떻게 할까' 하는 것은 '스스로가 자신을 반성하며 두려워하는 좋은 의미의 두려움'이 표출된 것이다. 따라서 '衛靈公 15'는 이런 두려움을 모르는 사람, 즉 덕(德)을 좋아하지 않고 불인(不仁)한 사람에 대한 공자의 비판으로 읽힌다.

정약용의 풀이도 참고할 만하다. "선을 향해 가는 사람은 학업이 전진하지 못함을 근심하고, 세월이 함께하지 않고 가는 것을 슬퍼하며, 밤이나 낮이나 근심과 탄식으로 스스로 상심하고 슬퍼하여 '어떻게 할까 어떻게 할까' 말한다. 저 분발하고 진작함이 이와 같지 않은 자는 성인이라도 또한 어떻게 할 수가 없다."

공자는 이제 조금 전에 말한 열렬함[誠]에 관한 일반론을 우리의 일상생활에 적용해 좀 더 구체적으로 살펴본다.

"아랫자리에 있으면서 윗사람으로부터 (믿음을) 얻지 못하면 백성을 다스릴 수 없게 될 것이다. 윗사람으로부터 믿음을 얻는 데에는 길이 있으니, 먼저 벗으로부터 믿음을 얻지 못하면 윗사람으로부터도 얻지 못할 것이다. 벗으로부터 믿음을 얻는 데도 길이 있으니, 어버이에게 순하지 못하면 벗으로부터 믿음을 얻지 못할 것이다. 어버이에게 순하는 데에도 길이 있으니, 자신의 몸을 돌이켜보아 매사에 열렬[誠]하지 못하면 어버이에게 순할 수 없다. 자기 자신에게 열렬하게 하는 데에도 길이 있으니, 선(善)에 밝지 못하면 자기 자신에게 열렬할 수 없다."

여기서 중요한 것은 원인의 원인을 찾아가는 논리다. 즉 맨 마지막이 가장 근본적인 것이다. "선에 밝지 못하면 자기 자신에게 열렬할 수 없다." 결국 '선에 밝아지는 것[明乎善]'이 핵심 중의 핵심이다. 이것만 풀면 나머지는 자연스레 풀리는 실타래와 같다. 이는 스스로 공명 정대하려는 의지가 굳건하다는 의미다. 명(明)에 대해서는 앞서 살펴본 바 있다. 결국 여기서부터 역으로 풀어나가면 이 말의 의미는 절로 풀린다. '선에 밝으면 자기 자신에게 열렬할 수 있다. 자기 자신에게 열렬하면 어버이에게 순해진다. 어버이에게 순해지면 벗으로부터 믿음을 얻을 수 있다. 벗으로부터 믿음을 얻으면 윗사람으로부터 믿음을 얻을 수 있다. 그렇게 되면 (사람을 다스리는) 낮은 자리에 있더라도 (얼마든지) 백성을 다스릴 수 있다.'

이제 공자는 드디어 열렬함[誠]의 문제를 본격적으로 이야기한다.

"열렬함[誠]이라는 것 자체는 하늘의 도(道)요, 열렬함에 이르려는 것은 사람의 도다. 성(誠)이라는 것은 굳이 애쓰지 않아도 중도(中道)에 맞고 힘써 생각하지 않아도 얻게 되어 조용히 도에 적중하니 이를 갖춘 사람은 성인(聖人)이고 성에 이르려는 것은 선(善)을 잘 가려내어 그것을 굳게 잡는 것이다."

이는 바로 앞에서 핵심 중의 핵심이라 했던 '선에 밝다[明乎善]'에 대한 풀이가 된다. 이것만 풀리면 열렬함[誠]의 문제는 자연스레 풀린다. 명(明)이란 곧 '잘 가려내어 그것을 굳게 잡는 것'이다. 이 정도만 해도 상당 부분 해명이 이루어진 셈이다. 그래서 자연스럽게 성(誠)에 이르려는 태도가 무엇인지가 바로 이어져 나온다.

"그것을 널리 배우고, 그것을 따져가며 깊이 묻고, 그것을 신중하게 생각하고, 그것을 밝게 가려내며, 그것을 독실하게 행해야 한다."

여기서 '그것'은 말할 것도 없이 열렬함[誠]이다. 주희도 이를 "열렬히 하는 조목"이라고 풀이한다. 앞서 우리는 열렬함[誠]은 곧 애씀, 애쓰는 법[文]임을 밝힌 바 있다. 『논어』의 첫머리에 나오는 학이시습(學

而時習)의 학(學)뿐만 아니라 『논어』에 등장하는 모든 배움〔學〕은 다 애씀, 애쓰는 법〔文〕을 배우는 것이다. 이 점을 놓치면 『논어』가 제대로 이해될 수 없고 또한 『중용』이나 『대학』도 다른 길로 빠지기 십상이다. 주희가 대표적인 경우다.

그런데 여기서도 주희는 앞서 보았던 것처럼 안(安)과 이(利), 인(仁)과 지(知)를 헷갈리며 엉뚱한 풀이를 하고 있다. "배우고〔學〕 묻고〔問〕 생각하고〔思〕 가려내는〔辨〕 것은 선을 가려내어 지(知)가 되는 것이니 배워서 아는 것이요, 독실하게 행하는 것〔篤行〕은 굳게 잡는 것으로서 인(仁)이 되니 이롭게 여겨 행하는 것이다. 정자가 말씀하기를 '이 다섯 가지 중에 하나라도 없으면 학(學)이 아니다'고 했다."

주희의 문제점을 보다 면밀하게 살피기 위해 일단 여기에 해당하는 그 원문도 인용해 둔다.

學問思辨 所以擇善而爲知 學而知也 篤行 所以固執爲仁 利而行也
학 문 사 변 소이 택선 이 위지 학 이 지야 독행 소이 고집 위인 이 이 행야
程子 曰 五者 廢其一 非學也
정자 왈 오자 폐 기일 비 학야

주희는 이미 열렬함〔誠〕의 본질을 놓치고 있다. 앞에서 보았던 '學而' 6과 7을 떠올리면서 이 부분을 분석해 보자. 학(學)이 질(質)이면 박(博)은 문(文)이다. 문(問)이 질이면 심(審)은 문이다. 사(思)가 질이면 신(愼)이 문이고, 변(辨)이 질이면 명(明)이 문이며, 행(行)이 질이면 독(篤)이 문이다. 이는 마치 '學而 6'과 비교되는 '學而 7'을 보는 듯하지 않은가? 박(博), 심(審), 신(愼), 명(明), 독(篤)은 다름 아닌 역색(易色), 능갈력(能竭力), 치신(致身), 유신(有信)에 해당한다. 그것이 바로 애씀〔文〕이며 열렬함〔誠〕이다.

주희는『논어』뿐 아니라『중용』에서도 문질(文質)의 중요성을 과소 평가했고, 지인(知人)의 문제는 거의 소홀히 했다. 그 결과 이 같은 어이없는 오독(誤讀)을 하고 있는 것이다.

　주희의 오독에 대한 본격적인 분석에 앞서 그의 풀이 어디에도 박 (博), 심(審), 신(愼), 명(明), 독(篤)에 대한 풀이가 하나도 없다는 것만으로도 우리는 주희가 뭔가 단단히 잘못하고 있다는 것을 확인할 수 있다. 그러면 우리의 의문의 초점은 분명해진다. 열렬함〔誠〕, 즉 문(文)이라 할 수 있는 박(博), 심(審), 신(愼), 명(明), 독(篤)을 고스란히 누락시킨 채 주희는 과연 어떻게 열렬함〔誠〕을 설명할 수 있을까? 게다가 그 자신이 첫 머리에 이 글은 "열렬히 하는 조목"이라고 밝히지 않았는가? 결국 그의 풀이는 열렬함으로는 한 걸음도 나아가지 못한 채 뜬금없이 학(學), 문(問), 사(思), 변(辨) 네 가지는 지(知)이고 행(行)은 인(仁)이라고 하는 기상천외한 결론을 이끌어내고 있다. 이는 주희가 인(仁)과는 전혀 상관없는 이(利)를 인과 결부 지은 데서도 분명한 문제점을 드러내 보이고 있다. 인(仁)은 안(安-편안히 여기다)이고 지(知)는 이(利-이롭게 여기다)다. 학(學)이나 지(知)만 보면 주희가 엉뚱한 방향으로 사고를 이끌어가고 있다는 것을 이제 충분히 이해했으리라고 보고 우리의 풀이를 시작한다.

　우선, '널리 배우다〔博學〕'이다. 이것이 공자가 제자들을 가르치는 핵심임은 앞에서 살펴본 바 있다. 학(學)도 중요하지만 박(博)이 얼마나 중요한지는『논어』에서 쉽게 확인할 수 있다. 먼저 '子罕 10'에서 공자로부터 자신 못지않은 어진 이〔仁者〕라는 평가를 들었던 수제자 안연(顔淵, 顔回)은 공자로부터 배운 바를 이렇게 말한다.

"문(文)으로써 나를 넓혀주시고, 예로써 나를 다잡아주셨다."

그리고 이 점을 재차 확인이라도 하듯 '雍也 25'에서 공자는 이렇
게 말한다.

"군자가 되고자 하는 사람은 문(文)을 통해 배움을 넓히고, 그 배
운 바를 예(禮)로써 다잡아 몸에 익힌다면 이 또한 (인이나 도에서)
벗어나지 않을 것이다."

재론의 여지가 없다. 박학(博學)은 '문(文)에서 혹은 문을 통해 혹
은 문을' 널리 배우는 것이다.

두 번째로 '따져가며 깊이 묻다〔審問〕'이다. 문(問)은 공자가 제자들
을 가르치고 그들과 대화하는 핵심기술이다. 어쩌면 『논어』라는 책
전체가 바로 이 같은 심문(審問)의 사례들이라고 할 수 있다. 참고로
공자가 평소에 심문하는 사례 한 가지를 살펴보자. 그러면 그 뜻을 훨
씬 쉽게 알 수 있을 것이다. 『논어』 '八佾 15'다.

공자는 주공의 사당인 대묘에 가게 되면 매사(每事)를 캐물었다. 이
때 사당 관계자가 말했다. "과연 누가 당신 같은 추땅의 자식을 예를
아는 사람이라고 하는가? 대묘에 들어와 매사를 물어대지 않는가?"
공자가 이 말을 듣고서 말했다. "그렇게 따져 묻는 것이 바로 예다."

여기서 우리는 매사를 묻고 또 묻는 열렬한 태도〔誠〕의 전형을 볼
수 있다. 매사를 캐묻는 것〔每事問〕이 곧 심문(審問)이다.

세 번째로 '신중하게 생각하다〔愼思〕'이다. 어떻게 생각하는 것이 신
중하게 생각하는 것인가? 이를 그냥 여러 번 생각하라는 뜻으로 받
아들이면 곤란하다. 『논어』 '公冶長 19'를 보자.

**계문자는 세 번 생각한 이후에 행동에 옮겼다는 말이 있었는데
공자가 이를 전해 듣고서는 "두 번이면 된다"고 말했다.**

계문자(季文子)는 노나라 대부 계손행보(季孫行父)이다. 계문자는
세 번 생각한 이후에 행동에 옮겼는데 공자가 이를 전해 듣고서는
"두 번이면 된다"고 말했다. 세 번을 생각했다는 것은 행동에 앞서
신중에 신중을 기했다는 말이다. 어쩌면 공자의 정신과도 부합하는
듯이 보인다. 그런데 왜 공자는 칭찬은커녕, 두 번이면 족하다고 그랬
을까?

우선 열쇠는 계문자가 어떤 인물인가를 살펴보는 데 있다. 이에
대해서는 정약용이 인용한 명나라 사상가 이지(李贄)의 풀이가 상
세하면서도 정곡을 찌른다. "계문자는 세 군주 밑에서 재상을 하다
가, 그가 죽음에 안사람에게 입힐 비단 옷이 없고 말에게 먹일 곡
식이 없으며 세간의 기물도 두 벌 갖추어진 것이 없었으므로 좌씨
(左氏-『춘추좌씨전(春秋左氏傳)』의 저자로 여겨짐)가 그를 몹시 칭
찬하였다. 황돌발이 말하기를 '계손행보는 공손귀보가 삼가(三家)
를 제거하려고 도모하는 것을 원망하고 심지어는 네 명의 대부의
병사를 이끌고 가서 제나라를 치기까지 하였다. 이때 바야흐로 공
자(公子) 수(遂)는 군주를 시해하고 선공(宣公)을 세웠는데, 행보
는 이를 토벌하지 않고 도리어 그를 위하여 두 차례나 제나라에 사

신으로 가서 뇌물을 바쳤으며, 또 군사를 거느리고 가서 두 읍성을 쌓아 스스로 재물을 취렴하였으므로, 그 안사람을 위한 비단 옷과 말을 먹이기 위한 곡식과 금옥(金玉)이 많았을 것이니, 이는 곧 왕망(王莽)식의 겸공(謙恭)일 뿐이다. 그런데 당시 사람들은 모두 문자를 믿었기 때문에 '계문자는 세 번 생각한 뒤에 실행하였다'고 말한다'라고 하였다. 그러나 공자는 세 번 생각하는 것을 가하게 여기지 않고 '두 번 생각하면 가하다'고 하였다. 이는 대개 '(그런 인물이라면) 두 번 생각하는 것도 오히려 할 수 없는데, 어떻게 세 번 생각했다고 하는가?' 하는 말이다. 가령 그가 능히 (제대로) 두 번이라도 생각하였다면 무리를 만들어 찬탈하고 제나라에 뇌물을 바치는 일은 하지 않았을 것이며, 권력을 전횡하여 군사를 일으키고 재물을 취렴하여 자신을 살찌우지 않았을 것이다."

오히려 신(愼)에 주목한다면 신사(愼思)는 사리사욕을 삼가고 공적인 대의에 맞춰 생각하라는 뜻으로 봐야 한다. 그런 점에서는 생각함에 사사로움이 없다는 사무사(思無邪)와 통한다. 『논어』 '爲政 2'에 나온다.
위정

공자는 말했다. "『시경』 삼백 수를 한 마디 말로 덮을 수 있으니, 곧 생각함에 사특(邪慝)함이 없다는 것이다."

네 번째로 '밝게 가려내다〔明辨〕'이다. 이는 앞에서도 잠깐 살펴보았던 명(明)의 문제와 바로 연결된다. 『논어』 '顏淵 6'에서 제자 자장이 '밝다〔明〕'는 것은 무엇이냐고 묻자 공자는 이렇게 대답한다.
명

"서서히 젖어드는 참소(讒訴)와 피부에 와 닿는 하소연이 행해지지 않는다면 그 정사는 밝다고 이를 만하다. 그런 참소와 하소연이 행해지지 않는다면 (사리사욕으로부터) 멀다고 이를 만하다."

여기에는 명(明)뿐만 아니라 가려내다[辨]의 의미도 함께 설명돼 있다. 다섯 번째로 '독실하게 행하다[篤行]'이다. 『논어』 '衛靈公 5'는 정확히 독행(篤行)에 대한 풀이다.

　자장이 묻는다. "덕이나 도가 행해진다는 것은 무엇입니까?"
　공자는 말했다. "(사람들이 하는) 말에 충신이 있고 (사람들이 하는) 행동에 돈독한 경건함이 있으면 그곳이 설사 오랑캐의 나라라 하더라도 덕이나 도가 행하여지는 바가 있다 할 것이고, 그 반대라면 설사 문명이 이루어진 나라라 하더라도 행하여지는 바가 있다고 할 수 있겠는가? 일어서면 그것이 앞에 참여함을 볼 수 있고, 수레에 있으면 그것이 멍에에 기대고 있음을 볼 수 있어야 하니 무릇 이런 후에야 덕과 도가 행해졌다고 할 수 있다."
　이에 자장은 공자의 이 말을 띠에 썼다.

　자장은 진(陳)나라 사람으로 공자의 제자이며 이름은 사(師)다. 공자로부터 "(매사에) 지나치다"는 평을 들었을 만큼 다소 극단적이고 편벽된 인물이다.
　먼저 자장이 공자에게 행(行)이란 무엇이냐고 묻는다. 여기서 행은 어떤 의미로 봐야 할까? 일단 이어지는 공자의 대답을 볼 때 행은 단순히 행동이나 행하는 것, 실천 등을 뜻하는 것 같지는 않다.

여기서는 오히려 '행하여졌다는 것', 즉 일정한 경지에 이른 것 등을 의미하는 것으로 봐야 한다. 즉 덕(德)이 행해지거나 도(道)가 행해지는 것에 가깝다. 그래서 자장은 '덕이나 도가 행하여진다'는 것이 무슨 뜻이냐고 공자에게 물은 것이다. 이에 공자는 '언충신(言忠信) 행독경(行篤敬)'을 강조한다. "(사람들이 하는) 말에 충신(忠信)이 있고 (사람들이 하는) 행동에 돈독한 경건함[篤敬]이 있으면 그곳이 설사 오랑캐[蠻貊]의 나라라 하더라도 '행하여지는 바[行]'가 있다 할 것이고, 그 반대라면 설사 문명이 이루어진 나라[州里]라 하더라도 행하여지는 바가 있다고 할 수 있겠는가?" 蠻은 남쪽 오랑캐 [南蠻]이고, 貊은 북쪽 오랑캐[北狄]로 흉노족을 가리키는 것이다. '언충신(言忠信) 행독경(行篤敬)'은 '里仁 24'와 통한다.

공자는 말했다. "군자는 말은 어눌하려고 애쓰고, 행동은 민첩해야 한다."

이 말은 결국 '學而 8'과 '子罕 24'에 반복해서 나오는 '주충신(主忠信)'과 같은 뜻이다. 그리고 오랑캐 나라건 문명의 나라건 행해짐 자체가 중요하다는 공자의 말은 '子罕 13'과 통한다.

공자가 아홉 부족으로 구성된 동이에 가서 살고 싶다고 했다. 이에 어떤 사람이 물었다. "동이는 누추하니 어찌 하시렵니까?"
공자는 말했다. "군자가 거주한다면 무슨 누추함이 있겠는가?"

'爲政 18'에서 자장이 벼슬[祿]을 구하는 법을 묻자 공자는 이렇게 대답한 바 있다.

자장이 벼슬자리를 구하는 법을 배우고 싶다고 하자 공자는 말했다. "많이 듣고서(듣되) 의심나는 것은 제쳐놓고 그 나머지 것들에 대해서만 신중하게 이야기한다면 허물이 적을 것이요, 많이 보고서 위태로운 것은 제쳐놓고 그 나머지를 신중하게 행한다면 후회가 적을 것이니, 말에 허물이 적으며 행실에 후회할 일이 적으면 벼슬자리는 절로 따라오게 될 것이다."

자장에 대해서는 일관되게 '언충신(言忠信) 행독경(行篤敬)'을 강조하고 있음을 알 수 있다. 이 구절에 대한 주희의 풀이다. "자장은 뜻이 밖에서 행해짐을 얻는 데 있었다. 그러므로 공자께서 그 자신에게 돌이켜 말씀하셨다."

다시 '衛靈公 5'로 돌아가자. 공자의 말이 이어진다. 비유라 함축
　　위령공
하는 바가 쉽지 않다. 우선 풀어서 보자.

"일어서면 그것(其-忠信과 篤敬)이 앞에 참여함을 볼 수 있고,
　　　　　　　　기　충신　　독경
수레[輿]에 있으면 그것이 멍에[衡]에 기대고 있음을 볼 수 있어야
　　　여　　　　　　　　　　　　　　형
하니 무릇 이런 후에야 덕(德)과 도(道)가 행해졌다고 할 수 있다."

우선 이에 대한 주희의 풀이부터 보자. "충신(忠信)과 독경(篤敬)을 생각하고 생각하여 잊지 않아서, 있는 곳에 따라 항상 '눈앞에' 보이는 듯하여, 비록 잠시 동안 떠나려 해도 떠날 수 없어야 하니, 이렇게 한 뒤에야 한 마디 말과 한 가지 행동이 모두 저절로 충신과

독경에서 벗어나지 아니하여 오랑캐 나라에서도 행해질 수 있음을 말씀하신 것이다."

이는 다음 구절과 연결된다.

공자는 말했다. "인이 먼 것이겠는가? 내가 어질고자 하면 이에 어짊이 다가온다." ('述而 29')
述而

그러면 수레의 멍에는 무엇을 비유한 것인가? 먼저 정약용의 풀이를 보자. "수레와 말은 본시 두 물건으로서 서로 연접할 수 없으니 여기에는 반드시 수레 끌채와 멍에로써 둘 사이를 연결한 뒤에라야 수레가 곧 갈 수 있으며, (사람의 경우에도) 나와 남은 본시 두 몸으로서 서로 연접할 수 없으니 (여기에는) 반드시 신(信)과 경(敬)으로써 두 사람 사이를 연결한 뒤에라야 행함이 이뤄질 수 있다." 이렇게 풀이하고 보면 '爲政 22'와 바로 연결이 된다.
爲政

공자는 말했다. "사람에게 신실함이 없으면 그가 무엇을 할 수 있는 사람인지를 도무지 알 수 없다. 큰 수레고 작은 수레고 간에 수레와 말(혹은 소)을 연결하는 끌채가 없다면 어떻게 길을 갈 수 있겠는가?"

이제야 뜻을 이해한 자장은 공자의 이 말을 띠에 썼다. 띠에 썼다는 것은 잊지 않겠다는 의지의 표현이다. 전체적으로는 '子張 6'과 통한다.
子張

자하는 말한다. "널리 배우고 뜻을 독실히 하며, 절실하게 묻고 가까이에서 생각하면 인은 그 가운데에 있다."

　여기서 자하는 일단 '子張 5'에서 했던 말을 '널리 배우는 것〔博學〕과 뜻을 독실하게 하는 것〔篤志〕'으로 요약한다. 이 말은 '雍也 25'에서 공자가 했던 말과도 통한다.

　"군자가 되려는 사람은 문(文)을 통해 널리 배우고, 그 배운 바를 예(禮)로써 다잡아 몸에 익힌다면 이 또한 (인이나 도에서) 어긋나지 않을 것이다."

　그리고 이제 조금 더 나아간다. 절실하게 묻고〔切問〕 자기 가까이(주변)에서 생각해야 한다〔近思〕는 것이다. 이에 대해서는 소식(蘇軾)의 풀이가 정곡을 찌른다. "배우기를 널리 하기만 하고 뜻이 독실하지 않으면 크기만 하고 이룸〔成〕이 없으며, 대충 묻고 먼 것만 생각하면 수고롭기만 하고 아무런 실효〔功〕가 없다."
　정약용은 보다 적극적으로 풀이한다. "묻는 것을 새기고 저민 듯이 하면 아는 바가 정밀해지고, 생각하는 것을 (가까이) 자신의 몸에서부터 하면 깨닫는 바가 절실해진다."
　여기서 눈길이 가는 것은 근사(近思), 즉 자기 가까이에서 생각하라는 것이다. 이에 대해서는 『논어』 '述而 29'에서 공자가 했던 말이 단서가 된다.

　"인(仁)이 먼 것이겠는가? 내가 어질고자 하면 이에 어짊이 다가온다."

가까이에서, 즉 실생활에서 생각해야 인(仁)에 다가갈 수 있다는 뜻이다. 그래야 자하의 마지막 말이 와서 닿는다. "인(仁)은 그 가운데에 있다."

이제 다음으로 넘어가자. 열렬함[誠]을 행하는 보다 구체적이고 피부에 와 닿는 설명이 이어진다. 다시 한 번 박(博), 심(審), 신(愼), 명(明), 독(篤)을 염두에 두며 하나씩 풀어가 보자.

"배우지 않는 것이 있을지언정 일단 배우기 시작하면 능해지지 않고는 그만두지 않는다. 묻지 않음이 있을지언정 일단 묻기 시작하면 알지 않고는 그만두지 않는다. 생각하지 않음이 있을지언정 일단 생각하기 시작하면 도를 얻는 차원에 이르지 않고는 그만두지 않는다. 가려내지 않음이 있을지언정 일단 가려내기 시작하면 밝히지 않고서는 그만두지 않는다. 행하지 아니함이 있을지언정 일단 행하게 되면 독실해지지 않고서는 그만두지 않는다. 남이 한 번에 능하거든 자신은 백 번을 하고, 남이 열 번에 능하거든 자기는 천 번을 할 일이다."

이는 바로 앞의 "그것을 널리 배우고, 그것을 따져가며 깊이 묻고, 그것을 신중하게 생각하고, 그것을 밝게 가려내며, 그것을 독실하게 행해야 한다"에 대한 보충설명이다. 특히 이 다섯 가지 중 박(博), 심(審), 신(愼), 명(明), 독(篤)에 대한 설명이다. 그런데 주희는 이 점을 주목하지 않았기 때문에 이에 대해 다소 엉뚱한 풀이를 하고 만다. "군자의 배움은 하지 않으면 그만이지만, 하면 반드시 그 이룸[成]을 필요로 한다. 그러므로 항상 그 공(功)을 백 배로 하니, 이는 겪어서 알고[困而知] 힘써 행하는 것[勉而行]이니 용기[勇]의 문제이다."

우선 무슨 뜻인지 알 수가 없다. 당연히 이 구절이 박(博), 심(審), 신

(愼), 명(明), 독(篤)에 대한 보충설명임을 알지 못한 때문이다. 주희에 대한 비판은 이 정도로 하고 본문을 하나씩 살펴보자.

"배우지 않는 것이 있을지언정 일단 그것을 배우면 능해지지 않고는 그대로 두지 않는다." 그것이 박학(博學)이다.

"묻지 않음이 있을지언정 일단 묻기 시작하면 알지 않고는 그만두지 않는다." 그것이 심문(審問)이다.

"생각하지 않음이 있을지언정 일단 생각하기 시작하면 도를 얻는 차원에 이르지 않고는 그만두지 않는다." 그것이 신사(愼思)이다.

"가려내지 않음이 있을지언정 일단 가려내기 시작하면 밝히지 않고서는 그만두지 않는다." 그것이 명변(明辨)이다.

"행하지 아니함이 있을지언정 일단 행하게 되면 독실해지지 않고서는 그만두지 않는다." 그것이 독행(篤行)이다.

여기서 아쉬운 것은 명변(明辯)과 독행(篤行)은 명(明)과 독(篤)을 그저 반복하는 데 그치고 있다는 점이다. 그러나 우리는 이미 『논어』를 통해 명과 독에 대해 살펴보았기 때문에 문제가 될 것은 없다.

그리고 마지막에 공자는 이 모두를 총괄하면서 열렬함[誠]의 종합적 의미를 다음과 같이 정리한다.
_성

"남이 한 번에 능하거든 자신은 백 번을 하고, 남이 열 번에 능하거든 자기는 천 번을 할 일이다." 그것이 바로 지극한 열렬함[至誠]이다.
_{지성}
한 마디로 문질(文質)의 문(文), 애쓴다는 의미의 문이다.

이제 다시 주희의 풀이를 읽어보기를 바란다. 오독(誤讀) 내지 오도(誤導)란 바로 이런 것을 두고 이른 말이다. 물론 주희의 모든 풀이가 다 그렇다는 뜻은 아니다. 경우에 따라서는 결정적인 도움을 주는 것도 많다. 그러나 묘하게도 문질(文質)의 문제나 지(知)의 문제만 나오면 십중팔구 오리무중(五里霧中) 상태가 되는 것이 주희의 풀이임을 잊어서는 안 된다. 그 때문에 『논어』의 가장 중요한 메시지 가운데 하나인 인(仁)과 지(知)도 제대로 구분을 못하고 뒤죽박죽 논설을 풀어 놓은 것이다.

드디어 길고 긴 이 장의 결론에 이르렀다.

"과감히 (노력하여) 이 도에 능해진다면 그 사람이 비록 머리가 나쁘다 해도 반드시 밝아질[明] 것이며, 비록 마음이 유약하다 해도 반드시 강해질[强] 것이다."

과감히 이 도에 능해진다는 것은 문(文) 혹은 열렬함[誠]을 배우고 시간 날 때마다 익힌다[學而時習]는 것이다. 이처럼 어떤 사람이 애씀[文]이나 열렬함[誠]을 제대로 체화할 경우 설사 그 사람의 머리가 좀 나쁘더라도 명암(明暗), 공사(公私), 정사(正邪), 대소(大小)는 제대로[밝게] 가려낼 수 있으며, 또 설사 그 사람의 마음이 연약하다 해도 도(道)를 지키려는 강인한 마음을 갖게 될 것이라는 뜻이다.

여기서 한 가지, 강(强)의 의미를 풀고 가야 한다. 『논어』 '公冶長 10'을 보자.

공자는 말했다. "나는 아직 진정으로 굳센 사람을 보지 못했다."
어떤 사람이 "신정이 있습니다"고 대답하자 공자는 말했다. "신정은 욕심이니, 어찌 굳세다고 할 수 있겠는가?"

공자가 자신은 아직 굳센 자[剛者]를 보지 못했노라고 한탄한다. 먼저 剛 자의 뜻을 살펴보자. 剛에는 굳세다, 강직하다, 억세다, 단단하다, 한창이다 등의 뜻이 있다. 주희는 이를 견강불굴(堅强不屈)의 의지, 즉 굳세고 강하여 굽히지 않는 뜻이라고 풀이했다. 한마디로 내면이 굳세고 단단한 사람이다. 물론 이런 사람은 공자의 말대로 쉽게 보기 힘들다.

이에 어떤 사람이 신정(申棖)이라는 제자를 거명하며 신정은 굳센 자가 아니겠냐고 공자에게 물었다. 신정이 어떤 성품의 소유자인지는 분명치 않지만 공자는 신정을 한마디로 욕심〔慾〕의 인물이라고 정의한다. 즉 공자는 강(剛)의 반대를 욕(慾)으로 생각한 것이다. 그러니 그런 신정이 어찌 강할 수 있겠는가라고 반문하며 신정은 그런 인물이 아님을 밝힌다.

이와 관련해서는 사량좌의 해설이 설득력 있다. "강(剛)과 욕(慾)은 서로 정반대이다. 외적인 사물〔物〕(에 대한 욕심)을 이길 수 있는 것을 강이라 한다. 그러므로 항상 만물의 위에 펴 있다. 물건에 가리워지는 것을 욕이라 한다. 그러므로 항상 만물의 아래에 굽히는 것이다. 예로부터 의지가 있는 자가 적고 의지가 없는 자가 많으니 공자께서 강한 자를 보지 못하심은 당연하다. 신정의 욕은 어떤 것인지 알 수 없으나 그 사람됨이 고집 세고 자기 지조를 아끼는 자가 아니었겠는가? 이 때문에 혹자가 강하다고 여긴 듯하다. 그러나 이것이 바로 욕이 되는 것임을 (혹자는) 알지 못한 것이다."

이로써 제20장은 끝나고 제21장으로 넘어간다.

제21장

自誠明謂之性 自明誠謂之教 誠則明矣 明則誠矣
자 성 명 위 지 성   자 명 성 위 지 교   성 즉 명 의   명 즉 성 의

열렬함을 통해 밝아지게 되는 것을 일러 성(性)이라 하고, 밝힘을 통해 열렬해지는 것을 일러 가르침이라고 한다. 그래서 열렬하면 밝아지고 밝아지면 열렬해진다.

주희에 따르면 제21장부터 끝까지는 공자가 아니라 자사의 말이다. 그렇다면 이제 우리는 중대한 전환점에 서 있다. 지금까지는 공자가 했던 말 중에서 열렬함(誠)과 관련된 언급들을 그의 손
성
자인 자사가 모아서 편집한 내용이었지만 지금부터는 자사 자신의 언급이 본격적으로 나온다. 원전(原典)과 해석(解釋)이라는 관계에서 보자면 지금까지는 원전이었던 반면 지금부터는 그 해석이라 할 수 있다. 원전을 읽는 법과 해석을 읽는 법은 전혀 다르다. 원전은 원광석(原鑛石)과도 같아서 잘 제련하듯이 읽어야 하지만 해석은 이미 일정한 모양을 만들어놓은 것이기 때문에 순서에 따라 충실하게 읽어가는 것이 중요하다. 또 해석(지금부터 끝까지의 『중용』)의 경우 원전(『논어』와 제1장부터 제20장까지의 『중용』)과 비교하며 읽을 때 훨씬 의미가 있고 생산적일 수 있다. 우리는 공자를 읽자는 것이지 자사를 읽자는 것은 아니다. 그러므로 이 장도 결국은 공자의 말씀에 대한 자사의 생각임을 전제하면서 읽어야 한다. 이 말은 곧 비판적으로 읽는다

는 뜻이다. 비판적 읽기의 과제는 자사의 첫 발언에서부터 시작된다.

첫 문장은 약간의 교정이 필요하다. "열렬함〔誠〕을 통해 밝아지게
되는 것을 일러 성(性)이라 한다." 이렇게 되면 성(性)은 일종의 성질처
럼 보인다. 그러나 성은 사람이 기본적으로 타고나는 것이다. 따라서
이 문장은 "사람의 본성〔性〕은 열렬함〔誠〕을 통해 밝아지게 된다"고
옮겨야 그 의미가 분명해진다. 이렇게 해놓은 다음에 우리는 『논어』에
서 관련 구절을 찾아보자. 『논어』의 '陽貨 2'가 그것이다.

공자는 말했다. "본성은 서로 비슷하나 익히는 것에 의해 서로 멀
어지게 된다."

즉 본성〔性〕 자체는 사람마다 크게 다르지 않다.

그 본성이 열렬함〔誠〕을 통하게 될 경우 밝아지며 그렇지 않을 경
우 어두워진다는 것이다. 그리고 그 같은 밝아짐을 통해 열렬함〔誠〕
에 이르게 되는 것을 자사는 가르침〔敎〕이라고 부른다. 『논어』'述而
24'에서 공자는 이렇게 말했다.

공자는 네 가지를 가르쳤으니 문(文) 행(行) 충(忠) 신(信) 넷이다.

이제 공자가 구체적으로 어떤 내용을 가르쳤는지가 제시된다. 제
자들에 따르면 공자는 네 가지를 사람들에게 가르쳤다. 그 네 가지
란 문(文) 행(行) 충(忠) 신(信)이다. 이는 아들에게도, 사랑하는 제
자들에게도, 마음에 들지 않는 제자들에게도, 심지어 위정자들에

게도 똑같이 강조했던 바이다.

문(文)이란 '子罕 5'에서 나오는 대로 선왕의 모범이 되는 예악과 제도에 관한 글이자 옛 학문〔古學〕이며 옛 도리〔古道〕이다. 그리고 그 핵심내용은 다름 아닌 매사에 애씀〔文〕이다.

행(行)이란 말 그대로 덕행(德行)을 닦는 일을 말한다. 그래서 문(文)과 행(行)은 외적인 면과 관련이 된다. 정약용은 "집 안에 들어오면 효를 다하고 집 밖으로 나가면 공경을 하는 것이 행(行)"이라고 풀이한다. 행(行)은 질(質)이요, 따라서 문행(文行)은 곧 문질빈빈(文質彬彬)을 말하는 것이다.

충(忠)이란 자기 자신을 향해 진실함을 다하는 것이다. 신(信)이란 남과 사귐에 믿음을 저버리지 않고 정성을 다하는 것이다. 정이천은 "사람을 가르치되 글을 배우고 행실을 닦으며 충신을 마음에 보존하게 한 것이니, 그중에 충신(忠信)이 근본이다"고 풀이한다. 앞에서도 주충신(主忠信)에 대해서는 여러 번 반복해서 나온 바 있다. 다시 말하면 문질빈빈과 주충신, 두 가지가 공자의 양대 핵심 가르침이다.

그래서 자사는 열렬함〔誠〕이 곧 밝다〔明〕이고 밝다〔明〕가 곧 열렬함〔誠〕이라고 재차 강조한다. 이 점은 앞으로 좀 더 상세하게 나올 것이기 때문에 일단 여기서 줄이고자 한다.

제22장

唯天下至誠 爲能盡其性 能盡其性則能盡人之性 能盡人之性則能盡
유 천하 지성 위능진기성 능진기성즉능진 인지성 능진 인지성 즉능진

物之性 能盡物之性 則可以贊天地之化育 可以贊天地之化育 則可以與
물지성 능진 물지성 즉 가이 찬 천지 지 화육 가이 찬 천지 지 화육 즉 가이 여

天地參矣
천지 참 의

　오직 천하제일의 지극한 열렬함이 있어야 그 본성을 다할 수 있다. 그 본성을 능히 다할 수 있어야 사람의 본성을 다할 수 있다. 사람의 본성을 다할 수 있어야 세상 만물의 본성을 다할 수 있다. 세상 만물의 본성을 다할 수 있으면 하늘과 땅의 화육(化育)을 도울 수 있게 될 것이고, 하늘과 땅의 화육을 도울 수 있으면 하늘과 땅에 더불어 참여할 수 있게 될 것이다.

　　　　이 장은 크게 보면 제21장에 대한 보충설명이다. 열렬함〔誠〕과 가르침〔敎〕에 관한 풀이이기 때문이다. 우선 풀이의 관건은 盡에 달려 있다고 해도 과언이 아니다. 盡에는 다하다, 완수하다, 극치에 달하다, 최고에 달하다, 다 없어지다, 죽다, 모든, 전부의, ~만, 다만 ~뿐 등의 뜻이 있다. 흔히 '다하다'라고 풀이하곤 한다. 그래서 일단은 전통적 풀이에 따라 '다하다'로 옮기지만 여기서는 다하다, 완수하다, 극치에 달하다, 최고에 달하다 등을 포괄적으로 의미한다고 보는 게 좋을 듯하다. 그렇다면 예를 들어 '그 본성을 다한다〔盡其性〕'라는 말은

도대체 무슨 의미인가?

이에 대한 주희의 풀이는 참고할 만하다. "그 본성을 다한다는 말은 덕(德)이 조금도 부실하지 않다는 것이다. 따라서 인간적 욕심의 사사로움을 없애고 각자 자신 안에 있는 천명(天命)을 깊이 살피고 그로부터 모든 것을 함으로써 크고 작음과 정밀하고 거침이 털끝만큼도 다하지〔盡〕 않음이 없는 것이다."

이제 출발점에 섰다. 천하의 지극한 열렬함〔誠〕을 다함으로써 우리는 천하의 본성〔性〕을 낱낱이 다 드러낼 수 있다. 즉 잠재적 형태로 있던 천하의 본성을 지극한 열렬함을 다함으로써 빠짐없이 드러내게 된다는 것이다. 그 다음은 문장 순서 그대로다.

결국 천하의 지극한 열렬함〔誠〕에서 출발하면 마침내 천하의 움직임에 함께 참여할 수 있게 된다는 것이다. 아직은 추상적인 수준에 머물고 있다. 내용은 계속 이어진다.

제23장

其次致曲 曲能有誠 誠則形 形則著 著則明 明則動 動則變 變則化 唯
기차 치곡 곡능유성 성즉형 형즉저 저즉명 명즉동 동즉변 변즉화 유

天下至誠 爲能化
천하 지성 위능화

그 다음은 (구석구석까지) 곡진함에 이르는 것이니 구석구석 모두 살피는 곡진함에 이르러야 능히 열렬함이 (생겨날 수) 있게 된다. (이처럼 구석구석까지) 열렬하게 다가갈 때 사물의 (비로소) 진정한 모습(혹은 내적인 원리)을 알 수 있고, 그렇게 되면 (비로소) 진정한 모습은 겉으로도 드러나고, 겉으로 드러나면 밝아지고, 밝아지면 움직이고, 움직이면 바뀌고, 바뀌면 이루어지니, 오직 천하의 지극한 열렬함으로 다가가야만 능히 이루어질 수가 있다.

그 다음〔其次〕이란 앞에서 말한 '천하제일의 지극한 열렬함' 그 다음이란 뜻이다. 즉 두 번째가 곡진함〔曲〕이라는 말인데 그 뜻이 모호하다. 유감스럽게도 '굽히다'라는 의미 외에 여기에서 말하는 바와 같은 긍정적 의미에서의 곡진함을 뜻하는 곡(曲)은 『논어』에 단 한 번도 나오지 않았다. 이는 공자에게는 그다지 중요하지 않았지만, 이를 해설해야 하는 자사의 입장에서는 꼭 필요한 단어가 곡(曲)임을 보여주는 것일 수도 있다.

여기서 曲은 곡진(曲盡)하다 혹은 간곡(懇曲)하다이다. 곡진하다
란 온 정성을 다한다는 뜻이고, 간곡하다도 간절하게 온갖 정성을 다
한다는 뜻이다. 그것이 곧 곡(曲)의 뜻이기도 하다. 거의 열렬함[誠]
과 비슷한 것이 곡(曲)이다. 굳이 주희처럼 이를 한쪽[一偏]이라고 이
상하게 풀이할 이유는 없다. 그렇기 때문에 지극한 열렬함[至誠] 바로
다음으로 곡진함[曲]을 꼽은 것이다.

지극한 열렬함이 아니라 이 같은 곡진함만 있어도 얼마든지[能] 열
렬함[誠]에 다다를 수 있다. 그리고 이런 열렬함이 있으면 마침내 사
물의 (비로소) 진정한 모습(혹은 내적인 원리)을 알 수 있다[形]. 주희
는 형(形)을 "속에 쌓여 밖으로 나타남[積中而發外]"이라고 풀이했는
데 핵심을 찌른다. 이는 『대학』에 나오는 다음 구절과 딱 맞아떨어진
다. "마음속에서 열렬하면 그 모양이 밖으로 나타난다[誠於中 形於
外]." 격물(格物)과도 통한다.

이처럼 사물의 (비로소) 진정한 모습(혹은 내적인 원리)을 알게 되면
[形] 그 모습이나 원리는 자연스레 겉으로도 드러나게 된다[著=發外].
내적인 모습이 파악되었으니 겉모습을 드러내는 것은 당연하다. 그리
고 그 같은 드러남[顯=著]이 꾸준히 쌓이다 보면 밝아지게[明] 된다.
격물(格物)에서 치지(致知)로 나아간다고 할 수 있다. 여기까지는 일
단 순조로운 편이었지만 그 다음은 상당히 난해하다.

밝아지면 움직인다[明則動]. 동(動)을 사물의 움직임으로 볼 것인
가, 다른 사람의 마음을 움직이는 것으로 볼 것인가? 일단 주희는 "움
직임이라는 것은 열렬함[誠]이 사물을 감동시키는 것"이라고 풀이한
다. 여기서 사물은 반드시 물건만을 뜻하는 것은 아니고 일이나 사람
등도 포함한다. 사람과 사물의 움직임을 포괄할 수 있다는 뜻이다. 그

렇지 않고 사물을 물건에만 한정할 경우 염력(念力)처럼 정신작용이 물리작용에 영향을 줄 수 있다는 식의 황당한 풀이로 나아갈 수 있다. 그것은 무엇보다 공자 자신이 경계했던 바이다. 일단 무언가 움직여야 바뀌기 시작할 것이고, 바뀌어야 어떤 다른 것을 이루어낼〔化〕수가 있다. 여기서 화(化)는 그 같은 움직임이 완성되었다는 의미에서 성(成)과 통한다.

그렇기 때문에 결국 천하의 지극한 열렬함만이 능히 뭔가를 이루어낼〔化=成〕수 있다고 말한 것이다. 천하제일의 지극한 열렬함〔天下至誠〕은 시작이요, 화(化)는 그 끝이다.

제24장

至誠之道 可以前知 國家將興 必有禎祥 國家將亡 必有妖孽 見乎蓍龜
지성 지 도 가 이 전지 국가 장 흥 필 유 정상 국가 장 망 필 유 요얼 현 호 시귀

動乎四體 禍福將至 善必先知之 不善必先知之 故 至誠如神
동 호 사체 화복 장지 선 필 선지 지 불선 필 선지 지 고 지성 여 신

　　지극한 열렬함의 길을 가게 되면 미리 (앞으로 일어날 일을) 알 수 있
다. 국가(혹은 나라와 집안)가 바야흐로 일어나려 할 때에는 반드시 길조
(吉兆)가 있으며, 국가(혹은 나라와 집안)가 망하려 할 때에는 반드시 흉
조가 있어 시초점과 거북점에 나타나며 사지의 움직임으로도 나타난다.
화와 복이 닥쳐오려 할 때에 선함을 먼저 알아보고, 선하지 못함을 반드
시 먼저 알아보는 것이니 고로 지극한 열렬함은 신령과 같은 것이다.

　　　　　　자사는 지극한 열렬함의 길[至誠之道]을 가게 되면 미
　　　　　　　　　　　　　　　　지성 지 도
리 (앞으로 일어날 일을) 알 수 있다고 말한다. 이 언급은 『주역』을 연
상시키기도 한다. 國家는 일반적으로 그냥 국가로 옮기는데 여기서는
　　　　　　　　국가
분리하여 나라와 집안으로 보아도 될 듯하다. 나라와 집안이 장차 흥
하려 하면 반드시 그것을 보여주는 정상(禎祥)이 있고, 반대로 나라
와 집안이 장차 망하려 하면 반드시 그것을 보여주는 요얼(妖孽)이 있
다고 한다. 정상과 요얼이 관건이다. 禎은 상서로움, 행복, 복, 바르다,
　　　　　　　　　　　　　　　　　　　정
곧다 등을 뜻하고 祥도 상서로움, 행복, 복 등을 뜻한다. 妖는 괴이하
　　　　　　　　　　상　　　　　　　　　　　　　　　　　　요
다, 도깨비, 아리땁다 등을 뜻하고 孽은 糵로 천첩의 소생, 꾸미다, 치
　　　　　　　　　　　　　　　얼　　얼

장하다, 무너지다 등을 뜻한다. 정상(禎祥)은 말 그대로 상서로움이나 행운의 조짐을 뜻하고, 요얼(妖孼)은 괴이한 조짐을 뜻한다. 그리고 이런 복(福)의 조짐이나 화(禍)의 조짐은 시귀(蓍龜)에서 드러나고 사체(四體)에서 움직인다고 자사는 말한다. 蓍는 간단히 말하면 대나무를 이용한 주역점이고, 龜는 거북점이다. 주희는 사체를 동작위의(動作威儀)의 사이라고 풀이한다. 그러나 그냥 사지(四肢)의 움직임으로 보아 그 같은 조짐들이 사람들의 동작과 위엄 등을 통해 (은미하게) 드러난다고 보아도 무방하다.

그런데 그런 조짐들을 아무나 살필 수 있는 것은 아니다. 말 그대로 지극한 열렬함[至誠]의 도를 알고, 그 도로써 자신을 닦은 사람에게만 그것이 은밀하게 드러날 수 있다. 이 점이 대단히 중요하다. 이를 단적으로 보여주는 사례가 『춘추좌씨전』 '정공(定公) 15년조'에 나온다.

"주(邾)나라 은공(隱公)이 노(魯)나라로 조회를 왔는데, 자공이 이것을 구경하였다. 은공은 예물인 옥을 잡아 올림에 너무 높게 하여 얼굴이 너무 들렸고, 정공은 옥을 받음에 너무 낮게 하여 얼굴이 너무 숙여졌다. 자공이 이것을 보고서 '두 나라 군주가 모두 사망할 조짐이 있다'고 말했다."

실제로 정공은 그 해에 죽었고, 애공 7년에 노나라가 주나라를 치니, 두 임금이 모두 죽게 되었다. 그러나 이 사례는 주나라 은공이 정공보다 한참 후에 죽었으므로 딱 들어맞는 것이라고 할 수는 없다.

이어 자사는 왜 복과 화의 조짐이 이처럼 미리 드러나게 되는지 그 이유를 설명한다. "화와 복은 장차 이르려고 할 때 선함을 반드시 먼저 알게 하고 선하지 못함을 반드시 먼저 알게 한다. 그렇기 때문에 지극한 열렬함은 신령과도 같다." 신령과도 같다는 것은 일을 되게도 하고 망치기도 하기 때문이다. 마음의 열렬함이 일의 성패(成敗)를 좌우할 수 있음은 제23장에서 이미 살펴본 바 있다. 결국 두 장을 통틀어 자사가 하고 싶은 말은 "지극한 열렬함[至誠]은 신령과도 같다"는 말 한 마디다. 이는 '지성이면 감천'이라는 속담과 정확히 맥락을 같이 한다.

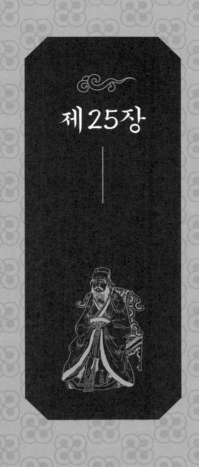

제25장

誠者自成也 而道自道也 誠者物之終始 不誠無物 是故 君子誠之爲貴
성자 자성 야 이도 자도 야 성자 물지종시 불성 무물 시고 군자 성지 위귀

誠者非自成己而已也 所以成物也 成己仁也 成物知也 性之德也 合內外之
성자 비 자성기 이이야 소이 성물 야 성기 인야 성물 지야 성지덕 야 합 내외 지

道也 故 時措之宜也
도야 고 시 조지 의 야

열렬함이라는 것은 (어떤 것에 의존하지 않고) 그 스스로 이루어지는 것이요, 도리〔道〕라는 것도 그 스스로 행하여 가는 것이다. 열렬함이라는 것은 일의 끝과 처음이니, 열렬함이 아니면 사물은 없다. 이 때문에 군자는 열렬하게 하는 것을 귀하게 여긴다. 열렬함이라는 것은 스스로 자기 자신을 이룰 뿐만 아니라 일을 이루어주는 것이기도 하니 자신을 이루는 것이 인(仁)이요 사물을 이루어주는 것이 지(知)다. (따라서 열렬함이라는 것은) 본성의 본성다움이요 안팎을 합치시켜주는 도(道)이다. 그러므로 (열렬함은 자기 자신에게서 얻은 바가 일에 나타나는 것이 합치되어) 때에 맞춰 내버려 두더라도 늘 하는 일이 마땅함을 얻게 된다.

✿ 다시 열렬함〔誠〕의 본질에 관한 문제로 돌아왔다. 열렬함이란 다른 것에 의존하거나 어떤 목적을 위한 수단이 아니다. 사람으로서 사람다워지려면 열렬함을 다해야 한다. 사람이 사람다워지는 것, 즉 사람이 사람의 덕을 갖추는 것이 바로 자기를 이루는 것〔成己〕이다. 여기서 도(道)는 열렬함〔誠〕이 가는 길이다. 앞서 말한 '지극한

열렬함의 길〔至誠之道〕' 때문에 간략하게나마 도를 풀이한다. 마지못
해서 가야만 하는 길이 아니라 열렬함이 스스로를 이루어 나아가는
방향이 곧 그 자체로 길이 된다는 뜻이다. 여기서는 큰 비중을 둘 필
요는 없다.

그 다음 물(物)은 오늘날의 자연과학적 대상으로서의 사물이 아니
다. 오히려 물은 사(事), 즉 일에 가깝다. 성(誠)이라는 것은 사람이 하
는 일의 처음과 끝이라는 말이다. 이를 착각하여 물(物)을 만물이나
객체로서의 물건 혹은 사물로 생각한다면 큰 실수를 하는 것이다. 따
라서 '불성무물(不誠無物)'도 '열렬함이 없이는 그 어떤 일도 이루어짐
이 없다'를 뜻하는 것인데, 정말로 물건이 있고 없고를 뜻한다고 생각
하는 순간 무의미한 형이상학의 심연에 빠져들고 말 것이다. 불성무
물(不誠無物)은 '성즉성사(誠則成事)'를 뜻한다. 열렬함이 있어야 일은
이루어질 수 있다는 말이다.

이 점은 바로 다음 구절을 통해 더욱 분명해진다. "열렬함〔誠〕이라
는 것은 스스로 자기 자신을 이룰 뿐만 아니라 사물을 이루어주는 것
이기도 하니 자신을 이루는 것이 인(仁)이요 사물을 이루어주는 것이
지(知)다." 열렬함이 자기 자신을 이루는 것은 극기복례(克己復禮)를
통해 가능하다. 『논어』의 도움이 필요한 순간이다. '顔淵 1'이다.

안연이 어짊에 관해 묻자 공자는 말했다. "자기(의 사사로운 바)를
이겨내고 예로 돌아가는 것이 곧 인(을 행하는 것)이니, 단 하루라
도 극기복례를 행한다면 천하도 그런 사람을 인하다고 인정해 줄
것이다. 인을 행하는 것은 자기 자신에서 비롯되는 것이지 어찌 남
에게서 비롯되겠는가?"

안연은 이 점에 대해 보다 구체적인 사항들을 쉽게 설명해 줄 것을 정중하게 청한다. 이에 공자는 다음과 같이 말했다. "예가 아니면 절대 보지도 말고 듣지도 말며, 말하지도 말고 움직여서도 안 된다." 이에 안연이 말했다. "회(回, 안연)가 비록 불민하지만 그 말씀을 따르도록 노력하겠습니다."

좀 더 범위를 넓혀가면서 극기복례의 문제를 짚어보자. 일반적으로 덕(德)을 좋아하는 자〔好德者〕, 어진 이〔賢者〕라는 평을 들었던 안연(顔淵)이 인(仁)을 물었기 때문에 여기서는 공자의 답변도 달라질 수밖에 없다. 만일 인에 관심을 두지 않는 제자가 문인(問仁)했다면 공자의 대답은 우회적일 뿐만 아니라 때로는 쌀쌀맞았을 것이다.

예를 들어 '爲政 13'에서 자공이 공자에게 군자(君子)에 관해 묻자 공자는 이렇게 답한다. "그 말하려는 바를 먼저 실행에 옮기고 그런 연후에 그 실행한 바를 바탕으로 말을 하는 사람이 군자이다." 이는 군자에 관한 물음에 대한 답이라기보다는 말하기를 좋아하고 행함이 부족한 자공을 질책하는 것이다.

'公冶長 7'은 아주 흥미롭다. 맹무백(孟武伯)이 여러 제자들을 언급하며 그들이 인(仁)한지를 묻는다. 먼저 자로(子路)가 어진 사람인지를 묻자 공자는 간단하게 "알지 못하겠다"고 답했다. 다시 묻자 그때서야 "자로는 천승(千乘)의 나라에서 군정을 맡도록 할 수는 있겠지만 그가 어진지는 알지 못하겠다"고 답한다. 이번에는 염유(冉有)에 대해 묻자 "염유는 천호의 큰 읍과 경대부 집안의 총재는 될 수 있을지 모르지만 그가 어진지는 알지 못하겠다"고 답했다. 또 공서적(公西赤)에 대해 묻자 "공서적은 띠를 띠고

서 조정에 서서 빈객을 맞아 말하게 할 수는 있거니와 그가 어진
지는 알지 못하겠다"고 답한다. 공자의 제자도 공자로부터 어질다
는 평을 듣기가 이처럼 어려웠던 것이다.

또 '雍也 20'에서 번지라는 제자가 인(仁)을 묻자 이렇게 답한다.
용야
문인(問仁)이라는 말은 이때 처음 나온다. "어진 사람은 어려운 일
을 먼저 하고 얻는 것을 뒤에 하니, 이렇게 한다면 어질다고 할 수
있다." 이 또한 쉬운 일을 먼저 하려 하고, 또 얻는 것을 먼저 하려
하는 번지의 병폐를 꾸짖은 것이다. 번지 또한 공자로부터 어질다
는 인정을 받지 못했다.

그러나 '顔淵 1'에서는 차원이 다르다. 물론 여기서도 안연을 분발
안연
시키려는 뜻을 대답에 담지 않은 것은 아니지만 무엇보다 인(仁) 자
체에 대한 공자의 생각을 가장 가깝게 드러내고 있는 것이다. 그만
큼 안연의 덕행에 대한 공자의 신뢰는 깊었다.

안연의 물음에 대한 공자의 답이 길다. "자기(의 사사로운 바)를
이겨내고 예(禮)로 돌아가는 것이 곧 인(仁)(을 행하는 것)이니, 단
하루라도 극기복례(克己復禮)를 한다면 천하도 그런 사람을 인하다
고 인정해 줄 것이다." 여기서 己란 개인의 사리사욕, 禮는 천리(天
기   예
理)로 새긴다. 주희는 뒷부분을 이렇게 풀이한다. "하루라도 사욕을
이겨 예(禮)에 돌아가면 천하 사람들이 모두 그 인(仁)을 허여한다
고 말씀하셨으니, 그 효과가 매우 빠르고 지극히 큼을 강조해서 말
씀하신 것이다." 그러나 '하루라도'라는 말은 그 효과가 매우 빠르다
기보다는 그만큼 어려운 일이라는 것 아닌가?

이어 공자는 "(그렇기 때문에) 어진 행동을 실천하는 것(爲仁)은
위인
자기 자신(己)에서 비롯되는 것이지 어찌 남(人)에게서 비롯되겠는
기   인

가'라고 말한다. 스스로와의 싸움에서 이겨야 비로소 예(禮)로 나아
갈 수 있고, 그래야만 마침내 인(仁)을 행할 수 있다고 말한 것이다.

전체적인 문맥은 이해했지만 복례(復禮) 부분이 미진하다고 생각
한 안연은 이 점에 대해 보다 구체적인 사항들을[目] 쉽게 설명해
줄 것을 정중하게 청한다. 이에 공자는 다음과 같이 말한다. 勿은
無나 非에 비해 훨씬 강한 부정의 의미를 갖고 있다.

"예(禮)가 아니면 절대 보지도 말고 듣지도 말며, 말하지도 말고
움직여서도 안 된다." 주희는 비례(非禮)를 사리사욕(私利私慾)으로
풀이한다. 즉 기(己)다.

이는 극기(克己)의 구체적인 방법을 제시한 것으로 볼 수 있다. 정
약용의 풀이다. "예가 아닌 것을 보고 싶어 하기 때문에 '예가 아니
면 절대 보지 말라'고 하였고, 예가 아닌 것을 듣고 싶어 하기 때문
에 '예가 아니면 절대 듣지 말라'고 하였고, 예가 아닌 것을 말하고
싶어 하기 때문에 '예가 아니면 절대 말하지 말라'고 하였고, 예가
아닌 것을 행동하고 싶어 하기 때문에 '예가 아니면 절대 움직이지
말라'고 하였다. 처음에 만약 하고 싶지 않았다면 어떻게 '말라'고
했겠는가? '하고 싶다'는 것은 인심(人心)이 그것을 하고 싶은 것이
며, '말라'는 것은 도심(道心)이 그것을 하지 말라는 것이다. 인심과
도심 둘이 맞대어 싸워서 말라[勿]는 것이 이기면 이를 극기(克己)
라 하는 것이다."

이는 '泰伯 8'에서 보았던 '예(禮)로써 자기를 세우다[立於禮]와
뜻이 직통한다. 이에 관한 주희의 풀이다. "예(禮)는 공경과 사양을
근본으로 삼고 절문(節文)과 도수(度數)의 상세함이 있어서, 사람
의 살의 모임과 힘줄의 묶임을 견고하게 할 수 있다. 그러므로 배우

는 자가 중간에 탁연히 자립하여 사물에 흔들리고 빼앗김을 당하지 않는 것을 반드시 이 예에서 얻게 된다."

예(禮)로써 우리는 몸을 다잡는다〔約之以禮〕. '學而 12'에서 유자(有子)는 예의 쓰임과 관련해 중요한 발언을 했다. "예(禮)의 쓰임〔用〕은 화기(和氣)를 귀하게 여긴다. 옛 임금들의 도리도 바로 이런 예의 화기를 중요하게 생각했으니 상하가 통용되어 행해졌다. (그러나) 해서는 안 되는 일이 있다. 화기만을 알아서 조화나 화합에만 힘쓰고 예(의 體)로써 그것을 절제〔節之〕하지 않는다면 그 또한 역시 행할 수 없다."

공자의 친절한 설명을 들은 안연은 이제야 공자가 말하고자 하는 바를 알아들었다. 사실 공자가 안연을 어진 사람이 될 재목이라고 보지 않았다면 이런 지침들도 주지 않았을 것이다. 이에 안연은 각오를 새롭게 하며 공자에게 말한다. "회(안연)가 비록 불민하지만 그 말씀을 따르도록 노력하겠습니다."

자연스럽게 '자기 자신을 이루는 것〔成己〕'이 인(仁)이라는 것까지 설명이 되었다. 非~而已也는 '~뿐만 아니라'는 뜻이다. 而已也는 而已矣와 같은 뜻으로 '~뿐'이라는 뜻이다. 성물(成物)은 물건을 만드는 것이 아니라 성사(成事), 즉 일을 이루어내는 것이다. 그것이 바로 지(知)다. 인(仁)과 지(知)의 대비는 『논어』에서 수도 없이 등장했다. 사람과 일을 아는 것이 지다. 사람을 모르면 일을 알 수 없다. 그래서 지(知)는 지인(知人)의 문제이며 나아가 지인자(知仁者)의 문제이다. 결국 열렬함〔誠〕을 통하지 않고서는 인(仁)으로도 나아갈 수 없고 지(知)로도 나아갈 수 없다는 말이다.

제26장

故 至誠無息 不息則久 久則徵 徵則悠遠 悠遠則博厚 博厚則高明

고 지성 무식 불식 즉구 구즉징 징즉 유원 유원 즉 박후 박후 즉 고명

博厚所以載物也 高明所以覆物也 悠久所以成物也 博厚配地 高明配天

박후 소이 재물 야 고명 소이 부물 야 유구 소이 성물 야 박후 배지 고명 배천

悠久無疆 如此者 不見而章 不動而變 無爲而成

유구 무강 여차 자 불현 이장 부동 이변 무위 이성

天地之道 可一言而盡也 其爲物不貳 則其生物不測 天地之道 博也

천지 지도 가 일언 이진 야 기 위물 불이 즉기 생물 불측 천지 지도 박야

厚也 高也 明也 悠也 久也 今夫天 斯昭昭之多 及其無窮也 日月星辰繫

후야 고야 명야 유야 구야 금부천 사 소소 지다 급기 무궁 야 일월 성신 계

焉 萬物覆焉 今夫地 一撮土之多 及其廣厚 載華嶽而不重 振河海而不洩

언 만물 부언 금부지 일 촬토 지다 급기 광후 재 화악 이 부중 진 하해 이 불설

萬物載焉 今夫山 一卷石之多 及其廣大 草木生之 禽獸居之 寶藏興焉 今

만물 재언 금부산 일 권석 지다 급기 광대 초목 생지 금수 거지 보장 흥언 금

夫水 一勺之多 及其不測 黿鼉蛟龍魚鼈生焉 貨財殖焉

부수 일작 지다 급기 불측 원타 교룡 어별 생언 화재 식언

詩云 維天之命 於穆不已 蓋曰天之所以爲天也 於乎不顯 文王之德之

시운 유 천지명 어목 불이 개 왈천 지 소이 위천 야 어호 불현 문왕 지덕 지

純 蓋曰文王之所以爲文也 純亦不已

순 개 왈 문왕 지 소이 위문 야 순역 불이

그러므로 지극한 열렬함은 쉼이 없다. 쉼이 없으면 오래 가고 오래 가
면 효험이 나타난다. 효험이 드러나면 아득히 멀어지고, 아득히 멀어지
면 널리 두터워지고, 널리 두터워지면 높고 밝아진다.

널리 두텁다는 것은 어떤 일을 싣는 바이고, 높고 밝다는 것은 어떤
일을 덮는 바이고, 아득히 멀다는 것은 어떤 일을 이루는 바이다. 널리
두텁다는 것은 땅과 짝을 이루고, 높고 밝다는 것은 하늘과 짝을 이루
고, 아득히 멀다는 것은 (시간상으로) 그 경계가 없다. 이와 같은 것은

보이지 않지만 빛나고, 움직임이 없는데도 바뀌며, 작위(作爲)가 가해지지 않는데도 이루어진다.

하늘과 땅의 도는 단 한 마디로 할 수 있다. 일이 되어가는 것은 단한 가지이나, 그 일이 생겨나는 것은 헤아릴 수 없다. (왜냐하면) 하늘과 땅의 도는 넓고 두텁고 높고 밝고 아득히 멀기 때문이다. 지금 무릇하늘은 이 밝고 밝음의 많음일 뿐이나 그 무궁함에 이르러서는 하늘과 달과 별들이 (모두 거기에) 매달려 있으며 만물이 (하늘에) 덮여 있도다. 지금 무릇 땅은 한 움큼 흙들의 많음일 뿐이나 그 넓고 두터움에이르러서는 아주 큰 산을 싣고 있으면서도 무겁게 여기지 않고, 강과바다를 거두고 있으면서도 새지 않아 만물이 (거기에) 실려 있도다. 지금 무릇 산은 하나의 자잘한 돌들의 많음일 뿐이나 그 넓고 큼에 이르러서는 풀과 나무가 나오며 새와 짐승이 살고 (땅 속에) 묻혀 있던 보배들이 나오도다. 지금 무릇 물은 한 잔의 물들의 많음일 뿐이나 그 헤아릴 수 없음에 이르러서는 큰 자라, 악어, 교룡, 용, 물고기, 자라가 살고 있고 온갖 재화가 거기서 난다.

『시경』에 이르기를 '하늘의 명(命)이 아! 맑고 깊어 쉼이 없도다!'라고 했으니, 하늘이 하늘이 된 까닭을 말한 것이다. '아아! 드러나지 않는가, 문왕의 덕의 순정함이여!'라고 했으니, 문왕이 문(文)이 된 까닭을 말한 것이요, 순정함 역시 쉼이 없었다는 것이다.

❧　　　첫 문장은 '그러므로[故]'라는 접속사가 보여주듯 앞 장인 제25장에 이어진다. 열렬함[誠]은 일의 시작이자 끝이요, 열렬함이

없으면 일이 없고, 열렬함은 자기 자신뿐만 아니라 일을 이루어지게 해준다. 그러므로〔故〕 지극한 열렬함은 쉼이 없다는 것이다. 주희는 이 말을 "(지극한 열렬함은) 이미 헛됨과 거짓됨이 없으니 스스로 중간에 끊어짐〔間斷〕이 없다"고 풀이한다. 息을 중도에 쉬는 것으로 본 것이다. 잠시라도 중간에 쉬지 않고서 부지런히, 그리고 열심히 하려고 하는 바에 매진하는 것이 지극한 열렬함〔至誠〕이다. 간절함, 절절함, 열렬함 등등이 모두 포괄되었다고 할 수 있다.

그리고 연쇄적인 논법이 시작된다. 하나하나가 참으로 함축적이기 때문에 조심하여 정확하게 풀어가야 한다. 먼저 쉼이 없으면 오래〔久〕 간다. 久를 영원하다 어쩌다로 옮기면 안 된다. 주희가 풀이한 "속에서 늘 한결같다〔常於中〕"는 일단 참고는 할 만하지만 구체성이 떨어진다. 여기서 우리는 『논어』의 도움을 받아야 한다. '里仁 2'는 앞 장인 제25장에서 보았던 인(仁)과 지(知)에 대한 풀이까지 겸한다는 점에서 대단히 중요하다.

공자는 말했다. "어질지 못한 사람은 (인이나 예를 통해 자신을) 다잡는 데 (잠시 처해 있을 수는 있어도) 오랫동안〔久〕 처해 있을 수 없고, 좋은 것을 즐기는 데에도 (조금 지나면 극단으로 흘러) 오랫동안〔長〕 처해 있을 수 없다. 어진 사람은 어짊을 편안하게 여기고 지혜로운 자는 어짊을 이롭게 여긴다."

잠시 처해 있는 것이 간단(間斷), 즉 식(息)이다. '里仁 2'를 상세하게 풀어보자. 여기서 우리는 일단 난관에 봉착한다. 문장 구조가 상당히 중층적이다. 먼저 '어질지 못한 사람〔不仁者〕' 이하와 '어진 사

람〔仁者〕' 이하가 대조를 이루고 있다. '어질지 못한 사람' 이하에 두
가지 내용이, '어진 사람' 이하에도 두 가지 내용이 나온다. 만만치
않은 구절을 만났다고 할 수 있다. 일단 핵심단어가 어짊〔仁〕이라는
점을 염두에 두면서 그 어려움을 단계단계 넘어보자.

먼저 공자는 어질지 못한 자〔不仁者〕의 행동방식에 대해 말한다.
어질지 못한 자는 약(約)에 오래 머물지 못하고 낙(樂)에도 오래 머
물지 못한다는 것이다. 주희는 약(約)을 궁곤(窮困)으로 풀이했다.
결국 어질지 못한 사람은 어려움에 처하면 얼마 못 가서 자신의 본
성에서 벗어난 행동을 하게 되고, 또 즐거움을 만나면 오랫동안 적
절하게 즐기지 못하고 본성에서 벗어나 흠뻑 빠져들게 된다는 것이
다. 어려움이건 즐거움이건 중도(中道)를 찾지 못하고 극단으로 빠
져든다는 지적이다. 오랫동안〔久〕은 인자(仁者)의 특성이기도 하다.

그런데 약(約)에 대한 주희의 이 같은 풀이에 대해 이견을 붙이고
자 한다. 약을 궁핍 내지 궁곤으로 풀이한 것은 주희의 일방적인 주
장이다. 만일 『논어』에 이 장에 어울리는 약(約)의 의미가 등장하지
않는다면 어쩔 수 없이 탁월한 언어학자인 주희의 풀이를 따라야
하겠지만 다행스럽게도 『논어』에는 이 장에 딱 어울리는 의미의 약
(約)이 여러 차례 등장한다. 그렇다면 약(約)의 뜻을 『논어』에서 취
해야지 주희의 일방적인 풀이를 따라야 할 이유는 없다. 먼저 '里仁
23'을 보자.

공자는 말했다. "(도나 인을 자기 몸에) 다잡음으로써 그 일을 망
치는 자는 드물다."

뒤에 상세하게 보게 되겠지만 약(約)은 도(道)나 인(仁)을 자기 몸에 체화시키는 것을 뜻한다. 그래서 이 책에서는 이를 '다잡다'로 옮겼다. 정약용도 이렇게 말한다. "약(約)은 동여 묶는 것이다. 궁색한 데에 처해져 괴롭고 두려운 것이 마치 동여 묶인 듯한 것을 약이라고 한다." 아마 정약용도 주희가 약(約)을 궁곤이라고 풀어놓은 것을 의식한 때문인지 두루뭉술하다. 오히려 '里仁 23'을 풀이하면서 주희가 인용해 놓은 사량좌(謝良佐)의 "잘난 체하여 스스로 방만해지지 않는 것을 약(約)이라 이른다"는 풀이나 윤돈의 "모든 일을 약(約)하면 실수가 적은 것이니, 다만 검약(儉約)만을 말한 것이 아니다"는 풀이가 이 장에도 그대로 해당된다. 참고로 '다잡다'로 풀이해야 하는 다른 사례들도 소개한다.

공자는 말했다. "군자가 되고자 하는 사람은 문(文)을 통해서 배움을 넓히고, 그 배운 바를 예(禮)로써 다잡아〔約〕 몸에 익힌다면 이 또한 (인이나 도에서) 벗어나지 않을 것이다" ('雍也 25')

이는 마치 학이시습(學而時習)을 풀이해 놓은 문장이라고 해도 과언이 아니다. 그런 점에서 약(約)은 곧 시습(時習)이다. '子罕 10'에서는 안연(顏淵)이 공자로부터 배운 바를 이야기하던 중 이렇게 말한다. "문으로써 나를 넓혀주시고 예로써 나를 다잡아주셨다." '雍也 25'와 똑같다. 이처럼 세 곳에서 약(約)의 의미가 '다잡다'로 명백하게 통하는데 굳이 이 장에서만 뜬금없이 궁곤으로 풀어야 할 이유는 없다. 게다가 곧 보게 되겠지만 여기서도 약(約)을 '다잡다'로 풀어야만 이 장의 내용이 훨씬 공자의 말씀다워진다. 우선 전반부를 옮겨놓고 후반부로 넘어가자.

"어질지 못한 사람은 (인이나 예를 통해 자신을) 다잡는 데 (잠시 처해 있을 수는 있어도) 오랫동안 처해 있을 수 없고, 좋은 것을 즐기는 데에도 (조금 지나면 극단으로 흘러) 오랫동안 처해 있을 수 없다."

후반부를 보자. 문제는 지금부터다. 불인자(不仁者)에 대한 설명을 뒤집으면 인자(仁者)는 어떠해야 하는지에 대한 단서가 나온다. 즉 자신을 다잡는 데에도 '오랫동안' 참고 머물며, 즐거움을 만나서도 극단으로 치우치지 않고 '오랫동안' 즐거움을 즐길 수 있어야 어진 사람[仁者]이다.

여기서 공자는 한 걸음 더 나아간다. 인자(仁者)와 지자(知者/智者)의 이분법을 끌어들인 것이다. 여기서는 인(仁)과 지(知), 둘을 대립시키기보다는 인자를 좀 더 구체적으로 설명하기 위해 지자를 끌어들이고 있다. 이 점을 분명히 이해하기 위해서는 『논어』에서 공자가 사용한 '인자/지자'의 이분법 사례를 좀 더 살펴보는 게 도움이 될 것이다.

그런데 지자(知者)는 두 가지 해석이 가능하다. 지혜와 지식을 갖춘 자와 사람을 보는 눈을 가진 자가 그것이다. '雍也 18'에서 공자는 "(도나 이치를) 아는 자는 좋아하는 자만 못하고, 좋아하는 자는 즐기는 자만 못하다"고 말한다. 이때의 지(知)는 뭔가를 알다는 뜻이다. 하지만 여기서는 이 두 가지 뜻을 다 갖고 있다고 보아도 무방하다. 도를 아는 자가 곧 지혜로운 자이기 때문이다.

이제부터 인(仁)/지(知)에 관한 사례를 좀 더 살펴보자. '雍也 20'에서 제자 번지가 지(知)에 관해 묻자 공자는 이렇게 답한다. "사람이라면 마땅히 지켜야 할 바에 힘쓰고 귀신의 존재는 공경하는 마음으로 인정하면서도 그 실체를 알려고 애쓰지는 않는다면 인간사를 아는 경지에 이르렀다고 할 수 있다." 연이어 인(仁)에 관해 묻자 공자는 이렇게 답한다. "어려운 일을 먼저 하고 얻는 것을 뒤에 하니, 이렇게 한다면 어질다고 할 수 있다." 이것은 일단 지에 관한 공자의 생각을 전한 다음 지보다는 한 단계 뛰어난 인을 설명하는 방식이라고 볼 수 있다. 즉 지는 분별력이기 때문에 높이 평가할 만하지만 '얻는 것'을 우선으로 하는 반면 인은 쉽고 어려움을 가리지 않고 오히려 어려운 일도 얼마든지 감수하는 태도라는 것이다.

다시 '顔淵 22'에서 번지가 인(仁)에 관해 묻자 공자는 "사람을 사랑하는 것〔愛人〕"이라고 답하고 지(知)에 관해 묻자 "사람을 아는 것〔知人〕"이라고 답한다. 그리고 '雍也 21'에는 유명한 구절이 나온다.

공자는 말했다. "(어진 사람을 볼 줄) 아는 사람은 물을 좋아하고, 어진 사람은 산을 좋아한다. (어진 사람을 볼 줄) 아는 사람은 움직이고, 어진 사람은 맑고 고요하다. (어진 사람을 볼 줄) 아는 사람은 즐거워할 줄 알고, 어진 사람은 오래간다."

이 문장에는 이 장의 해석과 관련해 중요한 실마리들이 대거 들어 있다. 특히 주목해야 할 점은 '(어진 사람을 볼 줄) 아는 사람은 즐거워할 줄 안다〔知者樂〕'고 한 대목이다. 지(知)와 낙(樂)은 밀접한 관계를 갖고 있는 것이다. 그렇게 볼 때 '좋은 것을 즐기는 데에도 (조금 지나면 극단으로 흘러) 오랫동안 처해 있을 수 없다〔不可

以長處樂]'는 지(知)와 서로 조응하는 것으로 해석해야 한다. 그러면 자연스럽게 '다잡는 데 (잠시 처해 있을 수는 있어도) 오랫동안 처해 있을 수는 없다[不可以久處樂]'는 인(仁)과 조응하는 것으로 봐야 한다. 오랫동안 자신을 다잡음에 처할 수 있다면 인자(仁者)이고, 오랫동안 즐거움에 처할 수 있다면 지자(知者)이다. 불인자(不仁者)는 인자뿐만 아니라 지자의 반대이기도 하다. 주희가 약(約)을 궁곤이라고 하는 바람에 그동안 이 문장이 얼마나 엉망으로 풀이되어 왔는지를 선명하게 알 수 있다. 이렇게 되면 번역도 전혀 달라진다.

다시 인(仁)과 지(知)의 관계로 돌아가보자. '子罕 28'에서 공자는 "지혜로운 자는 (사리를 알기 때문에 불필요한) 의혹을 품지 아니하고, 어진 자는 (세상 이치를 알아 사리사욕에 꺾이지 않으니) 근심하지 않는다"고 말한다. 같은 내용은 '憲問 30'에서도 나온다.

'衛靈公 32'에서 공자는 보다 구체적으로 둘의 관계를 설명한다.

"앎이 도(道)에 미치더라도 어짊[仁]이 그것을 뒷받침해 줄 수 없다면 설사 도를 얻었다 하더라도 결국 자기 것이 되지 못하고 반드시 잃게 된다."

안인(安仁)과 이인(利仁)의 차이와 관련해서 주희는 이렇게 말한다. "도(道)와 하나가 되어 간격이 없음이 안인(安仁)이고, 이인(利仁)은 이런 경지에 이르지 못하여 억지로 힘써야 한다." 앞으로 여러 차례 보게 되겠지만 공자의 제자 안회가 바로 안인의 경지에 이른 사람이다. 오랫동안 자신을 다잡으면서도 힘들어하지 않고 오히려 마음속으로부터 편안하게 받아들인 인물이기 때문이다. 다시 한 번 약(約)과 인(仁)이 통한다는 것을 확인할 수 있다. 반면에 이 인은 인이 좋다는 것을 알고 인자(仁者)를 찾아 애쓰지만 아직 인을 자기 몸에 다잡는 데 오랫동안 처하지 못하고 편안하지도 않은 단계이다. 어진 마음을 잘 가려서 택하여 그곳에 사는 것을 다룬 '里仁 1'이 바로 이인(利仁)하는 전형적인 사례이다. 그리고 제자 자공이 바로 그런 단계에 이른 인물이다. 그래서 안회와 자공의 차이는 인자와 지자의 차이이기도 하다.

이렇게 해서 우리는 久의 정확한 문맥과 의미를 알게 되었고, 동시에 그것이 인(仁)과 밀접한 연관을 갖고 있다는 점도 확인했다.

이제 다음으로 넘어가자. '오래 가면 효험이 나타난다〔久則徵〕.' 우선 徵은 부르다, 징집하다, 소집하다, 구하다, 모집하다, 거두다, 징수하다, 징계하다, 밝히다, 증명하다, 검증하다, 이루다, 조짐, 징조, 현상 등 그 뜻이 아주 다양하다. 여기서는 문맥을 감안하여 효험이 (밖으로) 드러나다, 나타나다 정도로 해석하면 적절할 듯하다. 어떤 일을 할 때 지극한 열렬함〔至誠〕을 쉼 없이〔不息〕 오랫동안〔久〕 다하면 마침내 그 결실이 가시적으로 드러나게 된다는 것이다. 그런 점에서 이는 제25장에서 언급한 '안팎을 합치시키는 도'라는 말과도 연결된다. 또한 제23장에서 보았던 '(이처럼 구석구석까지) 열렬하게 다가갈 때 사물의 (비로소) 진정한 모습(혹은 내적인 원리)을 알 수 있고〔誠則形〕, 그렇게 되면 (비로소) 진정한 모습은 겉으로도 드러나고〔形則著〕'와도 연결될 수 있다. 마음속의 열렬함이나 간절함이 지극할 때 그것이 외부의 일과 어떻게 관련을 맺게 되는지 그 연결고리를 보여주는 대목이다.

이제 주어(主語)가 사람의 마음에서 일〔物〕로 바뀐다. 일은 사람이

하는 것이다. 그래서 모든 일[事/功業]은 인간사(人間事)다. 모든 일에 는 사람의 마음이 고스란히 투영될 수밖에 없다. 열렬함이 담겨 있지 않은 일과 지극정성이 담겨 있는 일은 하늘과 땅 차이다. 그런데 대부 분의 번역서들은 물(物)을 물건이나 천지만물로 번역하여 엉뚱한 풀 이를 하는 경우가 태반이다. 이 점은 바로 다음 문장에서도 확인된다.

'효험이 드러나면 아득히 멀어진다[悠遠]'는 어떤 일이 지극한 열렬 함을 바탕으로 이뤄질 경우 중도에 어그러지지 않고 오랫동안 계속 이어진다는 뜻이다. 그리고 '아득히 멀어지면 널리 두터워진다[博厚]' 는 그 영향범위가 크게 넓어진다는 뜻이다. 그리고 '널리 두터워지면 높고 밝아진다[高明]'는 높은 명성을 누리게 된다는 뜻이다. 이에 대 해서는 바로 다음에 연결되는 글이 나오니 포괄적으로 풀어낼 필요 가 있다.

"널리 두텁다는 것은 어떤 일을 싣는[載] 바이고, 높고 밝다는 것 은 어떤 일을 덮는[覆] 바이고, 아득히 멀다는 것은 어떤 일을 이루는 [成] 바이다. 널리 두텁다는 것은 땅과 어울리고, 높고 밝다는 것은 하 늘과 어울리고, 아득히 멀다는 것은 그 경계가 없다."

어쩌면 우리는 지금 이 책에서 가장 난해한 대목에 이르렀다고 할 수 있다. 첫째는 일이 담기는 그릇과 관련된 것이다. 그릇이 넓고 두터 워야 가능한 한 모든 것들을 담아낼 수 있다. 그리고 그 일의 광채를 내게 되는 것이 바로 어떤 일을 덮는다는 것이며, 그 덮음을 높고 밝 게 해야 한다. 공명정대한 일처리야말로 높고 밝은 덮음이 된다. 그리 고 그 계책이 올바랐다면 앞으로도 그 일은 무궁무진 계속 이어질 수 있다는 것이다. 땅과 하늘 그리고 경계 없음은 공간과 시간의 비유로 읽힌다.

결국 정리하자면 어떤 일을 지극한 열렬함[至誠]으로 할 경우 널리
두터워지고 높이 밝아지며 아득히 멀어진다는 의미다.

　"이와 같은 것은 보이지 않지만 빛나고, 움직임이 없는데도 바뀌며,
작위가 가해지지 않는데도 이루어진다."

　이 또한 앞 구절의 연장선에서 읽힌다. 보이지 않지만 빛나는 것은
널리 두터움[博厚]이 그러하다는 것이고, 움직임이 없는데도 바뀐다
는 것은 높이 빛남[高明]이 그러하다는 것이며, 작위가 가해지지 않는
데도 이루어지는 것은 아득히 멀어짐[悠久]이 그러하다는 것이다. 따
라서 박후(博厚), 고명(高明), 유구(悠久)는 우리가 매사에 지극한 열
렬함[至誠]을 다해야 한다는 점을 보다 구체적으로 보여주는 표현으
로 볼 수 있다.

　그리고 열렬함[誠]을 천지(天地) 및 무강(無疆)과 연결 지어 논의한
다음 그것을 다음과 같이 정리한다. "하늘과 땅의 도는 단 한 마디로
다할 수 있다. 일이 되어가는 것, 혹은 일이 되게 하는 원리[爲物]는
단 한 가지이지만 그 일이 생겨나는 것[生物]은 헤아릴 수 없다. (왜냐
하면) 하늘과 땅의 도는 넓고 두텁고 높고 밝고 멀고 오래기 때문이다."

　여기서 관건은 생물(生物), 즉 '일이나 사물[物]이 생겨나는 것'이다.
이에 대한 상세한 논의는 뒤에 곧바로 이어진다. 그리고 '헤아릴 수 없
다[不測]'의 의미를 어떻게 받아들일 것인가 하는 점 또한 관건이 된
다. 먼저 주희의 풀이를 보자. "열렬함[誠]은 쉼 없음이기 때문에 많은
일들을 만들어내어 그것이 왜 그렇게 되었는지 이유나 원인을 알지
못함이 있는 것이다." 조금 모호한 구석이 남아 있기는 하지만 이보다
나은 풀이를 찾을 수 없다. 이 또한 뒷부분을 읽어가다 보면 그 모호
함은 많이 사라지게 될 것이다.

이제 일이나 만물이 생성되는 이치를 압축해서 비유적으로 보여주는 글이 이어진다.

"지금 무릇 하늘은 이 밝음[昭昭]의 많음[多]일 뿐이나 그 무궁함에 이르러서는 하늘과 달과 별들이 (거기에) 매달려 있으며 만물이 덮여 있도다. 지금 무릇 땅은 한 움큼 흙들의 많음[多]일 뿐이나 그 넓고 두터움[廣厚]에 이르러서는 아주 큰 산을 싣고 있으면서도 무겁게 여기지 않고, 강과 바다를 거두고 있으면서도 새지 않으며 만물이 실려 있도다. 지금 무릇 산은 하나의 자잘한 돌들의 많음[多]일 뿐이나 그 넓고 큼[廣大]에 이르러서는 풀과 나무가 나오며 새와 짐승이 살고 묻혀 있던 보배들이 나오도다. 지금 무릇 물은 한 잔의 물들의 많음[多]일 뿐이나 그 헤아릴 수 없음[不測]에 이르러서는 큰 자라, 악어, 교룡, 용, 물고기, 자라가 살고 있고 온갖 재화가 거기서 난다."

이로써 앞에서 궁금해했던 용어나 구절들이 상당부분 해명된 셈이다. 특히 불측(不測)은 무궁무진하다는 뜻 정도로 받아들이면 될 듯하다. 주희는 이 구절을 총괄해서 이렇게 풀이한다. "이 네 조항은 모두 오직 한 가지 쉬지 않음으로 말미암아 성대함을 이루어서 능히 사물이나 일을 만들어내는[生] 뜻을 발하여 밝힌 것이다." 그러나 주희는 아주 적절하게도 이를 마치 조물주가 만물을 창조하는 것처럼 받아들여서는 안 된다고 경고하고 있다. 그렇게 받아들이는 것은 공자의 정신과도 맞지 않다. 그런데도 국내의 일부 동양철학자들은 그런 식의 과도한 해석을 하는 경향이 있다.

이제 이 장의 끝부분에 이르렀다. 여기서 자사는 『시경』을 인용한다.

"『시경』에 이르기를 '하늘의 명(命)이 아! 맑고 깊어 쉼이 없도다!'라고 했으니, 하늘이 하늘이 된[爲天] 까닭을 말한 것이다. '아아! 드러나지 않는가, 문왕의 덕의 순정함[純]이여!'라고 했으니, 문왕이 문(文)이 된 까닭을 말한 것이요, 순정함 역시 쉼[已=息]이 없었다는 것이다."

맑고 깊음[穆]이 있어 하늘이 하늘이 될 수 있었고 순정한 덕(德), 즉 진정으로 임금다움이 있었기 때문에 문왕은 문(文)왕으로 불릴 수 있게 되었다는 것이다. 지극한 열렬함[至誠]의 그지없음이 하늘과 인간(문왕)에게 두루 통용되고 있다.

참고로 문왕의 문(文)과 관련된 『논어』의 구절들을 짚어보자. 문의 의미를 정확히 아는 데 도움이 될 것이다. 우선 『논어』 '泰伯 20'에서 공자는 이렇게 말한다.

"천하를 삼분(三分)하여 그 둘을 소유하고도 은(殷)나라에 복종하여 섬겼으니, 주나라(문왕)의 덕(德)은 지극한 덕이라 이를 만하다"

'八佾 14'에서는 또 이렇게 말한다.

"주나라는 하 은 이대를 비추어 살펴보았으므로 찬란하도다, 그 문(文)이여! 나는 주나라를 따르리라."

'子罕 5'는 보다 구체적이다. 공자는 광(匡) 땅이라는 곳에서 경계하는 마음[畏]을 품었다고 한다. 양호(陽虎)가 일찍이 광 땅에서 포악한 짓을 했었는데 공자의 모습이 양호와 비슷했으므로 광 땅 사람들이 공자를 양호로 오인하여 포위했기 때문이다. 그러나 공자는 당당했다.

"문왕이 이미 세상을 떠나셨으나 문(文)이 이 몸에 있지 않겠는가?"

　공자는 자신이 문왕의 도(道), 즉 예악과 제도를 갖추는 과제를 이어받았다고 자부했다. 이 문(文)은 곧 하늘이 준 명(命), 즉 덕(德)과 통한다. 그래서 공자는 말한다.

"하늘이 아마도 이 문(文)을 없애려 했다면 뒤에 죽는 사람(공자 자신)이 이 문을 체득하지 못했을 것이다. (그런데 이미 나는 이 문을 체득하였으니) 하늘이 이 문을 없애지 않으려 하니 광 땅 사람들이 나를 어찌 하겠는가?"

　문(文)은 문무(文武)의 문이 아니라 문질(文質)의 문이다. 이에 대해서는 앞에서 살펴본 바 있다. 문(文)은 곧 공자가 늘 이야기하는 고도(古道)이며, 그것은 후대에도 모범이 될 만한 사례들을 말한다. 학이시습(學而時習)해야 하는 것도 바로 이 문이다.

제27장

大哉 聖人之道 洋洋乎發育萬物 峻極于天 優優大哉 禮儀三百 威儀
대 재 성인지도 양양 호 발육 만물 준극 우천 우우 대재 예의 삼백 위의

三千 待其人而後行 故曰 苟不至德 至道不凝焉 故 君子尊德性而道問學
삼천 대 기인 이후 행 고 왈 구 부 지덕 지도 불응 언 고 군자 존 덕성 이 도 문학

致廣大而盡精微 極高明而道中庸 溫故而知新 敦厚以崇禮 是故 居上不驕
치 광대 이 진 정미 극 고명 이 도 중용 온고이지신 돈후 이 숭례 시 고 거상 불교

爲下不倍 國有道 其言足以興 國無道 其默足以容 詩曰 旣明且哲 以保其
위하 불배 국 유도 기 언 족이 흥 국 무도 기 묵 족이 용 시 왈 기 명 차 철 이 보 기

身 其此之謂與
신 기 차 지 위 여

크시도다! 성인(聖人)의 도여! 그 도는 (세상 어디서나) 넘실거리며 만물을 생육케 하여 그 높고 큼이 하늘에까지 닿는구나. 그 도는 (세상 어디서나) 꽉 차고 넘쳐 참으로 커서 예의(禮儀)가 삼백 가지요, 위의(威儀)가 삼천 가지로다! (이런 도는) 그에 맞는 사람을 기다린 뒤에야 행하여진다. 그러므로 옛말에 '진실로 지극한 다움이 아니면 지극한 도는 엉기어 형체를 이루지 못한다'고 하였다. 그러므로 군자(이고자 하는 자)는 다움과 본성을 높이고 (애씀을 부지런히) 묻고 배우는 길을 가는 것이다. (그렇게 해서) 넓고 큼에 이르되 (동시에 정반대의) 정미함도 다하며, 높고 밝음을 다하되 (동시에 일상생활에서의) 중용의 길을 가며, 옛것을 익히되 (동시에 그것을 통해) 새것을 알며, (내면을) 돈독하고 두텁게 함으로써 예를 높인다. 그렇기 때문에 윗자리에 있어도 교만하지 아니하고, 아랫사람이 되어서는 배반하지 않아 나라에 도가 있을 때엔 그 말이 족히 받아들여지고, 나라에 도가 없을 때엔 그 침묵이 족히 용납된다. 『시경』에 '이미 밝고 또 명철함으로써 그 몸을 보전하도다'라고

한 것은 아마도 이를 두고 한 말일 것이다.

먼저 양양(洋洋)은 가득 차서 넘치는 모양이다. 따라서 첫 문장은 성인의 도가 너무나도 커서 큰 바다가 출렁이듯 넘실거리며(洋洋) 만물을 키워내 그 높음이 하늘에 이를 정도라는 뜻이다. 우우(優優)는 꽉 차고도 남음이 있다는 뜻이라고 주희는 풀이한다. 따라서 두 번째 문장은 '그 도는 (세상 어디서나) 꽉 차고 넘쳐 참으로 커서 예의(禮儀)가 삼백 가지요, 위의(威儀)가 삼천 가지로다!'이다.

일단 여기까지를 『논어』의 맥락에서 풀어보자. 먼저 『논어』 '泰伯 19'를 보자.

공자는 말했다. "크시도다! 요(堯)임금의 임금다움이여. 높고 크도다! 오직 하늘(의 덕)만이 크시거늘 오직 요임금만이 이를 본받았으니, 넓고 넓도다! 백성들이 무어라고 능히 그것을 형언하지 못하는구나! 그 이룩한 공업은 높고 크며 그 문장은 찬란하도다!"

공자는 먼저 "크시도다(大哉)!"라면서 요임금의 임금 노릇 혹은 임금의 덕(爲君)에 찬사를 보낸다. 어쩌면 선위(禪位)를 받은 순임금이나 우임금보다는 그런 전통을 처음으로 만들어 선위를 해준 요임금이 훨씬 더 위대한 인물일 것이다.

위군(爲君)은 임금을 임금답게 했다는 말이다. 곧 임금의 임금다움(德)을 제대로 갖추었다는 뜻이다. 그래서 임금으로서 요임금의 임금다움이 컸기 때문에 공자는 "크시도다!"라고 말한 것이다. 이 점을 감안하면 여기서의 성인(聖人)은 다름 아닌 요임금을 가리키는 것으로 봐야 한다.

이어 그 덕(德)의 크기를 하늘에 비유한다. "높고 크도다! 오직 하늘(의 덕)만이 크시거늘 오직 요임금만이 이를 본받았으니〔則〕, 넓고 넓도다! 백성들이 무어라고 능히 그것을 형언하지 못하는구나!" 군왕으로서 요임금이 보여준 덕이 하늘처럼 크고 넓으니 도저히 사람의 언어로는 표현할 길이 없다는 말이다.

덕(德)은 눈으로 볼 수 없어 형용할 수 없지만 요임금이 이룩해 놓은 결과는 볼 수 있어서 형언할 수 있다. 그것이 바로 뒤에 이어지는 공업(功業)의 성취와 문장(文章-문물제도)의 완비이다. 주희는 문장을 예악(禮樂)과 법도(法度)라고 풀이한다. "그 이룩한 공업은 높고 컸으며 그 문(文)과 장(章)은 찬란하도다."

그 마지막 문장이 바로 여기서 말하는 '예의(禮儀)' 삼백과 '위의(威儀)' 삼천이다. 이는 『예기』를 말한다. 이에 대한 사전적 풀이다.

"『예기(禮記)』는 49편(編)으로 이루어진 유가의 경전이다. 오경(五經)의 하나로, 『주례(周禮)』, 『의례(儀禮)』와 함께 삼례(三禮)라고 한다. 예경(禮經)이라 하지 않고 『예기』라고 하는 것은 예(禮)에 관한 경전을 보완(補完) 주석(註釋)하였다는 뜻이다. 그래서 때로는 『의례』가 예의 경문(經文)이라면 『예기』는 그 설명서에 해당한다고 이야기되기도 했다. 하지만 마치 『예기』가 『의례』의 해설서라고만 여겨지는 것은 옳지 않다. 『예기』에서는 의례의 해설뿐 아니라 음악, 정치, 학문 등 일상생활의 사소한 영역까지 예의 근본정신에 대하여 다방면으로 서술하고 있기 때문이다.

　그 성립에 관해서는 분명치 않으나, 전한(前漢)의 대성(戴聖)이 공자 (孔子)와 그 제자를 비롯하여 한(漢)시대에 이르기까지 많은 사람들을 거쳐 이루어진 『예기』 200편 중에서 편찬한 것으로 알려졌다. 『예기』의 좀 더 자세한 편찬과정은 다음과 같다. 공자와 그 후학들이 지은 책들에 대한 정리는 한 무제 때 하간(河間)과 선제 때 유향(劉向) 등에 의해 이루어졌다. 이를 대덕(戴德)이 85편으로 골라낸 것을 『대대예기(大戴禮記)』, 대성(戴聖)이 49편을 골라낸 것을 『소대예기(小戴禮記)』라고 한다. 대대와 소대는 숙질관계로 알려진 대덕과 대성을 구분하기 위한 것이다. 후한의 정현이 '대덕·대성이 전한 것이 곧 예기다'라고 하여 『예기』란 명칭이 나타났는데, 『대대예기』는 오늘날 40편밖에 그 내용을 알 수 없다. 따라서 일반적으로 『예기』라고 하면 대성이 엮은 『소대예기』를 지칭한다 할 것이다.

　『예기』는 곡례(曲禮) 단궁(檀弓) 왕제(王制) 월령(月令) 예운(禮運) 예기(禮器) 교특성(郊特性) 명당위(明堂位) 학기(學記) 악기(樂記) 제법(祭法) 제의(祭儀) 관의(冠儀) 혼의(婚儀) 향음주의(鄕飮酒儀) 사의(射儀) 등의 제편(諸篇)이 있고, 예의 이론 및 실제를 논하는 내용이다. 사서(四書)의 하나인 『대학(大學)』과 『중용(中庸)』도 이 가운데 한 편이다."

　여기서 '예의 삼백', '위의 삼천'이란 이와는 별도로 예의가 삼백 편이 되고 위의가 삼천 편이 된다는 뜻으로 그만큼 많고 세세하다는 의미도 된다. 이처럼 성인의 도가 크다 보니 아무 때나 구현될 수 있는 것이 아니다. 그만한 덕과 도를 갖춘 인물이 등장해야 비로소 행해질 수 있다.

"(이런 도는) 그에 맞는 사람을 기다린 뒤에야 행하여진다. 그러므로 옛말에 '진실로 지극한 다움[至德]이 아니면 지극한 도[至道]는 엉기어 형체를 이루지 못한다'고 하였다."

요임금이나 순임금이나 우임금이 바로 그런 인물이다. 공자의 경우 그런 덕과 도를 갖추었다고 할 수 있지만 군왕으로서의 천명은 받지 못했기 때문에 그 도를 구현하지는 못했다. 凝은 엉긴다는 뜻인데 여기서는 무형의 도가 마침내 '그 사람', 즉 지덕한 사람을 만나 모습을 드러내면서 구현된다는 뜻이다.

결국 성인의 도[聖人之道]는 정해져 있다. 문제는 그 도를 구현할 수 있는 지극한 덕을 갖춘 사람이 나타나는 것이 관건이다. 때[時]의 문제인 것이다.

"그러므로 군자(이고자 하는 자)는 다움[德]과 본성[性]을 높이고 (애씀[文]을 부지런히) 묻고[問] 배우는[學] 길을 가는 것이다. (그렇게 해서) 넓고 큼[廣大]에 이르되 (동시에 정반대의) 정미함도 다하며, 높고 밝음[高明]을 다하되 (동시에 일상생활에서의) 중용의 길을 가며, 옛것을 익히되 (동시에 그것을 통해) 새것을 알며, (내면을) 돈독하고 두텁게 함으로써 예를 높인다[崇禮]."

여기서는 군자(이고자 하는 자)가 다움을 높이고 애씀[文]을 다잡기 위해 어떻게 해야 하는지 그 구체적인 방법을 보여주고 있다. 광대함을 추구하되 정미함을 놓쳐서는 안 되고, 고명[明]함을 향해 나아가되 일상적인 중용의 길에서 벗어나서는 안 되며, 옛것을 익힘으로써 새로움을 알고, 돈독하고 두텁게 함으로써 예를 실천하고 높이는 것이 바로 그 방법이다. 그리고 다음에 이어지는 구절은 이런 방법을 통해 덕(德)과 문(文)과 예(禮)를 갖춘 군자가 어떤 행동을 하게 되는

지를 보여준다.

"그렇기 때문에 윗자리에 있어도 교만하지 아니하고, 아랫사람이 되어서는 배반하지 않아 나라에 도가 있을 때엔 그 말이 족히 받아들여지고, 나라에 도가 없을 때엔 그 침묵이 족히 용납된다."

여기에 나오는 군자다운 모습들은 각각 살펴볼 필요가 있다.

첫째, '윗자리에 있어도 교만하지 않다(居上不驕)'이다. 『논어』 '八佾 26'에 거상(居上)과 관련된 언급이 나온다.

공자는 말했다. "윗자리에 있는 사람이 너그럽지 못하고, 예를 행하는 사람이 공경스럽지 못하고, 상을 당한 사람이 진정으로 슬퍼하지 않는다면 내가 과연 무엇으로써 그 사람됨을 알아보겠는가?"

윗자리에 있는 사람(居上)은 교만해서는 안 되고 너그러워야 한다는 말이다.

둘째, '아랫사람이 되어 배반하지 않는다(爲下不倍)'이다. 이는 신하의 신하다움, 즉 충(忠)을 잃어서는 안 된다는 말이다. 군군신신(君君臣臣)이라고 할 때 임금다움은 관(寬)이며 신하다움은 경(敬)이다.

셋째, '나라에 도가 있을 때엔 그 말이 족히 채택될 것이고, 나라에 도가 없을 때엔 그 침묵이 족히 용납된다'이다. 이는 『논어』에 여러 차례 등장하는 '방유도(邦有道), 방무도(邦無道)'와 직접 연결된다.

'방유도(邦有道)/방무도(邦無道)'의 이분법은 『논어』에 여러 차례 등장한다. '公冶長 1'에서 공자는 남용(南容)이라는 인물에 대해

"나라에 도가 있을 때는 등용될 것이고, 나라에 도가 없을 때는 형벌을 면할 것이다"라며 그를 조카사위로 삼았다.

'公治長 20'에서는 영무자(甯武子)라는 인물에 대해 이렇게 평한
공야장
다. "나라에 도가 있을 때는 지혜로웠고 도가 없을 때는 어리석었다 하니, 그 지혜는 따를 수는 있으나 그 어리석음에는 미칠 수 없다." 여기서는 어리석음에 강조점이 있다. 때에 따라서는 다르게 행동해야 할 경우도 있다는 것이다.

그러나 우리의 문맥에서 가장 적합한 것은 '憲問 4'에 나오는 사례다.
헌문

공자는 말했다. "나라에 도가 있을 때는 말이나 행동 모두 당당하게 하고, 나라에 도가 없을 때는 행실은 당당하게 하되 말은 공손하게 해야 한다."

공자가 한 말에는 지금 주어가 빠져 있다. 굳이 주어를 넣는다면 '군자를 꿈꾸는 선비라면' 정도가 될 듯하다. 여기서 관건이 되는 말은 危다. 危에는 위태롭다, 불안하다, 두려워하다, 해치다, 위독하다,
위
등의 뜻 외에 엄하다, 아슬아슬하게 높다, 바르다 등의 뜻이 있다. 주희는 아슬아슬하게 높다는 뜻의 고준(高峻)으로 풀었다.

주희의 풀이를 참고해서 공자의 말을 직역하면 '군자를 꿈꾸는 선비라면 나라에 도가 있을 때는 말이나 행동 모두 위태위태할 정도로 높게 하고, 나라에 도가 없을 때는 행실은 위태로울 정도로 높게 하되 말은 공손하게 해야 한다'라고 할 수 있다.

그러나 危는 위엄이나 엄격〔厲〕 정도로 옮기거나 당당하게라고
위   여
하면 될 듯하다. 즉 '군자를 꿈꾸는 선비라면 나라에 도가 있을 때

는 말이나 행동 모두 당당하게 하고, 나라에 도가 없을 때는 행실은 당당하게 하되 말은 공손하게〔孫〕해야 한다'로 옮기면 될 듯하다.

윤돈은 이렇게 풀이한다. "군자의 몸가짐은 변할 수 없지만 말에 이르러서는 때로는 감히 다하지 못하여 화(禍)를 피하는 경우가 있다." 화의 단서는 대개 행동보다는 말에서 싹트기 때문이다. 이에 적합한 예가 바로 '公冶長 1'의 후반부에 언급된 공자의 조카사위 남용이다.

이렇게 되면 맨 마지막에 인용한 『시경』의 한 구절은 쉽게 이해할 수 있을 것이다. 이 구절은 '大雅 烝民' 편에 나온다. "이미 밝고 또 명철함으로써 그 몸을 보전하도다〔旣明且哲 以保其身〕."

남용이 바로 그런 인물이었기 때문에 공자는 기꺼이 그를 조카사위로 삼았던 것이다. 맨 마지막 문장은 단정이 아니라 추정이다. 其~與의 구조이다.

제28장

子曰 愚而好自用 賤而好自專 生乎今之世 反古之道 如此者 裁(災)及其
자왈 우 이 호 자용 천 이 호 자전 생 호 금지세 반 고지도 여차 자 재 재 급 기

身者也
신 자 야

非天子 不議禮 不制度 不考文 今天下 車同軌 書同文 行同倫 雖有其位
비 천자 불 의 예 부 제도 불 고 문 금 천하 차 동궤 서 동문 행 동륜 수 유 기 위

苟無其德 不敢作禮樂焉 雖有其德 苟無其位 亦不敢作禮樂焉
구 무 기 덕 불감 작 예악 언 수 유 기 덕 구 무 기 위 역 불감 작 예악 언

子曰 吾說夏禮 杞不足徵也 吾學殷禮 有宋存焉 吾學周禮 今用之 吾
자왈 오 설 하례 기 부족 징 야 오 학 은례 유 송 존 언 오 학 주례 금 용 지 오

從周
종 주

공자는 말했다. "(사람이) 어리석으면서 자기 마음대로 쓰는 것을 좋아하고, 신분이 낮으면서 자기 마음대로 하는 것을 좋아하고, 지금의 세상에 났다고 하여 옛날의 도를 (마음대로) 어기려 한다면 이런 자에게는 재앙이 그 몸에 미치게 된다."

천자가 아니면 예를 논하지 못하고, 법도를 만들지 못하고, 문을 상고하지 못한다. (그러했기 때문에) 지금도 천하의 수레는 바퀴가 (옛날의 그것과) 같고, 책은 문체가 (옛날의 그것과) 같고, 행동은 근본윤리가 (옛날의 그것과) 같다. 비록 그 지위가 있다 하더라도 진실로 그에 어울리는 덕이 없다면 감히 예악을 지어서는 안 되며, 비록 그 덕이 있다 하더라도 진실로 그에 어울리는 지위가 없다면 이 또한 감히 예악을 지어서는 안 된다.

공자는 말했다. "내가 하나라의 예를 말할 수는 있으나 기나라가 족히 증거해 주지 못한다. 또 내가 은나라의 예를 배웠는데 송나라에 그

것이 일부 존재하고 있을 뿐이다. 나는 주나라의 예를 배웠는데 지금은 (어디서나) 주나라 예를 쓰고 있다. 나는 주나라를 따르겠노라."

🌸　　자사는 다시 공자의 말을 인용한다. "(사람이) 어리석으면서 자기 마음대로 쓰는 것을 좋아하고, 신분이 낮으면서 자기 마음대로 하는 것을 좋아하고, 지금의 세상에 났다고 하여 옛날의 도를 (마음대로) 어기려 한다면 이런 자에게는 재앙이 그 몸에 미치게 된다."

여기서 어리석다〔愚〕라는 것은 머리가 나쁘다가 아니라 세상의 이치를 잘 모른다는 의미다. 한마디로 지인(知人)의 능력이 떨어진다는 말이다. 『논어』의 '雍也 19'와 '陽貨 3'에서 공자는 이렇게 말한다.
　　　　　　　　　　용야　　　　양화

"중간 이상의 사람한테는 높은 것을 말해 줄 수 있으나, 그 이하의 사람한테는 높은 것을 말해 주는 것이 불가능하다."('雍也 19')
　　　　　　　　　　　　　　　　　　　　　　　　　　　　　　　용야

"오직 지극히 지혜로운 자와 지극히 어리석은 자만이 변화하지 않는다."('陽貨 3')
　　　　　　　　　　　　　　　　　　　　　　양화

이 두 장에 대해서는 형병(邢昺)의 풀이가 포괄적이면서도 상세하다. 특히 사람 보는 법〔知人〕의 범주라는 점에서 대단히 중요하다.
　　　　　　　　　　　　　　　지인
"사람의 재주와 식견(才識)은 대체로 9단계이다. 상상(上上)은 성인(聖人)이고 하하(下下)는 우인(愚人)이니, 이는 둘 다 바뀌기 힘든 사람이다. (이는 곧바로 '陽貨 3'에 대한 풀이가 된다.) 상중(上中)
　　　　　　　　　　　　　　　　양화

에서 하중(下中) 사이의 7단계 사람들은 가르칠 수 있는 사람들이다. ('雍也 19'에서 공자가 말한) 중인(中人)은 제5등에 해당하는 중중(中中)의 사람이며, 중인(中人) 이상은 상중(上中) 상하(上下) 중상(中上)의 사람이다. 이들은 재주와 식견이 우수하고 넉넉하기 때문에 상지(上知)의 사람이 알고 있는 바를 말해 줄 수 있다. 그러나 중인(中人) 이하는 중하(中下) 하상(下上) 하중(下中)의 사람을 말하는데, 이들은 그 재주와 식견이 어둡고 모자라기 때문에 상지의 사람들이 알고 있는 바를 말해 줄 수 없다. 여기에 중인을 말한 것은 만약 중인의 재성(才性-재주와 성품)이 조금 우수하면 상지의 사람이 알고 있는 바를 말해 줄 수 있고, 재성이 조금 열등하면 상지의 사람이 알고 있는 바를 말해 줄 수 없으니, 이것이 상등으로 향상할 수도 있고 하등으로 격하할 수도 있다는 것이다.”

정약용도 형병의 풀이에 대해 “정확하고 상세하며 명확해 경문의 뜻에 적중하므로 바꿀 수 없다”고 극찬하고 있다. 조선시대의 관계(官階) 9품이나 현대사회에서의 9등급 공무원제도는 모두 이런 9단계설에 입각해 있다는 점을 역사상식의 하나로 알아둘 필요가 있다.

위에 이어지는 맥락에서 보자면 여기서의 愚는 다움(德)이 모자라는 사람(혹은 군왕)이라는 뜻으로 봐도 된다. 그런 사람이 자기 임의대로 예악(禮樂)을 만들거나 사용해서는 안 된다는 것이다. 그리고 賤은 천하다가 아니라 지위가 낮다는 뜻으로 봐야 한다. 다움을 갖췄다고 하더라도 군왕의 지위를 갖지 못한 사람이 자기 마음대로 예악을 만들어서는 안 된다는 말이다. 또 후대의 사람이 옛 법을 자기 마음대로 어기려(反) 해서는 안 된다고 말한다. 그리고 이 세 가지를 지키지 않을 경우 재앙을 당하게 된다는 것이 공자의 말이다.

그런데 주희는 反을 회복한다는 의미에서 復으로 풀이했다. 그렇게
되면 그 문장의 뜻이 아주 달라진다. 지금 세상에 나와서는 지금의
법을 따라야 하는데 옛 도리로 돌아가려 해서는 안 된다는 말이다.
이런 풀이는 우선 공자의 정신에 부합되지 않을뿐더러 문맥에도 맞지
않다. 이와 관련해서는 『논어』 '先進 1'을 살펴보면 된다.

　　공자는 말했다. "옛 사람들은 예악에 촌스러운 사람들이고, 요즘
　사람들은 예악에 제대로 군자답게 하는 사람들이라 한다. 만일 내
　가 예악을 쓸 일이 있으면 옛 사람의 것을 따를 것이다."

마침 다루는 문제도 바로 다음에 보게 될 예악(禮樂)이다. 여기서
공자는 분명히 옛 사람의 것을 따를 것이라고 말하고 있다.

이제 공자의 발언에 대한 자사의 풀이가 나온다.

"천자가 아니면 예를 논하지 못하고, 법도를 만들지 못하고, 문을
상고하지 못한다." 이는 그렇게 할 수 없다는 말이 아니라 그렇게 해
서는 안 된다는 의미다. 그러면 다음 문장은 약간의 보충을 하면 이렇
다. "(그러했기 때문에) 지금도 천하의 수레는 바퀴가 (옛날의 그것과)
같고, 책은 문체가 (옛날의 그것과) 같고, 행동은 근본윤리가 (옛날의
그것과) 같다."

수레는 법도와, 책은 문(文)과, 행동은 예(禮)와 서로 연결이 된다.
그리고 자사는 예악(禮樂)을 제정하는 근본적인 권위로서 덕과 지위
를 언급한다.

"비록 그 지위가 있다 하더라도 진실로 그에 어울리는 덕이 없다면

감히 예악을 지어서는 안 되며, 비록 그 덕이 있다 하더라도 진실로 그에 어울리는 지위가 없다면 이 또한 감히 예악을 지어서는 안 된다.”

예악을 지을 만한 덕(혹은 자질)과 그에 어울리는 지위가 있어야만 기존의 예를 논하여 새롭게 예를 손보거나 지을 수 있고, 법도를 조정하거나 새롭게 만들 수 있으며, 문을 고찰하여 새로운 문체를 제정할 수 있다는 말이다. 조선의 군주 정조가 문체반정을 시도한 것이야말로 전형적으로 문(文)을 상고한 사례라고 할 수 있다. 이어 자사는 『논어』에도 등장하는 공자의 언급을 통해 방금 다룬 예악제정과 그 정신의 계승 문제를 다시 한 번 강조한다.

“내가 하나라의 예를 말할 수는 있으나 기(杞)나라가 족히 증거해 주지 못한다. 또 내가 은나라의 예를 배웠는데 송(宋)나라에 그것이 일부 존재하고 있을 뿐이다. 나는 주나라의 예를 배웠는데 지금은 (어디서나) 주나라 예를 쓰고 있다. 나는 주나라를 따르겠노라.”

공자의 이 말은 『논어』에 보이는 공자의 두 가지 언급이 하나로 합쳐진 것이다. 『논어』를 보면 훨씬 분명해진다. 먼저 '八佾 9'를 보자.
팔일

> 공자는 말했다. “하나라의 예를 내가 말할 수 있으나 기나라에서는 족히 그것을 실증할 수 없고, 은나라의 예를 내가 말할 수 있으나 송나라에서는 족히 그것을 실증할 수 없다. 이는 문헌이 부족하기 때문이다. 문헌이 충분하다면 나는 내가 말한 것을 실증해 보일 수 있을 것이다.”

공자가 말하는 예(禮)란 기본적으로는 국가제례(國家制禮)이다. 여기서도 공자는 자신이 하나라의 예를 말할 수는 있으나 하를 이은 기나라가 충분히 증명을 해주지 못하고, 은나라의 예에 대해서도 은을 뒤이은 송나라가 충분히 증명해 주지 못하는 데 대한 아쉬움을 이야기한 후, 문헌(文獻)만 충분하다면 얼마든지 자신의 말이 옳다는 것을 증명할 수 있다고 말한다. 그냥 지나칠 수도 있는 글 같지만 실은 그렇지 않다. 해석하기에 따라 여러 방향으로 읽어낼 수 있는 함축적 의미들이 고루 담겨 있기 때문이다.

그렇다면 이것은 문헌의 중요성을 역설하는 글일까? 그건 아닐 것이다. 오히려 강조점은 하나라나 은나라의 예제(禮制)에 대해 공자 자신이 "나는 능히 그것을 말할 수 있다〔吾能言之〕"고 역설하는 대목이다. 얼핏 보면 모순(矛盾)처럼 보인다. 한편으로는 능히 말할 수 있다고 하면서 다른 한편으로는 문헌이 부족하여 증명할 수는 없다고 말하니 말이다. 이 모순을 어떻게 풀어나가야 할 것인가?

공자가 말하려는 예(禮)는 겉치레 행사로서의 예가 아니라 근본정신〔道〕으로서의 예다. 기나라나 송나라에 남아 있는 문헌들은 겉치레 예제에 관한 언급은 있으나 예의 근본정신은 망각해 버렸다. 공자는 바로 이 점을 여기서 강도 높게 비판하고 있다. 더불어 자신은 하나라나 은나라의 예의 근본정신을 알고 있다고 역설하고 있다. 이 점은 뒤에 이어지는 사례들에서 쉽게 확인된다.

『예기』에 실린 공자의 말이 이 점을 좀 더 구체적으로 표현하고 있어 인용한다. "내가 하나라의 도를 보고 싶었다. 이 때문에 기나라에 찾아갔으나 족히 그것을 실증할 수 없었고, 내가 거기에서 '하시(夏時)'라는 하나라의 책력을 얻었다. 내가 은나라의 도를 보고 싶었다. 이 때문에 송나라에 찾아갔으나 족히 그것을 실증할 수 없었고, 내가 거기에서 '곤건(坤乾)'이라는 은나라의 점서를 얻었다."

『예기』에 실린 공자의 말을 감안해서 다시 풀이하자면 이렇다. 하나라의 예는 그 후예인 기나라에 일부 전하였고, 은나라의 예는 그 후예인 송나라에 일부 전하였다. 그러나 정작 기나라와 송나라의 예를 살필 수 있는 문헌이나 인물은 없었다. 그래서 이 두 나라에서는 실증할 수 없다고 말한 것이다.

"문헌이 충분하다면 나는 내가 말한 것을 실증해 보일 수 있을 것이다"라는 공자의 자신감은 앞에서 보았던 '爲政 23'을 떠올리게 한다.
위정

자장이 물었다. "십 왕조 이후의 일도 알 수 있습니까?"

공자는 말했다. "은나라는 하나라의 예를 이어받았으니 은나라에 들어와 사라진 것과 새롭게 생겨난 것은 하나라와 비교해 보면 얼마든지 알 수 있고, 주나라는 은나라의 예를 이어받았으니 주나라에 들어와 사라진 것과 새롭게 생겨난 것은 은나라와 비교해 보면 얼마든지 알 수 있으니, 혹시라도 주나라를 계승하는 자가 있다면 비록 백 왕조 뒤의 일이라도 그 모습을 알 수 있을 것이다."

그리고 하은주(夏殷周) 삼대(三代)와 관련해서는 '衛靈公 10'을 참조할 만하다.
위령공

안연이 나라를 잘 다스리는 방책에 관해 물었다. 공자는 말했다. "하나라의 책력을 시행하고, 은나라의 수레를 타고, 주나라의 면류관을 써야 한다. (그런 연후에) 음악은 순임금의 음악인 소무로 하고, 정나라의 음악을 추방하며, 말재주 있는 사람을 멀리해야 한다. (왜냐하면) 정나라 음악은 음탕하고, 말 잘하는 사람은 위태롭기 때문이다."

이를 통해 우리는 우리가 속해 있는 보다 큰 문맥을 어렴풋하게 나마 볼 수 있다. 예(禮)의 문제는 국가를 올바르게 통치하는 문제의 하나인 것이다. 그래서 덕(德)을 갖춘 천자만이 예를 논할 수 있고 지을 수 있다고 말했던 것이다.

다음은 『논어』 '八佾 14'다.
팔일

공자는 말했다. "주나라는 하 은 이대를 비추어 살펴보았으므로 찬란하도다, 그 문(文)이여! 나는 주나라를 따르리라."

이제 공자는 예(禮)를 바탕으로 해서 역사인식을 전개한다. 그는 주나라가 하 은 두 나라에서 예의 모범을 구해 문화(文化)를 찬란하게 (郁郁) 꽃피웠다고 평가하면서 단호하게 자신은 주나라를 따르
욱욱
겠다고 선언한다. 즉 공자가 역사를 보는 척도로 예(禮)와 문(文)을 중시하면서 그 척도에 따를 때 주나라가 가장 이상적이었다고 보는 자신의 역사철학을 분명하게 제시하는 대목이다. 예를 들어 공자는 '顏淵 15'에서 "문을 널리 배우고 (이를) 예로써 다잡는다면 역
안연
시 도리에 위배되지는 않을 것"이라는 언급을 통해 문과 예의 밀접한 상호관계를 지적한 바 있다. 이 구절은 '爲政 23'과 '八佾 9'에 나
위정   팔일
온 하은주(夏殷周) 삼대(三代) 이야기의 연장선에 있다.

주나라에 대한 공자의 흠모는 지극했다. 이 때문에 보수주의 운운하는 비판을 듣기도 했다. 주나라에 대한 흠모는 곧 주공(周公)에 대한 흠모이기도 했다. 예를 들면 '述而 5'에서 공자는 자신이 이
술이

제 늙고 병들어 꿈에서 주공을 볼 수 없게 되었다고 한탄한다. 주공의 도(道)는 곧 공자의 모델이었다. '八佾 14'는 역설적으로 공자가 주공의 도를 얼마나 흠모했는지를 보여준다. 또 공자는 '泰伯 20'에서 **"천하를 삼분(三分)하여 그 둘을 소유하고도 은(殷)나라에 복종하여 섬겼으니, 주나라(문왕)의 덕(德)은 지극한 덕이라 이를 만하다"**고 극찬한다. 공자가 '주나라는 하 은 이대를 비추어 살펴보았으므로〔周監於二大〕'라고 말한 뜻을 간접적으로나마 알 수 있게 해 주는 사례이다.

　'爲政 23'에서 공자가 자장의 물음에 답하며 "혹시라도 주나라를 계승하여 일어나는 자가 있다면 비록 백 왕조 뒤의 일이라도 그 모습을 알 수 있을 것"이라고 말한 것도 주나라의 문화〔文〕가 그만큼 뛰어난 것이었음을 강조하는 표현으로 해석할 수 있다. 다시 한 번 말하지만 주나라의 문화는 무엇보다 예(禮)와 문(文)에서 두드러졌다.

문(文)의 중요성에 대해서는 앞에서 살펴본 바 있으므로 더 이상 논의하지 않겠다. 결국 제28장의 후반부에 나온 공자의 언급은 '八佾' 9와 14를 하나로 합쳐놓은 것이라 할 수 있다.

제29장

王天下 有三重焉 其寡過矣乎 上焉者 雖善無徵 無徵不信 不信民弗從
왕 천하 유 삼중 언 기 과 과 의호 상 언 자 수 선 무징 무징 불신 불신 민 불종

下焉者 雖善不尊 不尊不信 不信民弗從 故 君子之道 本諸身徵諸庶民 考
하 언 자 수 선 부존 부존 불신 불신 민 불종 고 군자지도 본 제신 징 제 서민 고

諸三王而不謬 建諸天地而不悖
제 삼왕 이 불류 건 제 천지 이 불패

質諸鬼神而無疑 百世以俟聖人而不惑 質諸鬼神而無疑 知天也 百世以
질 제 귀신 이 무의 백세 이 사 성인 이 불혹 질 제 귀신 이 무의 지천 야 백세 이

俟聖人而不惑 知人也 是故 君子動而世爲天下道 行而世爲天下法 言而
사 성인 이 불혹 지인 야 시고 군자 동 이 세 위 천하도 행 이 세 위 천하법 언 이

世爲天下則 遠之則有望 近之則不厭
세 위 천하칙 원 지 즉 유망 근 지 즉 불염

詩曰 在彼無惡 在此無射 庶幾夙夜 以永終譽 君子未有不如此 而蚤
시왈 재 피 무오 재 차 무 역 서기 숙야 이 영 종 예 군자 미유 불 여차 이 조

有譽於天下者也
유예 어 천하 자 야

천하를 다스리는 데 앞에서 말한 세 가지를 중하게 여겨야 하는 것이
니 (그것을 잘 지킨다면) 아마도 허물이 줄어들 것이다. 옛것은 비록 뛰
어나기는 했지만 그것을 입증해 줄 만한 근거가 부족하고, 근거가 부족
하다 보니 백성들이 믿지 않아 백성들이 따르지 않는다. 근래의 것은
비록 뛰어나기는 하지만 존중을 받지 못하고, 존중을 받지 못하다 보
니 백성들이 믿지 않아 백성들이 따르지 않는다. 따라서 군자의 도는
자신의 몸을 근본으로 삼은 다음, 그것을 저 백성들에게서 징험해야 하
며, 저 삼왕(三王)에게 상고해도 그릇됨이 없어야 하며, 저 하늘과 땅
에 세워보아도 어그러짐이 없어야 하고, 저 귀신에게 물어보아도 의심
할 바가 없어야 하며, 백세(百世)에 걸쳐 성인(聖人)을 기다려도 의혹되

는 바가 없어야 한다.

저 귀신에게 물어보아도 의심할 바가 없게 된다면 그것은 하늘을 아는 것이고, 백세에 걸쳐 성인(聖人)을 기다려도 의혹되는 바가 없게 된다면 그것은 사람을 아는 것이다. 그러므로 덕을 갖춘 군왕(君子)이 일단 움직이면 대대로 천하의 도가 되고, 일단 행하면 대대로 천하의 법도가 되고, 일단 말하면 대대로 천하의 준칙이 된다. (그렇기 때문에 이런 군왕은) 멀리 있어도 (백성들이) 우러러보고, 가까이 있어도 (백성들이) 싫어하지 않는다.

『시경』에 이르기를, "저쪽에 있어도 (임금을) 미워함이 없고, 이쪽에 있어도 (임금을) 싫어함이 없구나. 새벽부터 밤늦도록 힘써 일하니 길이 영예가 이어지리라!"라고 하였으니 임금이 이와 같이 하지 않고서 일찍이 천하에 그런 영예를 누린 자는 없다.

🌸 　王에는 임금이라는 뜻 외에 왕 노릇하다, 통치하다, 왕
왕
으로 삼다 등과 같은 동사의 의미도 있다. 여기서 '王天下'란 천하를
王 천하
다스리다〔治天下〕라는 뜻이다. 따라서 첫 문장은 "천하를 다스리는
치 천하
데 세 가지 중요한 것〔三重〕이 있으니 (그것을 잘 지킨다면) 아마도 허
삼중
물이 줄어들 것이다"로 옮길 수 있다. 세 가지 중요한 것이란 앞에서
보았던 예를 논의하고〔議禮〕 법도를 만들고〔制度〕 문을 고찰하는〔考
의 례　　　　　　　　제 도　　　　　　　고
文〕 것을 말한다. 따라서 제29장은 제28장에 이어지는 것으로 봐도
문
무방하다. 오히려 함께 읽어야 내용 이해가 훨씬 쉬워진다.

다음 문장은 직역을 한 다음 뜻을 풀어보는 게 훨씬 좋다. 그것을

통해 한문번역의 과정을 보다 구체적으로 살필 수 있기 때문이다.

'위에 있는 자〔上焉者〕는 비록 뛰어났지만 징험〔徵〕이 없고, 징험이
없다 보니 (백성들이) 믿지 않아 백성들이 따르지 않는다. 아래에 있
는 자〔下焉者〕는 비록 뛰어났지만 존귀함〔尊〕이 없고, 존귀함이 없다
보니 (백성들이) 믿지 않아 백성들이 따르지 않는다.'

우선, 풀이의 관건은 '위에 있는 자〔上焉者〕'와 '아래에 있는 자
〔下焉者〕'를 어떻게 풀이하느냐 하는 것이다. 그리고 이와 관련해서 징
험〔徵〕과 존귀함〔尊〕을 어떻게 풀이하느냐도 중요하다.

먼저 주희의 풀이를 보자. "위에 있는 자란 당시 왕 이전을 이르니,
하나라와 상(은)나라의 예가 비록 뛰어나기는 했지만 모두 상고(詳考)
할 수가 없음과 같고, 아래에 있는 자란 성인(聖人-공자)이 아래에 있
음을 이르니, 공자가 비록 예에 뛰어났지만 높은 지위에 있지 못함과
같은 것이다." 한 마디로 덕(德)이 모자란 역대 군주들과 지위가 모자란
공자의 비교를 통해 예(禮)를 중시하는 것의 어려움을 이야기하고 있다.
그런 점에서 주희의 풀이는 제28장의 다음 구절과 바로 연결된다.

"비록 그 지위가 있다 하더라도 진실로 그에 어울리는 덕이 없다면
감히 예악을 지어서는 안 되며, 비록 그 덕이 있다 하더라도 진실로 그
에 어울리는 지위가 없다면 이 또한 감히 예악을 지어서는 안 된다."

따라서 여기서 징험은 곧 옛날의 예를 상고하는 것이 되고, 존귀함
은 지위가 된다. 그러나 주희와 달리 '상언자(上焉者)'를 옛 것, '하언자
(下焉者)'를 근래의 것으로 보아 일반적으로 풀어내는 것도 얼마든지
가능하다. 그렇게 되면 이 구절은 다음과 같이 풀어낼 수 있다.

"옛 것은 비록 뛰어나기는 했지만 그것을 입증해 줄 만한 근거가 부
족하고, 근거가 부족하다 보니 백성들이 믿지 않아 백성들이 따르지

않는다. 근래의 것은 비록 뛰어나기는 하지만 존중을 받지 못하고, 존중을 받지 못하다 보니 백성들이 믿지 않아 백성들이 따르지 않는다."

주희의 풀이가 틀린 것은 아니지만 문맥상으로 볼 때는 이처럼 일반적으로 풀이했을 때 글의 흐름이 훨씬 자연스럽다. 이 점은 이어지는 다음 구절들을 보면 쉽게 확인할 수 있다. 참고로 주희의 풀이를 따랐을 경우 다음 구절과의 자연스러운 연결이 어렵다.

결국 옛 것과 근래의 것은 각각 장단점이 있기 때문에 군자는 이런 점들을 다 고려하면서 자신의 길을 가야 한다. 문질(文質)이 빈빈(彬彬-균형과 조화)한 길을 가야 한다는 뜻이다.

"따라서 군자의 도는 자신의 몸을 근본으로 삼은 다음, 그것을 저 백성들에게서 징험해야 하며, 저 삼왕(三王)에게 상고해도 그릇됨이 없어야 하며, 저 하늘과 땅에 세워 보아도 어그러짐이 없어야 하고, 저 귀신에게 물어보아도 의심할 바가 없어야 하며, 백세(百世)에 걸쳐 성인(聖人)을 기다려도 의혹되는 바가 없어야 한다."

여기서 군자(君子)는 군자가 되려는 사람이 아니라 말 그대로 임금[君], 그중에서도 덕을 갖춘 임금(이 되려는 사람)이다. 이렇게 풀이해야 그 다음에 나오는 내용들은 '덕을 갖춘 군주'란 어떤 모습인지에 대한 설명이 되면서 앞의 구절과 딱 들어맞게 된다. 그리고 이 내용이 일부 반복되면서 지인(知人)의 문제와도 연결된다. 상당히 심도 있는 주목을 요하는 대목이다. "저 귀신에게 물어보아도 의심할 바가 없게 된다면 그것은 하늘을 아는 것[知天]이고, 백세에 걸쳐 성인(聖人)을 기다려도 의혹되는 바가 없게 된다면 그것은 사람을 아는 것[知人]이다"

지천(知天)은 지천명(知天命)이고 인자(仁者)의 경지인 반면 지인(知人)은 불혹(不惑)이며 지자(知者)의 경지다. 이 문제에 대해서는 앞에서 상세하게 살펴본 바 있다. 다만 인(仁)과 지(知)에 대한 문제를 좀 더 포괄적으로 살피는 차원에서 『논어』 '雍也 21'을 다시 한 번 보려 한다. 유명한 구절이다.

공자는 말했다. "(어진 사람을 볼 줄) 아는 사람은 물을 좋아하고, 어진 사람은 산을 좋아한다. (어진 사람을 볼 줄) 아는 사람은 움직이고, 어진 사람은 맑고 고요하다. (어진 사람을 볼 줄) 아는 사람은 즐거워할 줄 알고, 어진 사람은 오래간다."

비유를 통해 지(知)와 인(仁)의 대비를 좀 더 상세하게 논의한다. 공자는 먼저 물과 산을 대비하며 "(어진 사람을 볼 줄) 아는 사람〔知者〕은 물을 좋아하고, 어진 사람〔仁者〕은 산을 좋아한다"라고 말한다. 이때의 물이란 가만히 있는 물이 아니라 흘러가는 물, 즉 유수(流水)를 말한다. 그래서 주희는 "지자(知者)는 사리에 통달하여 두루 흐르고 정체하는 바가 없어 물과 비슷하니 물을 좋아한다"고 풀이한다. 이어 인자(仁者)가 좋아하는 산과 관련해서는 "원칙을 지키듯 제자리에 머물러 중후하고 옮기지 않아서 산과 비슷함이 있으므로 산을 좋아한다"고 풀이했다.

그 뒤에 이어지는 구절에 대해서는 주희의 풀이가 명쾌하다. "움직임〔動〕과 고요함〔靜〕은 형체〔體〕로써 말한 것이고, 즐거움〔樂〕과 오래감〔壽〕은 효과〔效〕로써 말한 것이다. 움직여〔動〕 맺히지 않으므로 즐거워하고, 고요히 머물러〔靜〕 일정함이 있으므로 오래가는 것〔壽=久〕이다." 우리는 이미 '里仁 2'에서 이 점을 확인한 바 있다.

"어질지 못한 사람은 (인이나 예를 통해 자신을) 다잡는 데 (잠시 처해 있을 수는 있어도) 오랫동안 처해 있을 수 없고, 좋은 것을 즐기는 데에도 (조금 지나면 극단으로 흘러) 오랫동안 처해 있을 수 없다. 어진 자는 어짊을 편안하게 여기고 지혜로운 자는 어짊을 이롭게 여긴다."

壽는 장수한다는 뜻이 아니라 오래간다[久]로 풀어야 한다. 久에 대해서는 앞에서 상세하게 살펴본 바 있다. 덧붙이자면, 인(仁)을 편하게 여기는 것[安仁]이 수(壽)이고, 인을 이롭게 여기는 것[利仁]이 낙(樂)이다.

인자(仁者)의 고요함[靜]에 대해 정약용은 이렇게 풀이한다. "인자(仁者)는 힘써서 서(恕)를 행하기 때문에 자식에게 바라는 바로써 아비를 섬기고, 아우에게 바라는 바로써 형을 섬기고, 신하에게 바라는 바로써 임금을 섬기고, 벗에게 바라는 바로써 벗에게 먼저 베푼다. 이것은 자신이 다른 사람에게 요구하지 않고 먼저 나로부터 베풀어나가는 것이니, 그 기상이 후한 덕으로 만물에 혜택을 주는 것이므로 정(靜-고요하다, 맑다)이라고 한 것이다."

또 '(어진 사람을 볼 줄) 아는 사람은 즐거워할 줄 알고[知者樂]'에 대해서는 이렇게 풀이한다. "지(知)라는 것은 사람이 해야 할 일을 가려서 인(仁)에 머물고, 이치에 순하여 자신을 행하며, 밝게 이해(利害)를 구분하여 막히는 바가 없다. 그리하여 아무 데나 들어가도 자득(自得)하지 않음이 없기 때문에 즐거워한다."

그러나 어떤 풀이보다도 '里仁 2'를 다시 꼼꼼하게 읽어보면 그것이 '雍也 21'과 부절(符節)처럼 딱 들어맞는다는 것을 알 수 있다.

이제 자사는 세 가지 사항을 중히 여김으로써 덕을 갖춘 임금의 모습을 보여준다.

"그러므로 덕을 갖춘 군왕(군자)이 일단 움직이면 대대로 천하의 도가 되고, 일단 행하면 대대로 천하의 법도가 되고, 일단 말하면 대대로 천하의 준칙이 된다. (그렇기 때문에 이런 군왕은) 멀리 있어도 (백성들이) 우러러보고, 가까이 있어도 (백성들이) 싫어하지 않는다."

움직이면[動] 예가 되고, 행하면[行] 법도가 되고, 말하면[言] 문(文)이 된다는 것이다. 세상의 표준이 되도록 움직이고 행하고 말한다는 말이다. 그래서 이런 임금은 눈앞에 보이지 않아도 백성들은 자연스럽게 우러러보게 되고, 가까이에 있어도 두려워하지 않는다. 이제 자사는 『시경』으로 이 장을 마무리한다.

"『시경』에 이르기를, '저쪽에 있어도 (임금을) 미워함이 없고, 이쪽에 있어도 (임금을) 싫어함이 없구나. 새벽부터 밤늦도록 힘써 일하니 길이 영예가 이어지리라!'라고 하였으니 임금이 이와 같이 하지 않고서 일찍이 천하에 그런 영예를 누린 자는 없다."

여기에 인용된 시는 『시경』 '周頌 振鷺' 편에 나온다. 여기서 '이와 같이 한다[如此]'는 것은 앞에서 말한 군자(君子=군왕)의 도, 즉 "자신의 몸을 근본으로 삼은 다음, 그것을 저 백성들에게서 징험해야 하며, 저 삼왕(三王)에게 상고해도 그릇됨이 없어야 하며, 저 하늘과 땅에 세워 보아도 어그러짐이 없어야 하고, 저 귀신에게 물어보아도 의심할 바가 없어야 하며, 백세(百世)에 걸쳐 성인(聖人)을 기다려도 의혹되는 바가 없도록 하는" 여섯 가지를 행하는 것을 말한다. 그것은 한마디로 임금이 임금으로서 지극한 열렬함[至誠]을 다하는 모습이다. 그것은 안일함을 멀리하는 무일(無逸), 게으름을 멀리하는 무권(無倦)과

도 통한다. 한마디로 게을러서는 안 된다는 말이다. 또한 불식(不息),
무식(無息)과도 같은 맥락이다.

제 30 장

仲尼祖述堯舜 憲章文武 上律天時 下襲水土 辟如天地之無不持載
중니 조술 요순 헌장 문무 상률 천시 하습 수토 비여 천지 지 무부 지 재

無不覆幬 辟如四時之錯行 如日月之代明 萬物並育而不相害 道並行而不
무불 부도 비여 사시 지 착행 여 일월 지 대명 만물 병육 이불 상해 도 병행 이불

相悖 小德川流 大德敦化 此天地之所以爲大也
상패 소덕 천류 대덕 돈화 차 천지 지 소이 위대 야

　　중니(공자의 자)께서는 요와 순의 도를 으뜸으로 삼았고, 문왕과 무왕의 법도를 본받아 밝혔으며, 위로 천시(天時)를 따르고, 아래로는 수토(水土)의 이치를 좇았다. 비유하자면 마치 하늘과 땅이 잡아주고 실어주지 않음이 없고, 덮어주고 감싸주지 않음이 없음과 같으며, (또) 비유하자면 사시(四時)가 번갈아가며 바뀌는 것과 같고, 해와 달이 (밤낮으로) 교대로 비추는 것과 같다. 만물은 같이 자라도 서로 해치지 아니하며, 도는 같이 행해져도 서로 거슬리지 않는다. 작은 덕은 개울처럼 흐르지만, 큰 덕은 두텁게 교화시키니 이것이 바로 하늘과 땅이 위대한 까닭이다.

　　🌸　　조술(祖述)이란 근본으로 삼았다는 말이다. 일단 공자는 현실 속의 요임금과 순임금의 행적을 만사의 표준으로 삼았다. 이어 문왕과 무왕의 업적을 판단의 기준으로 삼았다. 주희는 "조술이란 멀리서 그 도를 근본으로 삼는 것이고, 헌장(憲章)이란 가까이서 그 법을 지키는 것"이라고 이 구절을 풀이했다.

그리고 자사는 하늘과 땅과 사시(四時)와 일월(日月)의 비유를 통해 앞 구절을 다시 한 번 알기 쉽게 풀이한다. 무엇보다 중요한 것은 만물이나 도나 서로 해를 끼치지 않고 자신의 길을 간다는 것이다. 이와 관련해서는 『맹자』의 마지막 장인 '告子 章句 下 38'이 도움이 된다.

"요임금, 순임금으로부터 (상나라를 세운) 탕왕에 이르기까지 오백여 년이 흘렀지만 (堯舜 시대의 뛰어난 신하들이었던) 우왕과 고요(皋陶)는 (堯舜이 정치하던 도리(先王之道)를) 직접 보아서 잘 알고 있었고, 탕왕은 전해 들었지만 잘 알고 있었다.

탕왕으로부터 (주나라를 세운) 문왕에 이르기까지 오백여 년이 흘렀지만 (탕왕 시대의 뛰어난 신하들이었던) 이윤(伊尹)과 내주(萊朱)는 (탕왕이 정치하던 도리(先王之道)를) 직접 보아서 잘 알고 있었고, 문왕은 전해 들었지만 잘 알고 있었다.

문왕으로부터 공자에 이르기까지 오백여 년이 흘렀지만 (문왕 시대의 뛰어난 신하들이었던) 태공망(太公望)과 산의생(散宜生)은 (문왕이 정치하던 도리(先王之道)를) 직접 보아서 잘 알고 있었고, 공자는 전해 들었지만 잘 알고 있었다.

공자로부터 지금까지 (이제 경우) 백여 년 지났을 뿐이다. 성인(聖人)이 살았던 시대로부터의 거리가 이처럼 별로 멀지 않고 성인께서 거주했던 지역은 이처럼 가깝다. 그럼에도 불구하고 (공자의 도가 시행되는 것을 직접 보고서 안 사람이) 아무도 없으니 (결국은 훗날 그 도를 전해 들어서 알게 되는 사람도) 아무도 없겠구나!"

성인에 대한 문제는 다음 장으로 자연스레 이어진다.

제31장

唯天下至聖 爲能聰明睿知 足以有臨也 寬裕溫柔 足以有容也
유 천하 지성 위 능 총명예지 족이 유 임 야 관유온유 족이 유 용 야

發强剛毅 足以有執也 齊莊中正 足以有敬也 文理密察 足以有別也 溥博
발강강의 족이 유 집 야 제장중정 족이 유 경 야 문리밀찰 족이 유 별 야 부박

淵泉 而時出之 溥博如天 淵泉如淵 見而民莫不敬 言而民莫不信 行而民
연천 이시출지 부박 여천 연천 여연 현이민 막불 경 언이민 막불신 행이민

莫不說 是以聲名 洋溢乎中國 施及蠻貊 舟車所至 人力所通 天之所覆 地
막불 열 시이 성명 양일 호중국 시급 만맥 주거 소지 인력 소통 천지 소부 지

之所載 日月所照 霜露所隊 凡有血氣者 莫不尊親 故曰 配天
지 소재 일월 소조 상로 소대 범유 혈기 자 막부 존친 고 왈 배 천

오직 천하제일의 성스러운 임금만이 능히 귀 밝고 눈 밝고 사리에 밝
고 사람에 밝아 족히 '제대로 된 다스림'이 있게 되고, 능히 너그럽고
넉넉하고 온순하고 부드러워 족히 '제대로 된 포용력'이 있게 되고, 능
히 뜻을 일으켜 외적으로 강하고 내적으로도 강하며 단호하여 족히 '제
대로 된 국정장악'이 있게 되고, 능히 가지런하고 묵직하고 중화(中和)
를 지키고 바름을 견지하여 족히 '공경함'이 있게 되고, 능히 문을 갖
추고 사리를 꿰뚫어 보며 아주 치밀하고 샅샅이 살펴서 족히 '사리분별
력'이 있게 된다. 넓디넓고 깊디깊으나 때가 되면 드러난다. 넓디넓음은
하늘과 같고 깊디깊음은 깊은 못과 같다. (마침내 때를 만나 적절한 인물
을 통해 그 덕이) 나타나면 백성들이 공경하지 않을 수 없고, (그런 인
물이) 말을 하면 백성들이 믿고 따르지 않을 수 없고, (덕을) 행하면 백
성들이 기뻐하지 않을 수 없다. 이리하여 그 명성이 중국을 흘러넘쳐
오랑캐 지역에까지 퍼져서 배와 수레가 닿는 곳, 사람의 힘이 통하는
곳, 하늘이 덮어주는 곳, 땅이 싣고 있는 곳, 일월이 빛을 비추이는 곳,

서리와 이슬이 내리는 곳의 모든 혈기 있는 자들이 존숭하고 친애하지 않는 바가 없으니, 그 때문에 (그런 분이야말로) 하늘과 어울린다고 하는 것이다.

여기서 지성(至聖)은 지극히 성스러운 사람 혹은 군주다. 가장 이상적인 군주라고 할 수 있다. 이런 군주라야 다음과 같은 다섯 가지 자질을 갖추게 된다. 그 다섯 가지란 임(臨), 용(容), 집(執), 경(敬), 별(別)이다.

臨에는 임하다, 직면하다 외에 다스리다, 통치하다 등의 뜻이 있다. 그런데 '임함'이라고 번역해 온 전통적 해석은 그 의미가 모호해서 무슨 뜻인지를 알 수 없다. 예를 들어 책 첫머리에서 보았듯이 상당히 권위를 인정받는 전통적 번역 중 하나를 보면 "오직 천하의 지극한 성인이어야 능히 총명하고 예지함이 족히 임함이 있나니"로 돼 있는데 도대체 무슨 뜻인지 알 길이 없다. 철학적 사고가 뒷받침되지 않는 한 학자의 번역이 보여주는 전형적인 병폐라 할 수 있다.

그런데 '총명예지(聰明睿知)'의 경우 일반적으로 총명이나 예지라는 말을 쓰기 때문에 '총명과 예지를 갖춤으로써'라고 번역해도 되지만, 좀 더 나눠서 총(聰) 명(明) 예(睿) 지(知)를 각각 번역해 주는 것도 한 방법이다. 여기서 우리는 『논어』의 도움을 받을 수 있다. '季氏 10'에는 군자가 염두에 두어야 할 것으로 명(明)과 총(聰) 외에 일곱 가지가 더 언급된다. 거기에는 바로 뒤에서 보게 될 온(溫), 경(敬) 등도 포함돼 있다. 그 또한 참고할 필요가 있다. 왜냐하면 군자 또는 덕을 갖춘 군주가 마땅히 염두에 두어야 할 사항들이 대부분 들어 있기 때문이다.

공자는 말했다. "군자는 아홉 가지 염두에 두어야 할 것이 있다. 볼 때는 밝음을 먼저 생각하고, 들을 때는 귀 밝음을 먼저 생각하고, 얼굴빛은 온화함을 먼저 생각하며, 몸가짐을 할 때는 공손함을 먼저 생각하며, 말할 때는 진실함을 먼저 생각하며, 섬길 때는 공경함을 먼저 생각하며, 의심스러울 때는 물음을 먼저 생각하며, 분할 때는 어려움을 먼저 생각하며, 얻음(이익)을 보면 의리를 먼저 생각해야 한다."

여기서는 군자라면 어떤 행동거지를 할 때 반드시 우선적으로 염두에 둬야 할 아홉 가지를 열거하고 있다. 군자의 바람직한 외모와 내면에 관한 지침이라 할 수 있다. 동시에 지인(知人)의 맥락에서 보자면 이것은 군자와 군자답지 못한 사람[小人]을 판별해 내는 단서이기도 하다. 하나씩 짚어보자.

첫째, 볼 때는 밝음[明]을 염두에 둬야 한다. 즉 어떤 것을 볼 때 가장 먼저 머릿속에 떠올려야 하는 것은 '내가 지금 밝게[明] 보고 있는가' 하는 자문(自問)이다. 그렇다면 밝게 본다는 것은 무슨 뜻인가? 즉 여기서 명(明)을 어떻게 해석해야 하는가 하는 문제가 발생한다. 주희는 "봄[視]에 가리운 바가 없으면 밝아서 보지 못함이 없다"고 풀이하고 있는데 이는 하나 마나 한 소리다. 풀이라기보다는 동어반복(同語反覆)이기 때문이다. 시(視)는 관(觀)이나 찰(察)을 다 포괄한다. 단순히 사물을 시각적으로 보는 데 그치는 것이 아니라 사람을 보고 일을 살피는 것을 다 포괄하는 것이다.

그러면 명(明)은 무슨 뜻인가? 앞에서도 잠깐 본 적이 있는 '顔淵_{안연} 6'에 그 해답이 나와 있다.

자장(子張)이 밝음에 관해 묻자 공자는 말했다. "서서히 젖어드는 참소(讒訴)와 피부에 닿는 하소연이 행해지지 않는다면 그 정사는 밝다고 할 만하다."

동료를 모략하는 참소와 사정(私情)에 바탕을 둔 하소연에 흔들리지 않고 사람과 일을 꿰뚫어 보는 것이 바로 '밝게 보는 것'이다.

여기서 한 가지 짚고 넘어가야 할 문제가 있다. 보는 것의 중요성이다. 정약용이 『논어고금주』에서 인용한 중국학자 왕응린(王應麟)의 풀이는 그런 점에서 주목할 만하다.

"사물(思勿-'顔淵_{안연} 1')과 구사(九思)에는 모두 보는 것(視_시)을 먼저 말한다. 활을 보고 뱀으로 생각하고, 누워 있는 돌을 보고 엎드려 있는 호랑이로 생각하면, 이는 보는 눈이 그 마음을 어지럽힌 것이다. 주나라 왕실의 전복을 슬퍼하는 사람이 기장과 피를 구별하지 못하고, 어버이를 생각하는 사람이 쑥과 다북쑥을 분간하지 못하면 이는 마음이 그 보는 눈을 어지럽힌 것이다. (당나라의 학자) 오균(吳筠)의 『심목론(心目論)』을 보면 '정신을 움직이는 것은 마음이고, 마음을 어지럽히는 것은 눈이다'라고 하였고 『음부경(陰符經)』에 보면 '마음은 사물(物_물)에서 생기고 사물에서 죽으니 그 기틀은 눈에 있다'고 하였는데 (남송의 학자) 채계통(蔡季通)은 그 뜻을 해석하여 '노자가 말하기를 욕심을 보이지 않으면 마음을 어지럽히지 않는다고 하였고, 불교에서는 육근(六根) 육식(六識)을 논할 때 반드시 먼저 안(眼)이니 색(色)이니 말하였으니 이는 모두 이런 뜻이다." 상당히 중요한 지적이다.

둘째, 들을 때는 귀 밝음〔聰〕을 가장 먼저 염두에 둬야 한다. 이는 사실상 명(明)과 같은 뜻이다. 귀 밝게 듣는다는 것은 참소와 정당한 비판, 사익을 위한 하소연과 건전한 건의를 분별할 줄 알아야 한다는 뜻이다. 이는 사람의 밑바닥까지 뚫어보는 통찰력이 있어야 가능한 일이다. 즉 지인지감(知人之鑑)이 뛰어나야 한다.

셋째, 안색이나 표정을 지을 때는 늘 따스함〔溫〕을 생각해야 한다. 이는 교언영색(巧言令色)의 영(令)과는 다르다. 외유내강(外柔內剛)이 우러나오는 안색을 하라는 말이다.

넷째, 외모를 갖출 때는 공손함〔恭〕을 염두에 두어야 한다. 행동 하나 하나에 공손함이 배어 있지 않으면 안 된다는 것이다.

다섯째, 말을 할 때는 충실함〔忠〕을 염두에 두어야 한다. 이는 『논어』에서 수없이 강조되어 온 "충신(忠信)을 주로 한다"는 말과 직결된다. 말에는 충직(忠直)함이 있어야 하는 것이다. 정약용은 "충은 속이지 않는 것"이라고 풀이한다.

여섯째, 섬김에는 공경〔敬〕을 가장 먼저 염두에 두어야 한다. 윗사람을 섬김에 공경이 없으면 섬김이 될 수가 없다. 이때의 경(敬)은 겸손보다는 열렬함 혹은 게을리 하지 않음〔無倦〕과 가깝다. 다섯째와 여섯째는 '顔淵 14'에서 자장의 물음에 대한 공자의 대답과 통한다.

자장이 정치하는 요체에 관해 물었다. 공자는 말했다. "머물러 있을 때는 조금의 게으름도 없는 것이요, 행할 때는 최선을 다하는 마음〔忠〕으로 한다."

일곱째, 의심스러움이 있을 때는 가장 먼저 물음〔問〕을 떠올려야 한다. 여덟째, 분한 일이 있을 때는 어려움〔難〕을 생각해야 한다. 분(忿)은 곧 혹(惑)과 연결된다. 그래서 정약용도 어려움〔難〕을 후환(後患)으로 풀이하면서 불혹(不惑)과 연관 짓는다. 그런 점에서 '顔淵 21'에 나온 공자의 말을 다시 읽어볼 필요가 있다.

"하루아침의 분노로 자신을 망각해 그 (화가) 부모에게까지 미치게 하는 것이 바로 혹(惑) 아니겠는가?"

아홉 번째, 득(得)을 보면 의리〔義〕를 생각해야 한다. 得은 이득이나 벼슬자리와 연결된다. 그렇다고 맹목적으로 이득을 버리고 의리를 택하라는 뜻은 아니다. 그동안 전통적 해석은 늘 이런 식으로 해왔기 때문에 공자의 말씀이 지루한 도덕론으로 전락했던 것이다. 오히려 정약용의 풀이가 정곡을 찌른다. "의를 생각한다는 것은 (이득을 눈앞에 두고 있을 때 그것이) 의에 부합하는지 않는지를 헤아리는 것이다."

결국 총(聰)과 명(明)은 군주가 사람을 제대로 가려가며 쓰고 제대로 부리는 것과 연관돼 있음을 확인할 수 있었다.

이제 睿의 사전적 의미를 보자. 슬기, 임금이나 성인(聖人)의 언행(言行), 슬기롭다, 총명하다, 총하다, 깊고 밝다, 사리에 밝다, 너그럽다 등등. 우리는 그중에서 '사리에 밝다'를 취한다. 그렇게 되면 지(知)는 자연스럽게 '사람을 알아보는 데 밝다'로 새길 수 있다. 총명예지(聰明睿知)는 제 각각 귀 밝고 눈 밝고 사리에 밝고 사람에 밝다는 뜻이 되어 자연스럽게 '제대로 된 통치[臨]'와 결부된다.

이제 완성된 번역을 해보자.

"오직 천하제일의 성스러운 임금만이 능히 귀 밝고 눈 밝고 사리에 밝고 사람에 밝아 족히 '제대로 된 다스림[臨]'이 있게 된다."

문장구조만 제대로 파악하면 나머지 네 문장을 옮기는 것은 아주 쉽다. 위능(爲能)은 나머지 네 문장에도 덧붙여 풀이해야 한다. 생략된 것이기 때문이다. 즉 '관유온유(寬裕溫柔)'도 '위능관유온유(爲能寬裕溫柔)'로 풀어야 한다는 말이다. 먼저 골격부터 옮겨보자.

'(오직 천하제일의 성스러운 임금만이) 능히 관유(寬裕)하고 온유(溫柔)하여 족히 '제대로 된 포용력[容]'이 있게 된다.'

물론 관유온유(寬裕溫柔)도 하나씩 풀어볼 수 있다. 먼저 관(寬)이다. 寬의 사전적 의미를 보면 너그럽다, 도량이 크다, 너그러이 용서하다 등이 있다. 일단 여기서는 이를 다 포괄하는 의미로 보고서 『논어』를 참고할 필요가 있다. 거기서 寬은 군주의 핵심 덕목 중 하나이기 때문이다. 우리는 앞에서도 윗자리에 있을 때는 관대하고 교만해서는 안 된다는 점을 살펴본 바 있다.

'雍也 1'에서 공자는 "중궁(염옹)은 군주의 자리를 능히 맡을 만하다[可使南面]"고 말한다. 공자는 염옹(冉雍-仲弓)이 어진 사람인지는 모르겠지만 군왕으로서의 자질은 뛰어남을 인정한 것이다. 이에 대해 주희는 염옹이 관홍간중(寬弘簡重), 즉 너그럽고 대범하고 소탈하며 중후하여 공자가 이렇게 평가했다고 풀이한다. 덕행(德行)

과 관련된 평가다. '陽貨 6'은 관(寬)은 물론이고 다른 항목들에 대
해서도 도움을 얻을 수 있는 내용들이 풍부하다. 특히 여기서는 지
도력을 확보하는 데 관(寬)이 얼마나 중요한지를 역설하고 있으므
로 주목할 필요가 있다.

자장이 공자에게 어짊에 관해 물었다. 이에 공자는 말했다. "다섯
가지를 천하에 능히 행한다면 인을 행한다(혹은 어진 이가 된다)고
할 수 있다."
　이에 자장이 그것이 무엇인지를 묻자 공자는 이렇게 말했다. "공
손함, 너그러움, 믿음, 민첩함, 은혜로움이다. 공손하면 남들로부터
업신여김을 당하지 않고, 너그러우면 뭇사람들을 얻게 되고, 믿음
을 주면 사람들이 따르고, 민첩하면 공이 있게 되고, 은혜로우면
충분히 사람을 부릴 수 있다."

제자 자장이 인(仁)에 대해 묻자 공자는 다음과 같은 다섯 가지
를 천하에 능히 행한다면 인을 행한다(혹은 어진 이가 된다)고 할
수 있다고 말한다. 자장이 재차 그것이 무엇인지를 청하여 묻자 공
자는 먼저 그 다섯 가지로 공손〔恭〕, 너그러움〔寬〕, 믿음〔信〕, 민첩
함〔敏〕, 은혜로움〔惠〕을 꼽는다.
　참고로 '學而 10'에서 자금(子禽)이라는 제자가 자공에게 "공자께
서는 찾아간 나라에 이르셔서 반드시 그 정사(政事)를 들으시니, 그
분이 그렇게 하려고 구해서 그런 것입니까? 아니면 제후가 먼저 공자
에게 청해서 그렇게 된 것입니까?"라고 묻자 자공은 이렇게 답한다.

"스승(공자)께서는 온순하고〔溫〕 반듯하고〔良〕 공손하고〔恭〕 검소하고〔儉〕 겸손한 성품과 태도〔讓〕를 통해 그것, 즉 정치참여의 기회나 지위를 얻은 것이니, 설사 그것을 그분이 먼저 구해서 얻었다고 하더라도 다른 사람들이 그것을 구하는 것과는 아마 근본적으로 다를 것이네."

이 다섯 가지와 공자가 말한 다섯 가지 중 정확하게 겹치는 것은 공(恭) 하나다. 나머지는 엇비슷하다. 그 때문인지 장경부(張敬夫)는 이렇게 풀이한다. "이 다섯 가지를 천하에 행한다면 마음이 공평(公平)하고 두루함〔周偏〕을 알 수 있다. 그러나 공손〔恭〕이 근본일 것이다."

그러고 나서 공자는 하나하나씩 뜻풀이를 해준다. 첫째, 공자는 '공손하면 남들로부터 업신여김을 당하지 않는다〔恭則不侮〕'고 말한다. 侮에는 업신여기다, 깔보다, 조롱하다 등의 뜻이 있다. 일반적으로 불모(不侮)는 '남을 업신여기지 않는다'로 번역하는데 정약용은 '업신여김을 당하지 않는다'로 해석하였다. 기존의 번역을 따를 경우 단순풀이가 되지만 정약용의 번역을 따를 경우 공(恭)의 결과로 볼 수 있기 때문에 나머지 네 가지와도 부합된다. 따라서 여기서는 '업신여김을 당하지 않는다'로 번역한다. 공(恭)은 곧 자신을 낮추는 것이다. '學而 13'에서 유자(有子)가 "공손한 태도가 예(禮)에 가까우면 치욕을 당할 일은 멀어진다"고 말한 것이 바로 그런 뜻이다.

둘째, 공자는 '너그러우면 뭇사람들을 얻게 된다〔寬則得衆〕'고 말한다. 하지만 관대하되 무원칙해서는 안 된다. '學而 8'에서 공자가 "군자가 되려는 사람이 진중하지〔重〕 못하면 위엄을 갖출 수 없다

〔不威〕'고 한 것이나, '學而 12'에서 유자가 "화기〔和〕만을 알아서 조화나 화합에만 힘쓰고 예(禮)로써 그것을 절제하지 않는다면 그 역시 행할 수 없다"고 한 것은 모두 같은 뜻이다. 공(恭)이나 관(寬)이 중요하지만 그것은 예를 통해 절제가 되어야 한다. 실은 나머지 신(信), 민(敏), 혜(惠)도 마찬가지라고 할 수 있다.

셋째, 공자는 '믿음을 주면 사람들이 따른다〔信則人任焉〕'고 말한다. '學而 5'에서 공자는 "천승지국(제후국)을 다스릴 때라도 매사에 임할 때 공경하는 마음으로 일관함으로써 백성들의 믿음을 얻어내고, 재물을 쓸 때는 절도에 맞게 하여 사치를 멀리함으로써 백성들을 사랑해야 하며, 백성들을 부려야 할 경우에는 때에 맞춰 해야 한다"고 말했다. 그때의 그 믿음이다. 여기서 믿음은 말의 믿음이다. 즉 통치자가 말을 할 때는 반드시 그것을 지킴으로써 믿음을 줘야 한다는 것이다. '學而 13'에서 유자가 "개인적 차원의 약속〔信〕이 의리〔義〕에 가까울 경우 약속했을 때의 말은 이해될 수 있다"고 한 것이 바로 그런 맥락이다. 신(信)의 중요성을 가장 극적으로 표현한 것은 '爲政 22'이다.

공자는 말했다. "사람에게 신실함이 없으면 그가 무엇을 할 수 있는 사람인지를 도무지 알 수 없다. 큰 수레고 작은 수레고 간에 수레와 말(혹은 소)을 연결하는 끌채가 없다면 어떻게 길을 갈 수 있겠는가?"

'述而 24'도 같은 맥락이다.

공자는 네 가지를 가르쳤으니 문(文) 행(行) 충(忠) 신(信) 넷이다.

넷째, 공자는 '민첩하면 공이 있게 된다〔敏則有功〕'고 말한다. 여기서 공(功)이란 일〔事〕을 이루는 공〔成功〕을 말한다. '學而 14'에서 공자는 "일을 할 때는 민첩하게 하고, 말은 신중하게 해야 한다〔敏於事而愼於言〕"라고 말했는데 '말은 신중하게 해야 한다〔愼於言〕'는 바로 앞의 신(信)을 풀이한 것이다. 그리고 '里仁 24'의 "군자는 말은 어눌하려고 애쓰고, 행동은 민첩해야 한다〔訥於言而敏於行〕'도 같은 뜻이다. '爲政 18'은 이에 관한 총괄적 풀이라 할 수 있다.

자장이 벼슬자리를 구하는 법을 배우고 싶다고 하자 공자는 말했다. "많이 듣고서(듣되) 의심나는 것은 제쳐놓고 그 나머지 것들에 대해서만 신중하게 이야기한다면 허물이 적을 것이요, 많이 보고서 위태로운 것은 제쳐놓고 그 나머지를 신중하게 행한다면 후회가 적을 것이니, 말에 허물이 적으며 행실에 후회할 일이 적으면 벼슬자리는 절로 따라오게 될 것이다."

다섯째, 공자는 '은혜로우면 충분히 사람을 부릴 수 있다〔惠則足以使人〕'고 말한다. 이를 풀이하는 단서는 '公冶長 15'이다.

공자는 자산을 이렇게 평했다. "군자의 도는 네 가지다. 첫째는 몸가짐이 공손〔恭〕했고, 둘째는 윗사람을 섬김에 경건함〔敬〕을 잃지 않았으며, 셋째는 백성을 기름에 은혜〔惠〕를 베풀었고, 넷째는 백성을 부림에 의(義)를 지켰다."

따라서 '은혜로우면 충분히 사람을 부릴 수 있다〔惠則足以使人〕'는
말은 은혜로써 백성을 보살피면 얼마든지 (강압에 의하지 않고) 의롭
게 사람을 부릴 수 있다는 뜻이다. 惠는 따뜻한 보살핌과 통한다.

모두 정(政)의 맥락에서 풀이한 것이다. '子路' 19와 20은 이 자리
에 갖다 놓아도 문맥이 자연스러울 만큼 지금 말하는 내용들과 밀
접하게 연관된다.

번지가 어짊에 관해 묻자 공자는 말했다. "거처할 때 공손히 하고
일을 집행할 때 공경하며 남과 사귈 때 충성을 다하는 것은, 비록
오랑캐 땅에 갈지라도 이를 버릴 수 없다."('子路 19')

자공이 묻는다. "어찌 하여야 선비라 이를 수 있습니까?"

공자는 말했다. "몸가짐에 부끄러움이 있으며 사방으로 사신이
되어 가서 임금의 명에 욕됨이 없게 한다면 선비라 이를 수 있다."

자공이 "감히 그 다음을 묻겠습니다"고 하자 공자는 말했다. "집
안 사람들이 효성스럽다고 칭찬하고 동네 사람들이 공손하다고 칭
찬하는 인물이다."

자공이 "감히 그 다음을 묻겠습니다"고 하자 공자는 말했다. "말
에는 반드시 믿음이 따라야 하고, 행동을 하면 반드시 결과가 있어
야 한다. 그러면 그릇이 작은 소인이라도 그 다음이 될 수 있다."

자공이 "지금 정치에 종사하는 사람들은 어떻습니까?"라고 묻자
공자는 말했다. "아! 한 말이나 한 말 두 되들이의 자잘한 사람들을

어찌 따질 것인가?” ('子路 20')
_{자로}

관(寬)에 대한 풀이는 일단 이 정도에서 그친다. 寬은 '너그럽다'로 옮긴다. 이제 그 뜻이 거의 비슷한 유(裕)를 풀어볼 차례다. 아쉽게도 『논어』에는 유(裕)가 등장하지 않는다. 사전적 의미를 보면 裕는 넉넉하다, 너그럽다, 느긋하다, 용납하다, 늘어지다, 헐렁하다 등의 뜻이 있다. 하지만 너그러움보다는 넉넉함 쪽에 가깝다. 실제 쓰이는 사례를 보더라도 부유(富裕)하다, 유복(裕福)하다 등에 주로 쓰인다. 그러므로 '넉넉하다'로 옮긴다.

온(溫)은 앞서 인용했던 '學而 10'과 '季氏 10'에 모두 등장했다. 하나는 '온순하다〔溫〕'였고 또 하나는 '색즉온(色則溫)', 즉 안색이나 표정을 지을 때는 늘 따스함〔溫〕을 생각해야 한다는 것이었다. 이는 교언영색(巧言令色)의 영(令)과는 다른 것으로 외유내강(外柔內剛)이 우러나오는 안색을 하라는 말이다. 결국은 마음가짐부터 따스함 혹은 온순함을 갖고서 그것이 얼굴을 통해 자연스럽게 드러나도록 하라는 것이다. '온순하다'로 옮긴다.

부드럽다는 뜻의 유(柔)는 긍정과 부정 모두 가능하기 때문에 주의해야 한다. 물론 여기서는 당연히 긍정적 의미를 취할 것이다. 그러나 『논어』에서는 단 한 번 부정적 의미로만 사용되고 있다. 『논어』 '季氏 4'다.

공자는 말했다. “유익한 것으로 세 가지 벗 삼음이 있고, 손해 보는 것으로 세 가지 벗 삼음이 있다. 곧음을 벗 삼고 진실함을 벗 삼고 견문이 넓음을 벗 삼는 것이 유익함 세 가지이고, 겉치레만 중시함을 벗 삼고 좋은 말만 하는 아첨을 벗 삼고〔友善柔〕 말만 번드레
_{우 선유}

하게 함을 벗 삼는 것이 손해 보는 세 가지다."

여기서는 일단 선유(善柔)만을 풀어보자. 주희는 이를 "아첨하여 기쁘게 하는 것만 잘하고 열렬하지 못함을 이른다"고 풀이한다. 좋은 말만 하고 싫은 소리를 하지 않는 것은 결국은 진실하지 못한 것이기 때문이다.

그러나 여기서는 누가 보더라도 긍정적 의미로 사용되고 있다. 따라서 우선 사전적 의미부터 살펴보자. 柔는 부드럽다, 순하다, 연약하다, 여리다, 무르다, 복종하다, 편안하게 하다 등의 뜻이 있다. 이중에 긍정적인 의미는 부드럽다나 순하다이다. 여기서는 '부드럽다'로 옮긴다. 이제 두 번째 문장을 옮겨보자.

"(오직 천하제일의 성스러운 임금만이) 능히 너그럽고 넉넉하고 온순하고 부드러워 족히 '제대로 된 포용력[容]'이 있게 된다."

세 번째는 우선 집(執)의 뜻부터 잡아야 한다. 執에는 잡다, 가지다, 맡아 다스리다, 처리하다, 두려워하다, 사귀다, 벗, 동지, 벗하여 사귀는 사람 등의 뜻이 있다. 문맥상으로 보면 여기서는 맡아 다스리다의 뜻이 가장 적합하다. 때문에 '제대로 맡아 다스리다'로 새겨야 하겠지만 앞에 다스림이 나왔기 때문에 여기서는 국정장악으로 옮긴다.

이제 발강강의(發强剛毅)를 살펴볼 차례다. 제대로 국정장악력을 발휘하려면 발(發) 강(强) 강(剛) 의(毅)가 있어야 한다는 것이다. 일단 발(發)을 제외하면 나머지 셋은 모두 강하다, 굳세다라고 번역해도 무방한 것들이다. 그러나 여기서도 뉘앙스의 차이를 찾아내야 한다.

먼저 발(發)이다. 이는 뜻이 일어난다는 것이다. 강(强)은 외적으로 강한 것이고, 강(剛)은 내적으로 굳센 것이며, 의(毅)는 단호하거나 과감한 것이다. 따라서 발강강의(發强剛毅)는 뜻이 일어나고 외적으로 강하고 내적으로 강하며 단호하다고 풀이할 수 있다. 따라서 세 번째는 이렇게 번역할 수 있다.

"(오직 천하제일의 성스러운 임금만이) 능히 뜻을 일으키고 외적으로 강하고 내적으로도 강하며 단호하여 족히 '제대로 된 국정장악〔執〕집'이 있게 된다."

네 번째는 경(敬)이다. 이에 대해서는 이미 어느 정도 살펴보았기 때문에 곧바로 제장중정(齊莊中正)으로 넘어간다. 공경함은 가지런하고 묵직하고 중화(中和)를 지키고 바름을 견지함으로써 가능하다는 말이다. 따라서 네 번째는 이렇게 번역할 수 있다.

"(오직 천하제일의 성스러운 임금만이) 능히 가지런하고 묵직하고 중화(中和)를 지키고 바름을 견지하여 족히 '공경함〔敬〕경'이 있게 된다."

마지막으로 별(別)이다. 別은 사리분별력이다. 사리분별력은 문(文)을 갖추고 사리〔理〕이를 꿰뚫어 보며 아주 치밀〔密〕밀하고 샅샅이 살핌〔察〕찰으로써 가능하다. 주희는 이렇게 풀이한다. "문(文)은 문장이요, 이(理)는 조리요, 밀(密)은 상세함이요, 찰(察)은 밝게 분별함이다." 따라서 이는 이렇게 번역할 수 있다.

"(오직 천하제일의 성스러운 임금만이) 능히 문(文)을 갖추고 사리를 꿰뚫어 보며 아주 치밀하고 샅샅이 살펴서 족히 '사리분별력〔別〕별'이 있게 된다."

이에 대한 주희의 풀이는 일부는 참고할 만하다. "그 아래 네 가지(容, 執, 敬, 別)용 집 경 별는 바로 인의예지(仁義禮智)의 덕(德)이다." 상당히 설득력 있는 지적이다. 이제 다음으로 넘어가보자.

"넓디넓고 깊디깊으나 때가 되면 드러난다〔溥博淵泉 而時出之〕."

이는 앞의 문장과 연결되어 천하제일의 성스러운 군주의 덕은 넓디
넓고 깊디깊지만 때가 되어 적절한 인물을 만나면 드러나게 됨을 말
하고 있다. 따라서 而는 순접이 아니라 역접으로 보는 게 낫다. '때가
되면 드러난다'는 것은 제27장에서 말한 '그 사람을 기다린 뒤에야 행
해진다'와 부합된다. 이어 이에 대한 보충풀이가 이어진다.

"넓디넓음은 하늘과 같고 깊디깊음은 깊은 못과 같다. (마침내 때를
만나 적절한 인물을 통해 그 덕이) 나타나면 백성들이 공경하지 않을
수 없고, (그런 인물이) 말을 하면 백성들이 믿고 따르지 않을 수 없
고, (덕을) 행하면 백성들이 기뻐하지 않을 수 없다."

이에 대해서는 별도의 풀이가 필요 없다. 다만 앞의 제29장에 나왔던
구절과 비교하며 읽어볼 필요가 있다. 거의 같은 내용이기 때문이다.

"그러므로 덕을 갖춘 군왕(군자)이 일단 움직이면 대대로 천하의 도
가 되고, 일단 행하면 대대로 천하의 법도가 되고, 일단 말하면 대대
로 천하의 준칙이 된다. (그렇기 때문에 이런 군왕은) 멀리 있어도 (백
성들이) 우러러보고, 가까이 있어도 (백성들이) 싫어하지 않는다."

이제 이 장의 마지막 부분이다.

"이리하여 그 명성이 중국을 흘러넘쳐 오랑캐 지역에까지 퍼져서
배와 수레가 닿는 곳, 사람의 힘이 통하는 곳, 하늘이 덮어주는 곳, 땅
이 싣고 있는 곳, 일월이 빛을 비추는 곳, 서리와 이슬이 내리는 곳의
모든 혈기 있는 자들이 존숭하고 친애하지 않는 바가 없으니, 그 때문
에 (그런 분이야말로) 하늘과 어울린다〔配天〕고 하는 것이다."

그러한 덕으로 인한 명성은 세상 어디에서나 통한다는 뜻이다.

제32장

唯天下至誠 爲能經綸天下之大經 立天下之大本 知天地之化育 夫焉有
유 천하 지성 위능 경륜 천하 지 대경 입 천하 지 대본 지 천지 지 화육 부 언 유

所倚 肫肫其仁 淵淵其淵 浩浩其天 苟不固聰明聖知達天德者 其孰能知之
소의 순순 기 인 연연 기 연 호호 기 천 구 불고 총명 성지 달 천덕 자 기 숙 능 지 지

오직 천하제일의 지극한 열렬함을 갖춘 자만이 능히 천하의 큰 도리
를 제대로 경륜할 수 있고, 천하의 큰 근본을 세울 수 있으며, 천하의
화육을 알 수 있으니, 어찌 (자신 이외의 다른 것에) 의지하는 바가 있
겠는가? 간절하고 또 간절하도다, 그 어짊이여! 깊고 또 깊도다, 그 못
이여! 크고 또 크도다, 그 하늘이여! 진실로 귀 밝고 눈 밝고 성스럽고
사람에 밝아 하늘의 덕에 통달한 자가 아니라면 과연 그 누가 능히 그
것을 알겠는가?

앞 장에서는 천하제일의 성군(聖君)에 대해, 여기서는
천하제일의 지극한 열렬함[至誠]에 대해 언급하고 있다. 즉 지성(至
聖)과 지성(至誠)이 대비를 이룬다. 문장 자체는 어렵지 않다.

"오직 천하제일의 지극한 열렬함[至誠]을 갖춘 자만이 능히 천하의
큰 도리[大經]를 제대로 경륜할 수 있고, 천하의 큰 근본[大本]을 세
울 수 있으며, 천하의 화육[化育]을 알 수 있으니, 어찌 (자신 이외의
다른 것에) 의지하는 바가 있겠는가? 간절하고 또 간절하도다, 그 어짊
이여! 깊고 또 깊도다, 그 못이여! 크고 또 크도다, 그 하늘이여! 진실

로 귀 밝고 눈 밝고 성스럽고 사람에 밝아 하늘의 덕[天德]에 통달한
자가 아니라면 과연 그 누가 능히 그것을 알겠는가?"

이에 대한 주희의 풀이는 참고할 만하다. "간절하고 또 간절하도다
[肫肫]'는 열렬하고 지극한 모양이니 지성을 다해서 경륜하는 것을 말
하는 것이고, '깊고 또 깊도다[淵淵]'는 고요하고 깊은 모양이니 근본
을 세우는 것을 말하는 것이고, '크고 또 크도다[浩浩]'는 넓고 큰 모
양이니 화육을 안다는 것을 말하는 것이다."

苟는 '만일', 固는 '진실로'를 의미한다.

제33장

詩曰 衣錦尚絅 惡其文之著也 故 君子之道 闇然而日章 小人之道 的然
시왈 의금 상경 오기문지저야 고 군자지도 암연 이일장 소인지도 적연

而日亡 君子之道 淡而不厭 簡而文 溫而理 知遠之近 知風之自 知微之顯
이일망 군자지도 담이불염 간이문 온이리 지 원지근 지 풍지자 지 미지현

可與入德矣
가 여입 덕의

詩云 潛雖伏矣 亦孔之昭 故 君子內省不疚 無惡於志 君子之所不可及者
시운 잠수복의 역공지소 고 군자 내성 불구 무오 어지 군자 지 소불가급자

其唯人之所不見乎
기 유인 지 소불견 호

詩云 相在爾室 尙不愧于屋漏 故 君子不動而敬 不言而信
시운 상 재이실 상 불괴 우 옥루 고 군자 부동 이경 불언 이신

詩曰 奏假(格)無言 時靡有爭 是故 君子不賞而民勸 不怒而民威於鈇鉞
시왈 주가 격 무언 시미유쟁 시고 군자 불상 이민권 불노 이민위 어 부월

詩曰 不顯惟德 百辟其刑之 是故 君子篤恭而天下平
시왈 불현 유덕 백벽 기형지 시고 군자 독공 이 천하 평

詩云 予懷明德 不大聲以色 子曰 聲色之於以化民 末也
시운 여회 명덕 부 대성 이색 자왈 성색 지어이 화민 말야

詩云 德輶如毛 毛猶有倫 上天之載 無聲無臭至矣
시운 덕유여모 모유유륜 상천 지재 무성 무취 지의

『시경』에 이르기를 "비단옷을 입고 홑옷을 덧입는다" 하였으니 이는
그 문채(文彩)가 지나치게 드러나는 것을 싫어한다는 뜻이다. 따라서
군자의 도(道)는 어두운 가운데서도 날로 빛나고, 소인의 도는 밝은 듯
하지만 날로 사그라진다. (좀 더 구체적으로 말하면) 군자의 도는 담담
하되 싫증이 나지 않고, 간소하되 문채가 있으며, 온화하되 조리가 있으
니, 먼 것도 가까운 것에서 비롯됨을 알며, 바람이 불어오기 시작한 곳
을 알며, 은미함의 드러남을 알아 기꺼이 더불어 덕(德)에 들어갈 수 있다.

『시경』에 이르기를 "잠기어 비록 엎드려 있으나 또한 심히 밝다" 하였다. 그러므로 군자는 안으로 살펴보아 병폐나 병근(病根)이 없어 그 뜻에 조금도 부끄러움이 없으니, 군자가 미칠 수 없는 바는 오직 사람이 볼 수 없는 것이다.

『시경』에 이르기를 "네가 (홀로) 방에 있음을 보니, 오히려 방구석에도 부끄럽지 않게 하는구나!"라고 했다. 그러므로 군자는 움직이지 않아도 공경을 받고, 말하지 않아도 (사람들이) 믿는다.

『시경』에 이르기를 "(신께) 나아가 (신께서) 이름에 말이 없어서 아무런 다툼이 없도다!"라고 했다. 그러므로 군자(혹은 덕 있는 군주)가 상을 주지 않아도 백성들이 스스로 부지런하며, 군자(혹은 덕 있는 군주)가 노하지 않아도 백성들은 작두와 도끼보다 더 두려워한다.

『시경』에 이르기를 "드러나지 않은 덕을 제후들이 그대로 본받도다!"라고 했다. 그러므로 군자는 공손함을 돈독히 하여 천하를 평안하게 한다.

『시경』에 이르기를 "나는 밝은 덕을 품고 사나니, 성(聲)과 색(色)은 대단치 않게 여기노라!"라고 했다. 공자께서도 말씀하시기를 "성색은 백성을 교화시킴에 있어 말단이다"고 하셨다.

『시경』에 이르기를 "덕은 가볍기가 터럭과 같다"고 하였는데, 터럭도 오히려 무게가 있어 비교할 만한 것이 있으니, 저 위 하늘의 일은 소리도 없고 냄새도 없다고 하는 것이야말로 참으로 지극하다 할 것이다.

마침내 마지막 장에 도달했다. 이 장은 멋지게도 『시경』

의 시구를 인용하고 이를 풀이하는 방식을 반복하며 군자(혹은 덕을 갖춘 군주)의 길을 드러내 보여준다.

먼저 『시경』 '衛風 碩人' 편에 있는 구절을 인용한다.
위풍 석인

"『시경』에 이르기를 '비단옷을 입고 홑옷을 덧입는다' 하였으니 이는 그 문채(文彩)가 지나치게 드러나는 것을 싫어한다는 뜻이다. 따라서 군자의 도(道)는 어두운 가운데서도 날로 빛나고, 소인의 도는 밝은 듯하지만 날로 사그라진다. (좀 더 구체적으로 말하면) 군자의 도는 담담하되 싫증이 나지 않고, 간소하되 문채가 있으며, 온화하되 조리가 있으니, 먼 것도 가까운 것에서 비롯됨〔遠之近〕을 알며, 바람이 불
원지근
어오기 시작한 곳〔風之自〕을 알며, 은미함의 드러남〔微之顯〕을 알아
풍지자   미지현
기꺼이 더불어 덕(德)에 들어갈 수 있다."

군자의 도에 대해서는 이미 제12장에서 '비이은(費而隱)'을 통해 상세하게 살펴본 바 있다. 앞에서 논의한 부분을 재차 요약하며 상기시키는 것이다.

이번에는 『시경』 '小雅 正月' 편에 있는 구절을 인용하고 그것을 풀
소아 정월
이한다.

"『시경』에 이르기를 '잠기어 비록 엎드려 있으나 또한 심히 밝다' 하였다. 그러므로 군자는 안으로 살펴보아 병폐나 병근(病根)이 없어 그 뜻에 조금도 부끄러움이 없으니, 군자가 미칠 수 없는 바는 오직 사람이 볼 수 없는 것이다."

이 구절은 드러남과 숨음의 문제를 말한다. 주희의 풀이다. "숨음보다 드러남이 없으며 은미함보다 나타남이 없다는 것을 말한다."

이번에는 『시경』 '大雅 抑' 편에 있는 구절을 인용하고 그것을 풀이
대아 억
한다.

"『시경』에 이르기를 '네가 (홀로) 방에 있음을 보니, 오히려 방구석에도 부끄럽지 않게 하는구나!'라고 했다. 그러므로 군자는 움직이지 않아도 공경을 받고, 말하지 않아도 (사람들이) 믿는다."

여기서는 신독(慎獨)의 문제를 다루고 있다. 앞의 두 시와 이 시를 포함해 모두 신독의 문제를 다루고 있다. 그런 점에서 제1장의 다음 구절을 다시 읽어보는 것도 좋다. "숨어 있는 것〔隱〕만큼 제대로 드러남이 없으며, 미미한 것〔微〕만큼 제대로 나타남이 없다. 그러므로 군자는 그 홀로를 삼가는 것이다."

이번에는 『시경』 '商頌 烈祖' 편에 있는 구절을 인용하고 그것을 풀이한다.

"『시경』에 이르기를 '(신께) 나아가 (신께서) 이름에 말이 없어서 아무런 다툼이 없도다!'라고 했다. 그러므로 군자(혹은 덕 있는 군주)가 상을 주지 않아도 백성들이 스스로 부지런하며, 군자(혹은 덕 있는 군주)가 노하지 않아도 백성들은 작두와 도끼보다 더 두려워한다."

주희의 풀이다. "윗글을 이어 마침내 그 효험을 언급하여, 나아가 신명을 감격할 즈음에 정성과 공경을 지극히 하여 말함이 없어도 사람들이 스스로 교화됨을 말한 것이다."

이번에는 『시경』 '周頌 烈文' 편에 있는 구절을 인용하고 그것을 풀이한다.

"『시경』에 이르기를 '드러나지 않은 덕을 제후들이 그대로 본받도다!'라고 했다. 그러므로 군자는 공손함을 돈독히 하여 천하를 평안하게 한다."

주희의 풀이다. "윗글에 이어 천자가 드러나지 않는 덕이 있어 제후들이 이것을 본받으면 그 덕이 더욱 깊어 효험이 더욱 원대함을 말한 것이다."

이번에는 『시경』 '大雅 皇矣' 편에 있는 구절을 인용하고 공자의 말
        대아 황의
을 인용해 그것을 보충풀이한다.

"『시경』에 이르기를 '나는 밝은 덕〔明德〕을 품고 사나니, 성(聲)과 색
                        명덕
(色)은 대단치 않게 여기노라!'라고 했다. 공자께서도 말씀하시기를
'성색은 백성을 교화시킴에 있어 말단이다'고 하셨다. 『시경』에 이르기
를 '덕은 가볍기가 터럭과 같다'고 하였는데, 터럭도 오히려 비교할 만
한 것이 있으니, 저 위 하늘의 일은 소리도 없고 냄새도 없다고 하는
것이야말로 참으로 지극하다 할 것이다."

이에 대해서는 주희의 풀이가 상세하면서도 정곡을 찌른다. 일부에
문제가 있긴 하지만 고비고비에서 우리의 난제를 풀어준 주희의 말로
이 작업을 끝맺는다.

"시는 '大雅 皇矣' 편이니, 이것을 인용하여 윗글의 이른바 드러나지
        대아 황의
않는 덕〔不顯之德〕은 바로 그 음성과 얼굴빛을 대단찮게 여김을 밝힌
     불현지덕
것이다. 또 공자의 말씀을 인용하여 이르기를 '음성과 얼굴빛은 백성
을 교화함에 있어 지엽적인 것이다. 그런데 이제 다만 대단찮게 여긴
다고 말했을 뿐이니, 그렇다면 이것도 오히려 음성과 얼굴빛이 남아
있는 것이어서 불현(不顯)의 묘함을 형용하기에 충분하지 못하다. '증
민(烝民)' 시에 말한 '덕은 가볍기가 터럭과 같다'고 한 것만 못하니,
이렇게 하면 거의 형용했다고 이를 만하다'고 하였다. 또 스스로 이르
기를 '터럭이라고 말하면 오히려 비교할 만한 것이 있으니, 이 또한 그
묘함을 다하지 못한 것이다. '문왕(文王)' 시에 말한 '저 위 하늘의 일
은 소리도 없고 냄새도 없다'고 한 것만 못하니, 이렇게 표현한 뒤에야
드러나지 않는 덕〔不顯之德〕을 지극히 형용한 것이 된다'고 하였다. 소
            불현지덕

리와 냄새는 기운만 있고 형체가 없어서 사물 중에서는 가장 미묘한 것인데도 오히려 없다고 말하였다."

　『중용』은 '밝은 덕〔明德〕'으로 그 대미를 장식했다. 세 번째 작업인 『대학』은 '밝은 덕을 밝힌다〔明明德〕'로 시작한다. 『중용』의 끝과 『대학』의 시작이 밝은 덕을 매개로 서로 연결돼 있는 것이다.

논어로 중용을 풀다

초판 1쇄 2013년 2월 20일
초판 3쇄 2019년 12월 10일

지은이 | 이한우
펴낸이 | 송영석

주간 | 이진숙 · 이혜진
기획편집 | 박신애 · 정다움 · 김단비 · 심슬기
외서기획편집 | 정혜경
디자인 | 박윤정
마케팅 | 이종우 · 김유종 · 한승민
관리 | 송우석 · 황규성 · 전지연 · 채경민

펴낸곳 | (株)해냄출판사
등록번호 | 제10-229호
등록일자 | 1988년 5월 11일(설립일자 | 1983년 6월 24일)

04042 서울시 마포구 잔다리로 30 해냄빌딩 5 · 6층
대표전화 | 326-1600 **팩스** | 326-1624
홈페이지 | www.hainaim.com

ISBN 978-89-6574-369-9